杨大春　张尧均　主编

梅洛-庞蒂文集

第16卷

建制·被动性

〔法〕多米尼克·达玛雅克
　　　斯蒂凡尼·梅娜塞　编

宁晓萌　译

商务印书馆
创于1897　The Commercial Press

Maurice Merleau-Ponty

L'institution dans l'histoire personnelle et publique

Le problème de la passivité: le sommeil, l'inconscient, la mémoire

notes de cours au Collège de France (1954–1955)

Préfacé par Claude Lefort

本书根据 Édition Belin 出版社 2003 年版译出

国家社会科学基金重大项目成果

总　　序

梅洛-庞蒂被称为“哲学家的哲学家”。他非常自然地接受了法国哲学主流传统，其哲学内在地包含了笛卡尔主义和反笛卡尔主义之间、观念主义与精神主义之间的张力；与此同时，他创造性地接受了现代德语哲学传统的影响，含混地将3H(黑格尔、胡塞尔和海德格尔)和3M(马克思、尼采和弗洛伊德三位怀疑大师)的思想综合在一起。这一哲学其实处于现代哲学与当代哲学转折点上，并因此在西方哲学的主流传统中占据着一个非常独特的位置。梅洛-庞蒂对以笛卡尔哲学和康德哲学为代表的早期现代哲学的批判反思、对以身体哲学或实存哲学为核心的后期现代哲学的理论贡献以及对以结构-后结构主义为理论支撑的当代哲学的重大启示，已经毫无争议地把他推入著名哲学家之列。

梅洛-庞蒂哲学在汉语学术界的翻译和研究起步比较晚，尽管在新千年以来取得了较大的进展，新生的研究力量也在不断壮大，但从总体上看仍然难以让人满意。笔者于2014年初提出的“梅洛-庞蒂著作集编译与研究”选题有幸获得国家社会科学基金重大招标项目资助，这里陆续出版的梅洛-庞蒂主要著作就是该重大项目在翻译方面的成果。收入本文集的译作既包括新译，也包括重译和修订。我们希望通过各种努力，为梅洛-庞蒂哲学以及法国哲学的深入研究提供相对可靠的文献。需要说明的是，由于梅洛-庞蒂著作在风格上的含混性，由于一些作品是在他死后经他人整理而成的，翻译难度是非常大的，我们欢迎相关专家和广大读者提出建设性和批评性的意见和建议。此外，由于这些译作是由10多位学者完成的，虽然课题组进行了一些沟通和协调，风格和术语选择上仍然不可能实现一致，这是需要学界和读者们谅解的。

德国学术界在胡塞尔著作、海德格尔著作的整理和出版方面有序推进，成果显著。法国学术界对梅洛-庞蒂著作的整理和出版也取得了相当大的进展，但还没有形成统一规划，至少没有出版全集之类计划。因此，我们在推出《梅洛-庞蒂文集》中文版时不可能参照统一的法文版。《文集》中文版将陆续出版梅洛-庞蒂生前已经出版或死后经整理出版的著述18种，它们基本上反映了这位著名哲学家的思想全貌。梅洛-庞蒂于1961年突然英年早逝，留下了多达4000多页的手稿，它们大多是为他自己的研究和教学工作而作的准备，不是为读者写的，所以整理出版的难度非常大，从而进展缓慢。正因为如此，《文集》始终保持开放，在前述计划之外，未来将视情况翻译出版一些新整理出版的作品。

杨大春

2017年11月11日

目　　录

序言 …… 1
编辑说明 …… 28

个人与公众历史中的建制

导论 …… 33
一、建制与生命 …… 54
二、感情的建制 …… 72
三、作品的建制 …… 91
四、知识的建制 …… 105
五、文化的场域 …… 116
六、历史的建制：个别性与普遍性 …… 124
周四的课程 …… 146
梅洛-庞蒂在建制课程中所使用的参考文献 …… 151

被动性的问题：睡眠、无意识与记忆

一、哲学与被动性现象 …… 197
二、一种被感知世界的存在论 …… 223
三、睡眠 …… 230

四、感知的意识与想象的意识 242
五、象征 251
六、梦 259
七、弗洛伊德的无意识 269
八、谵妄：格拉迪沃 282
九、《多拉》的案例 294
十、记忆的问题 317
补编：关于弗洛伊德无意识概念的三条笔记 330
周一的课程 340
附录：读书笔记——普鲁斯特 345
附录：读书笔记——弗洛伊德 357

术语对照表 380
人名对照表 383

序　　言

克劳德·勒福尔

本卷由梅洛-庞蒂为1954-1955年在法兰西学院的课程所写 5
的笔记构成。（梅洛-庞蒂）在法兰西学院的教学包括两门课程。一门为主课，另一门可以由教师决定转换为对个人作品的介绍或对文本的评论。在这种情况下，就其采用的大量笔记和在不同纸上重新抄写的引文数量来看，《被动性的问题》（这门课）也是精心准备的，且其重要性不亚于《建制》（课程）。事实上，这一年所选取的两个主题是密切相关的。因此，梅洛-庞蒂在关于被动性的课程开始时提醒大家，他不再作（课程）介绍，听众可参考他在主课（即《建制》课程）中的介绍。在《建制》课程中，他指出："时间是建制的模型：被动性-主动性，它是延续的，因为它已经被建制，它融合，因为它不能停止存在，它是完整的，因为它是局部的，是一个场域"——建制概念贯穿全部课程，极为关键。我们不要把被动性与被建制看作是等同的。也不是说，其中一个课程的讨论完全适用于另一个课程。两个课程是相互重叠的（有时涉及同一个人的作品），并沿着不同的进路走向一种新的存在论。

梅洛-庞蒂为建制（l'institution）概念赋予了什么意义？该课程的摘要（最初发表于《法兰西学院年鉴》[*L'Annuaire du*
6 *Collège*]，伽里玛出版社 1966 年再版）概括指出："我们借建制指关于一种经验的事件，这些事件为经验赋予各种持续性维度，且一系列其它经验正是凭借着与这些维度的关联而得以有意义，构成一个可思考的序列或一段历史——或那些在我身上积淀了意义的事件，不是作为遗迹或剩余物，而是作为对后来者的、对一段未来的召唤。"[1] 事实上，梅洛-庞蒂只是以更精炼的语言重述了他导言中的一段话。毫无疑问，他觉得自己已经找到了恰当的语词来表明他的研究框架。这些研究并不是关于一个实存的、一个行动的，或有限的认识的场域的；而是由这样的理念指引着，即无论考虑的是什么场域，人们都能识别出事件间形成连结的独特模式，这种模式虽然是"在"时间"之中"被识别出来的——正如这个词本身所表明的那样——却自身表现为对本己的时间具有建构作用；或者也可以说，它们似乎表明了时间内在的标志。事实上，这些事件相互是不能分离的。最久远的（事件）能够被识别出来，只是因为它被证实曾经引起了后续（事件）的发生，而最新近的（事件）能够被识别出来，则是因为，无论人们认为它们有多少新颖之处，它们都带着过去所酝酿的痕迹。因此，不同的经验所共有的维度一旦显露出来，无论经验之间的时间的间距长短如何，我们都能从对时间差异的简单观察回到对其**存在样式**

---

① 见 Maurice Merleau-Ponty, *Résumés de cours : Collège de France 1952–1960*, p. 61。——中译者注

（un *genre d'être*）（为了揭示被动现象而引入的表述）的思考，在这种存在样式中，建制者（l'instituant）的效用保存在被建制者（l'institué）之中。

没有必要纠结于梅洛-庞蒂利用建制这个术语的含混性而赋予它了新的用法。他认为这个词有双重的含义——赋予开端的行动和事物的既成状态，比如社会的、政治的或法律的状态——在这样的根本区别下，建制，作为一种奠基（fondation），并不被视作一个行动的结果，同时作为一种建基（établissement），包含着其传续的可能性，以重复乃至石化的形式，重新激活建制力量的可能性。对建制概念的这种重新表述，其哲学意义是明确的。梅洛- 7
庞蒂一下子将建制的问题与（康德意义上的）构成（constitution）问题区分开来。他在拒绝建构性意识概念的同时也拒绝了世界的概念，在这个世界中没有任何东西不被看作是由意识的操作所构成的。从其双重意义来理解，建制预设了建制者与被建制者间的不相合。这就是他为什么说时间是建制的模型的原因。如果说建制是向……开放的，那么这种向……开放也总是造成由……*开始*。所有对未来的召唤都意味着剥离过去。

在我们引述的《摘要》的文字中，梅洛-庞蒂谈到“*在我身上积淀意义*的那些事件”。然而，根据他的分析，对“我”（moi）的关涉却不必是限制性的。事实上，在第一部分（其主题令我们惊讶，因为课程的标题并没有预告它），梅洛-庞蒂指出，建制的某些特征已经在生命的秩序中显露出来。机体组织的发展，远非像人们长期认为的那样全部来自于先天结构，而是见证了某种可塑性，且只通过“促成意义”的反应（当然是在物种的框架内）才能完成。另一方面，关于动物行为的研究表明，这种发展不是由本能决定的。其方向是由其同伴对新来者的“浸润”（imprégnation）决定的，如果没有这个决定性的事件，动物很可能会从另一不同物种的同伴中，甚至在观察者中（只要他像洛伦兹那样知道如何蒙蔽他）找到替代者。对梅洛-庞蒂而言，对意义的指涉、对*表达*刺激的回应，以及富有成效的事件等概念在所谓的自然的过程中意味着一种发展的模式，这种模式不是预先给定的，它意味着一种历史，或者更恰当地说，一种建制，而不是求助于一个目的。对生命领域的这种短暂的涉猎受到了雷蒙·鲁耶的本能研究的启发，该研究此前不久刚刚（由他建议）发表在《现代》杂志上，他紧紧跟进了这一讨论（正如多米尼克·达玛雅克在其细致的文本考察中所展示的）。让我们顺便回顾一下，梅洛-庞蒂在索邦大学的课程中已经对同类（动物）形象在动物行为形成中的功
8 能产生兴趣，在那个课程中，他展示了肖万（Chauvin）的蝗虫研究。而在其《自然》（1957-1958）课程中，他也用了很大一部分时间对动物性做了充分的反思，直接参考了洛伦兹、于克斯屈尔（Uexküll）和波特曼（Portman）。

在进入其课程主题之前，梅洛-庞蒂还提醒大家注意一个比其它任何现象都更能促使我们发现建制图式的现象，这一次是在人的生命中，即，青春期，我们曾经以为可以将之还原为一个生理的进程。这种从童年的退出，与其所表现出的俄狄浦斯式的冲突是不可分割的，它揭示出在童年时期对未来的预期，对伴随着“一种储存”的不可能的事情（取代父亲）的验证，以及对主体的第一次投资的重新激活与克服——此外，这种克服并不意味着对

过去的彻底褫夺。

如果说我们曾经有所怀疑的话，那么这些前提使我们相信，建制的概念是为了使人们认识时间的基本模型而被提出来的。诚然，这三个分别关系到感情的建制、作品的建制与知识的建制的研究虽被放在“个人的历史与交互个体间的历史”这一标题下，却并不仅仅涉及爱所带来的自我的转变（或与自我的相遇），或针对画家对自己创造的东西的意义的发现，或针对数学家的发明能力，而是涉及感情的历史性（它依附于那些表面看来具有偶然性的事件，正是在这些事件中，这种感情得以形成、维持、取消、恢复，直到成为过去的那一刻，它永远栖居于记忆中），或绘画的历史性（例如，对透视问题的持续性及其解决方案的多样性的见证），或数学的历史性。此外，以第二个大标题，通过思考能够“从一个时间通向另一个时间”将意味着什么，或者说，纵使放弃了进步的观念，我们也必须承认一种向所有其它认识开放的文化 9
的形成——一种探究其过去深处的人性的形成，梅洛-庞蒂触及到公认意义上的历史（l’Histoire）问题本身。

如果我们回顾一下梅洛-庞蒂以前对哲学家和历史学家所构想的历史批评，梅洛-庞蒂的计划无疑就会变得更加清晰。至于支配着历史-叙述的叙事观，他并没有花很大篇幅去批评，因为他认为它是由关于观察者的客观性的朴素信念所引导的。《意义与无意义》（第159页）曾用将近一页纸介绍过的瑟诺博司（Seignobos）的实践对他来说似乎提供了最好的说明。另一方面，在对其课程加以说明之前，他曾致力于展开一种双重的批评，即针对后来被人们称作概念史的东西——这里指马克斯·韦伯（Max Weber）的概念史——和被称作哲学史的东西，在此指马克思-黑格尔式的哲学史。这正是他于此前一年在法兰西学院所开设的两门课中的一门的内容："一种历史理论的材料"（Matériaux pour une théorie de l'histoire），以及在很大程度上构成其当时写作和出版的作品，确切地说，出版于1955年的《辩证法的历险》的内容。如果说他欣赏韦伯，认为韦伯是有成效的，甚至可以说，使产生于不同的，甚至表面看来相互陌生的领域（新教伦理与资本主义精神）的事件间的"选择的亲和性"观念成为他自己的概念，那么他就挑战了由历史学家在一个假定的无形的现实、一个难以捕捉的"纯粹的多样性"与由他所建构的认识的对象之间建立的划分，这当然带有各种价值观的以及其自身所处时代的价值观的印记，但却在由事实选择的任意性所带来的限制下揭示出一个可理解的关系网络，且其有效性是人们普遍认可的。在此基础上，这种批评是严厉的："韦伯让知识的世界与实践的世界并存且毫无交流。"换言之，韦伯没有认识到他自己也嵌入在其所研究的场域中，而只是将康德的构成性意识的概念移入他自己的方法中——我们可以顺便补充一下，在此并没有考虑到康德在某些事件，特别是在法国大革命中发现"历史的记号"的努力，正是在那一刻（法国大革
10 命），整个世界看到了自己。在1953-1954年的同一课程[①]中，梅洛-庞蒂将一种理论的展开归功于卢卡奇，这种理论在忠于马克思主义的同时，会放弃内嵌在历史进程中的必然性的神话，并将自己与否定性的工作和矛盾的转移联系起来，直到基本矛盾赤裸裸

① 即"一种历史理论的材料"。——中译者注

地出现从而使其最初的克服获得可能的那一刻。然而这种尝试对他而言似乎是在维持一种幻象，即否定性能永远体现在一种“历史载体”中。简言之，这种幻象就在于超验的历史能投注在一种经验的阶级中，即无产阶级。因此，我们所提到的那个《课程摘要》以这样的话结束：“从这一点上说，应当重提这个问题。”

我们很容易认为，梅洛-庞蒂正在通过专注于考察和描述建制的现象重新思考（这个问题），即，他已经利用对历史表象的批评开启了一条新的道路。他现在试图从人们混乱地称作历史的东西（不管是什么研究领域）中提取出一些序列，正是在这些序列中一种生成性展现出来。这个计划并没有改变对事件的考虑，但正如我们所说，它寻找这些正在形成中的事件，且只有当我们把握住其服务于一个基础、一种保存、一种复兴或一个转机时，这些事件才有意义。正如梅洛-庞蒂所言，他在某处质疑列维-斯特劳斯提出的事件的序列出于偶然性的观点，这种偶然性只能由概率理论来解释，如果因考虑到其后果的重要性而将任何非自然事件认定为一种建制的过程，那就是一种滥用：土豆或玉米的发现与我们称作“历史的”那些事件属于不同的序列，因为后者表现为事件矩阵。另一方面，这样的计划并不服从于现实主义的幻象，它意味着一种解释的工作，它应当由对意义在事件中的发生的探寻来引导，同时，它要求引导者自身就其当下所处的位置及其与由此位置所部署的时间的关系发问。值得注意的是：虽然梅洛-庞蒂 11
探索了感情的建制、作品的建制、知识的建制，并在某种程度上发现了在严格意义上（具有）历史性的东西，但在公认的历史领域之外，他并没有停止思考这些分析对马克思主义历史哲学的影响。关于不断革命的概念、关于马克思的论题——他认为人类只问自己能解决的问题、关于丹尼尔·盖兰（Daniel Guérin）或托洛茨基（Trotski），这些话题时而在这里时而在那里突然出现（例如，关于青春期危机和爱情史的思考引起了关于“与历史哲学并行”的一大段偏题的讨论），这引起了读者的好奇，却并不知道这些话题是不是在听众面前发展起来的。

然而建制的概念也不能直接得自于对历史问题的思考。事实上，我们要记得梅洛-庞蒂在进入法兰西学院之前不久已经搁置的一部作品——《世界的散文》（*La prose du monde*, Gallimard，1966年）中对这个概念的使用。在“间接的语言”一章（这一章为发表于《现代》杂志的“间接的语言与沉默的声音”一文提供了核心的内容）中，他谈到画家时曾经说：“对他而言，这只是把在世界中已经显露出来的同一道沟壑推向更远，正如他在他的图画作品中或在过去的作品中已经看到的那样……把一种习惯转化为制度（下加点为序言作者所加）。”[1] 他的作品被判断为带有三重的恢复，“他在超越中延续，在毁灭中保留，在变形中解释，他把一种新的意义注入到那召唤和预期着这种意义的东西中去（……）”[2] 此外，作者已经同时关注到了图画作品（l’œuvre picturale）中的历史

① 此处“institution”一词译作“制度”更加顺畅，故不为了与《建制》课程保持一致而强作“建制”。引文参见 *La prose du monde*, Paris, Gallimard, 1969, p.95。中译参见《世界的散文》，杨大春译，《梅洛-庞蒂文集》第 8 卷，北京，商务印书馆，2019 年，第 183 页。——中译者注

② 见 *La prose du monde*, Paris, Gallimard, 1969, p.95。中译参见《世界的散文》，杨大春译，《梅洛-庞蒂文集》第 8 卷，北京，商务印书馆，2019 年，第 183 页（译文有改动）。——中译者注

性维度与绘画（la peinture）中的历史性维度。不管是关系到其中哪一个，或更泛言之，任何属于“文化秩序”的东西，人们都应该从中透过各种事件重新认识到一种将临（l’avènement）的痕迹。梅洛-庞蒂指出：“将临的秩序不需要来自于纯粹的事件，假如这种秩序存在的话”（第 112 页），同样，“将临并不能消除事件”（第 113 页）。在他看来，对艺术的反思似乎能引发对历史的重新思考，他写道：“如果我们习惯于以我们在艺术或语言的案例上提出的方案去组织它的话，（……）我们无疑会重新发现真正意义上的历史 12
的概念。”他认为，这样的思想就是黑格尔在他最好的文本中所勾画出来的思想。强调这一点，是因为梅洛-庞蒂在辩证法中看到了一种运动的样式，即走出自身的同时又复归于自身——正是表达实现了这一运动。

在《世界的散文》中“算法与语言之谜”一章中，他已经发展出将出现在“知识的建制”部分中的讨论，即建基在同一个例子——各种数学立足于对最前面的整数序列的定义的例子——上的讨论。梅洛-庞蒂（在此）还没有形成对建制理论的阐述，但提出了它的一些要素。他用类似于（后来）在课程笔记中使用的术语写道：“数学思维的本质就在（……）结构偏离自己的中心、向某一考问开放，并根据一种新的但仍然为这同一结构的意义来获得重组。结论的真理，其独立于事件的价值就在于，它涉及的不是一种变化，在这一变化中，最初的结构消失了，为的是让它们被其它一些结构取而代之（……），而是一个从头到尾都对自身有意识、与自身保持一致的重建。”此外，梅洛-庞蒂对胡塞尔的借鉴也得到明确的承认，他写道：“胡塞尔首先用了创制（Stiftung）

这个很好的词，来指明时间的这种每一时刻不明确的丰富性：正因为它是独一无二的，是流逝的，它永远不会终止其曾是或普遍地是；此外，从此产生的文化活动的众多成果开启了一个传统，在它们的历史呈现后持续有价值，并且要求一些超出其自身的不同的或相同的活动”（第 95 页）。[1] 然而，我们应当在梅洛-庞蒂的旅程中追溯更远以便发现这种建制的图式，应当参考他的第一篇重要的哲学论文“塞尚的疑惑”，这篇文章于 1945 年发表在《泉》（杂志）上，其写作显然是在更早的时候。诚然，他当时已经非常熟悉胡塞尔，但正是通过对塞尚进路的考察他被引导着去发现作品意义的生成，发现带着预期和多次重复的痕迹的一连串的时刻。

13 那么法兰西学院课程的创新之处是什么呢？建制的理论此时从历史理论和表达理论中显露出来，它最初就是在这两个理论中形成的。

有启发性的观点：梅洛-庞蒂在给马蒂亚尔·盖鲁特（Martial Guéroult）的一份报告中提到他正在准备的两部作品。其中一部将阐述真理理论，另一部将阐述交互主体性的理论。第一部仍在草稿状态，拟名为《真理的起源》，第二部尚未完成，名为《世界的散文导论》。他指出，他已经在几篇不同的文章中留下了界标（“塞尚的疑惑”、“小说与形而上学”以及《人道主义与恐怖》——他并不否认这本书）——他明确指出，在进行形式思维分析和语言分析之前，他的第二部作品已经完成了一半，并打算提出一种

[1] 见 *La prose du monde*, Paris, Gallimard, 1969, p.95-96。中译参见《世界的散文》，杨大春译，《梅洛-庞蒂文集》第 8 卷，北京，商务印书馆，2019 年，第 183-184 页（译文有改动）。——中译者注

关于表达的新的概念。事实上，我们观察到，他在法兰西学院教学中先有“感性的世界与表达的世界”（1952-1953），接下来又有“话语的问题”以及我们已经提到的“一种历史理论的材料”（1953-1954）。因此，我们可以想象，当他把建制的主题（与被动性的主题关联起来）并为这些研究赋予新的方向时，他已经意识到借一种表达理论来延续知觉现象学（向马蒂亚尔·盖鲁特报告的计划）的企图仍然依赖于一种意识哲学。此外，正是随着对建构性意识概念的批判（他顺便指出，胡塞尔始终没有脱离这一概念），他开始了新的课程，并且这种批判立即引向一种对主体“与世界、与他人、与做为（faire）以及与时间”之间关系的重构。

正如我们已经指出的，梅洛-庞蒂只有在借助对感情、作品与知识的考察阐明了建制的特征之后，才会面对通常意义上的历史（l'Histoire）的问题。事实上，这个问题是被间接地触及到的。借着（通过阅读普鲁斯特）对爱情的历史性的发现——尽管爱情最 14
常被认为是不理智的或造作的，借着对算术的历史性的发现——尽管后者似乎提供了永恒的真理，梅洛-庞蒂在这两个有限的领域中，在这两个完全不同的领域中，揭示出偶然性与逻辑之间的一种不可打破的联系。这样，现在他的目的不再是批评认为可以拥有完整的历史意义的信念，这是观念论哲学或唯物论哲学的来源。梅洛-庞蒂一方面反对把在任何过去的偶然变化中发现一种可理解的方向的尝试都当作是武断的，甚至历史科学一超出对既有事实的记录就质疑它的计划的有效性；另一方面，他又反对那些认为时间的差异是不可超越的人，因为他们担心，且是很有理由地担心，人们会将一个时代的体验融入到假定的人性的进化中，这实际上也是在担心我们会从自己的范畴出发来解释过去的行为与信仰。

在最后一部分，我们可以预期梅洛-庞蒂会提到那些我们知道适合于建制理论的事件（例如，那些标志着资本主义发展，并标明其转变或僵化之可能的事件，或那些揭示出法国大革命所开启的动态的事件）。但更重要的是，要超越这种描述，从而照亮哲学家的话语由以产生之所、思想本身的建制由以形成之所。事实上，我们正是从当下的文化内部，在一个时间场域中将一个社会当作另一种在其自身特殊性中的，亦即在其自身认识的运行中的文化和时间场域来看待，只要我们没有在正在生成中的历史中失去我们自己关于这个概念的意涵，那么我们就会赢得在两个时代间“交流”的经验。

读者会看到，这种讨论是建立在对列维-斯特劳斯工作的批评和对吕西安·费弗尔作品的评论上的，费弗尔的作品似乎充其量证明了另一个时代的信仰是不能化约为构成现代精神的那些范畴
15 的（《十六世纪的无信仰问题——拉伯雷的宗教》）。梅洛-庞蒂在列维-斯特劳斯所宣称的怀疑论中，同在对绝对知识的要求中一样，看到了一个脱离于世界的主体的标记，一个否认观察者历史局限的标记。“历史绝对的不通透性仍正是被设想为封闭的知识的哲学：观察它的人把自己置于历史之外，使自己成为一个普遍的旁观者。”这种批评更加严厉，因为梅洛-庞蒂指出，牵涉历史时的怀疑论和牵涉人种学时的相对主义，与系统社会学的计划是并驾齐驱的，而系统社会学是一门能够建立起所有社会结构赖以被推导出来的规则的纯科学。

相反，费弗尔的《拉伯雷的宗教》一书则被看作是具有哲学意义的研究典范。应该指出，梅洛-庞蒂此前曾经在“人的形而上学”（重新收录于《意义与无意义》）中提到并评论过这本书。他认为这是历史学家的任务：“唤醒过去，把它重新放入现在，重建它，而并不给它打上我们的范畴的印记。”他已经引入各种特殊性间的交流的观念：“我们不是通过逃避我们的特殊性而达到普遍性，而是通过使之成为通向他者的一种手段，因为这种神秘的亲和力使得各种处境变得相互理解。”在课程中展示的费弗尔的优点似乎是：指出通向另一个时代是可能的。在这种情况下，如果不问拉伯雷是否有信仰，而是在他的著作中寻找他的观点（无论什么观点）的明确的或隐含的各种痕迹，我们就把他置于他的同代人之中，把他的话与许多其他人的话进行比较，并试图发现他的读者是如何理解他的话的；如果我们因此对一个“文化场域”变得敏感，我们甚至会怀疑在十六世纪作为信徒的可能性。熟悉费弗尔作品的人都知道，他不仅仅是怀疑，他判断当时人的“精神装备”并没有给他们带来构想被我们称作无神论的东西的手段。但是，梅洛-庞蒂远不是满足于欣赏费弗尔借一种去中心化来恢复另一个时代、让我们去面对时代差异的尝试，他看到这种去中心化唯有当我们没有封闭在我们自己的时代的情况下，唯有在我们自己 16
的时代赋予我们了一种我们在承认过去的差异时与过去进行沟通的资源的情况下，才是可能的。他虽然承认拉伯雷不是我们现在意义上的不信教者，但当他认为他所表现出的与宗教的距离仍然是一个朝向未来敞开的标记时更进了一步。也许他将费弗尔没有提出的观念归于他了，但如果没有这种观念我们不能理解一个完全为基督教主导的世界如何能够改变（最后一节的标题："费弗尔研究的真正意义"恰恰认定了这一假设）。

最后一部分所涉及的那些问题最终联系在一起：我们不能设想一个普遍的历史，也不能回落到对不同时代间差异的观察上。梅洛-庞蒂在某处指出，哲学成为对"统一起来的各种特殊性"的认识。这是他在对建制进行反思之前就已经提出的。

梅洛-庞蒂是为了考察如下一些问题而提出了被动性的问题，这些现象不能按照建制的模式来构形。如果这个概念与历史或历史性的概念不可分割，如果它使我们面对建制活动与被建制状态间的关系，且这种被建制状态的本性就在于，建制——奠基、更新——总是预设着某种先行给予，被建制状态包含着一种开放，那么反过来，关于被动性的研究则似乎在排除时间的维度。我们会发现，梅洛-庞蒂在《建制》课程的框架中分析了一种感情——爱，而在《被动性》的课程框架下分析的则是谵妄——弗洛伊德在《詹森的格拉迪沃》中所描述的那种谵妄。这种谵妄难道不是在那些所谓形成了"序列"的事件的作用下发展起来的吗？毫无疑问。但是任何对主体构成影响的东西都不会改变他已经形成的最初的信念。严格地说，不存在一种谵妄的历史。

对关于被动性的反思来说，什么是关键？当人们带着这样的问题阅读《课程摘要》的时候，问题就在于要克服一种已经暗含在知觉中的选择："对知觉经验的解释必须使我们去认识一种主体
17 自身并不能主宰的，也没有被置入其中的存在的方式。"因此，这个课程的计划可以使我们尝试说明现代存在论的根源，甚至比《建制》课程的主观主义版本和客观主义版本（所找到的解决办

法）更好。如果我们关注到被动性，就不应该把它看作是一种状态，它是我们与世界间关系的一种形态。不要像我们刚刚引述的那样去理解，认为有另一种存在的方式，主体在这种方式中可以成为主宰者：被动性只是被赋予了一种揭示者的功能，更加珍贵之处在于，这种现象被大多数哲学家忽略了——身体被委托为灵魂对世界的依赖提供理由。

梅洛-庞蒂已经指出，知觉、认识与行动并非出自于一个主体的运作。我们只是在回应一种外部的要求，跟随某个包含着各种层次、维度并打开各种视野的“场域”强加在我们身上的方向时，才为所呈现出来的东西赋予了意义。事物本身唯有在各种视角下才被给予，只要我们想要描述它们，我们就会超出观察的限度，它们被证明为是不可穷尽的。至于对他者的知觉，只有固守在一个除了主体身份或客体身份之外别无选择的问题中，才能向我们隐瞒我们在把自己投射到他人身上的同时也从他人身上感知到自己（梅洛-庞蒂指出他人对我们而言总是某种神秘的东西）。

在对值得特别关注的现象进行描述之前，梅洛-庞蒂引导他的听众回到构成其现象学基础的东西：知觉的生活。知觉的生活告诉我们，如果我们为发生在我们身上的一切都赋予意义，那这是通过对我们有生以来的不可褫夺的先在性、外在性与他异性的检验来实现的。虽然一个导言会被认为是多余的，但诚如我们所指出的，这些前期的工作也占据相当分量的位置。开始的命题非常突兀，不过也有一些熟悉的东西，梅洛-庞蒂在此暗指年轻人追随大师的风气，比如，希望一个精神分析家为他们提供他的知识——这是一种妨碍我们看到被动性意涵的“被动主义”——或者 18

他是在暗指一种政治上的介入（当然，他指的是萨特或萨特主义者），这种介入把主体基本选择的自由与其对无产阶级或最贫困群体的完全服从结合起来，他们是唯一有权决定历史意义的人——可以说，这是被动主义的另一种形态，它与行为主义毫不相干。但是，一旦对当时风气的欣赏让位于当代哲学中那些对反对现象学和所谓古典存在论复兴的阻力的反思，口气就变了。在少有的密集的十几页纸的讨论中，梅洛-庞蒂致力于解释他所理解的“被感知者”是什么意思，解释存在即被感知的原因。他首先回应了斐迪南·阿里奇（Ferdinand Alquié）基于笛卡尔主义视角，以及皮埃尔·拉雪兹-雷（Pierre Lachièze-Rey）从康德哲学视角提出的反对意见。他关注于区分自己的现象的身体概念和前对象的世界的概念与阿里奇将之当作意识的相关物的用法，而不是赞同正是意识的定义本身，随着这些概念的引入而成了有问题的。他更加注意否认拉雪兹-雷的观点，据之对身体的描述脱离了思想与广延间的区分，这将导致目的论（finalisme）或生机论（vitalisme），由此，他对雷蒙·鲁耶（Raymond Ruyer）的某些解释做了批评，这些解释看起来与他本人的解释非常接近（他在第一个课程中已经考察过）。最后，如果我们没有弄错的话，他第一次把他的现象学概念从其可能会引发的含糊不清中解放出来。

在此，应该引述：“1）从世界方面看：不要把自己局限在某一时刻所获取的被感知世界的静态图像中。不要以（一种）孤立的态度来看待（那些）抽象的知觉，我还是做得太多了（因此把感觉或品质当作与术语的无声联系而过度评价了），应该恢复对被感知世界而不是感官的分析。例如，我在任何时刻的一切知觉都只是一种人的行动的报告——绝对的充盈是孤立分析的结果——可感的世界中充满了裂隙、空白、幻象，事物是'面向'、是'行 19
为'；存在着人类学的空间与物理学的空间。"

2）从主体方面看："不要只考虑'自然的身体'，要考虑所有积淀在上面，而且要将主体坚定地描述为主体，不是将它描述为意识，即存在与认识的符合，或纯粹的否定性，而是将它描述为各种（实践的与感觉的）场域向之开放的X。——特别是，有必要引入想象的领域、意识形态的领域、神话-语言的领域，而不仅仅是可感者的扩充。这将我们今年的主题与被动性的一般问题联系了起来。"

这清楚地表明，被动性的问题不是一个局部的问题。

《知觉现象学》已经涉及这个问题。关于时间性一章的结论是："我们并非是以某种难以理解的方式附在被动性上的主动性，配有意志的自动性，配有判断的知觉；我们是完全主动的和完全被动的，因为我们是时间的涌现。"这一总体判断是依据对理智主义与经验主义的双重批判做出的，而这种批判仍然还是依赖于哲学论争的传统架构。另一方面，法兰西学院的课程试图正面处理被动性的问题，而不是用它的反义词来界定它，并且为了做到这一点，要研究那些似乎在原则上排除了主体的决定作用的现象：睡眠、梦、无意识与记忆。几年之后，梅洛-庞蒂在《可见的与不可见的》的工作笔记中又涉及到这个计划，但没有明确提到这个课程的内容："哲学从不言说——我说的不是被动性，我们不是效果——我要说的是我们的活动的被动性，就像瓦莱里谈论精神的身体那样。我们的原初是那样地新，以至于它们诞生于存在的中心，它们被移到了在我们中爆发出的时间上［……］。灵魂总是在思考，这是它之中的一个状态属性，它不能不思考，因为场域已被打开，那里总是记载着某物或某物的缺席”（第 274 页）。他还
20 补充了那句在他著作中不止一次出现的话：“不是我让我自己思考，正如不是我让我的心脏跳动。”在《可见的与不可见的》一书开头，他以类似的关切写道：“一切的发生，就好像我接触世界的能力和我退回到幻想中去的能力是不能并存的。不止如此，进入世界就好像只是退出世界的另一面。”

这些话只是使得他在这个课程中提出的想法更加明确。当梅洛-庞蒂提出进入世界只是其退出世界的另外一面时，他指的是“世界”的公共空间，公共时间，透过语言来分享的人的体验。人们正是也从这个世界，从这个他获得主体地位的地方退出去。然而，离开并不表示脱离。如果说，随着他进入世界，一个场域为他敞开，在这个领域中刻入了某物或某物的缺失，那么在偏离中印刻在他身上的许多痕迹持续存在着：这些印象以一种独特的方式自行分布、自行分化、自行混合，不受空间、时间的知觉的准则以及交流的准则的限制。为了强调课程的创新，我们可以说，被动性不再仅仅由我们的感知所包含的未被感知的事实、由思想活动所包含的未被思及者所标记。这个课程鼓励我们区分两种思想**机制**，因为梅洛-庞蒂远远没有把幻想和梦境本身还原为图像的混沌，他谈到一种“可见者的**独裁**”（着重点为我们所加），又或是为了说明审查制度的影响，他谈到“形象的独裁”的建立。正是在这些条件下，人们可以唤起主体的主权，并保留主体的概念，

即使经过修改，也不再充分。

整个课程的讨论建立在区分共同世界与私人世界——换句话说，自为的世界——的观念上。然而如果我们将它转换为一种分隔，这种区分将是毫无意义的，因为自为的世界由已经影响到我的事件构成，并在我加入到他人之中的生活中继续影响着我，因为如果没有主体的多样性就不会有共同的世界，且这种主体间的 21
关系不仅仅意味着每个主体与其他主体是不同的，还意味着他们的个性并不会在交流中被取消。应该指出，梅洛-庞蒂在这里所暗示的，不是把他的哲学还原为交互主体性的理论。

在考察主体藉以通过感知、认识与行动进入世界的条件时，他提醒我们注意一种被动性，这种被动性并不如人们所认为的那样是主动性的对立面，而是在它反面；另一方面，对主体退出世界的条件的考察，则恰恰在于揭示被动性反面的主动性。我们必须同意，在睡眠中——对像萨特那样不把它当作一个纯粹生理现象看待的人来说，这是一个尤为尴尬的特殊情况——世界当下呈现的观念依然存在着，如果没有这种观念，我们就无法理解睡眠中的人在醒来时立即知道自己正处于他一度失去意识时的位置；就无法理解，在某些情况下他也表现出能在他决心醒来的时刻醒来的能力，甚至一种每当有计划中的任务要求他醒来时都能醒来的能力（弗洛伊德举了护士的睡眠的例子）。梅洛-庞蒂同意弗洛伊德的看法，认为“在我们睡眠的整个过程中，我们知道我们正在睡觉”。而梦，并不是来自于主体的颓落，在这个意义上，意识将不再以与其意向匹配的对象为目标，而是成为“空的”，让自己沉迷在丰富的图像中。梦境所控制的是我们生活中发生的那些事件——至少是一些我们有时已经不记得的事件，但它们影响着我们，使我们幼稚的欲望波动起来，并在我们没有觉察的情况下，突然被先前的事件激活，这样的事件往往是微不足道的。

弗洛伊德的思想在课程中占据着相当的地位。梅洛-庞蒂在《行为的结构》中已经对精神分析有所涉及，在《知觉现象学》（“性的身体”一章第180页及以下）中也以不短的篇幅谈及精神
22 分析；在索邦大学任教期间，他一直认可精神分析对儿童心理学研究的巨大贡献（《儿童心理学与教育学》（1949-1952年索邦课程），Verdier出版社，2001年）。然而他是在准备《被动性》课程的这段时间阅读或重读了《释梦》。他在书中做了大量的注释，并抄录了许多段落（我们认为在附录中发布这些段落会很有帮助）。毫无疑问，对这本书的阅读给他留下了深刻的印象，它向他解释了一个他以前从未感到如此亲近的弗洛伊德，同时它也促使他澄清了他的“感知意识”的意涵。正如读者将会看到的，他越是在萨特哲学与他自己的哲学间做出了明显的区分——在他看来，萨特的论题完全依赖于一种传统的意识概念，似乎没有考虑到任何不能由存在和虚无中的一个决定的东西——就越是热衷于用弗洛伊德的描述来捍卫一个“存在的场域”，在这个场域中，我们在与事件的联系中永远无法区分我们赋予事件的意义与事件加在我们身上的意义，也无法完全发现它如何影响了我们。这并不是说在无意识概念与感知意识概念之间不能存在一种不可或缺的距离。

梅洛-庞蒂认为，做梦的主体与清醒的主体是同一个人，这一点可由这样的事实加以证明，即，梦的内容无论多么离奇，乃至荒谬，经过精神分析，都能被证实为是由从做梦的人的过往中提

取出来的材料组成的。因此，我们不可能在现实的与想象的之间做出区分。而且还由于另一个原因，必须拒绝这样做。事实上，如果我们观察主体在“现实”生活中的行动，换言之，当主体醒着的时候，我们不会看不到他与他人间保持的关系在很大程度上是从一种想象的组织中切割出来的，这个组织从一开始就由他们的投射和内投射交织而成。梅洛-庞蒂已经指出这一点。不过这个事实仍然还是抽象的。事实上，他者从不是孤立的，他在一种对我有意义的特殊处境中被感知到；他的面貌，其独特的特征，他的话语，我所看到或知道的他与其他人之间的关系，所有这一切意味着，假如我被某个与其他人有关的记号所影响、干扰或产生 23
警觉，那么这个记号将有可能通过包含着铭刻在我自身之中的整个（记号）星云（constellation）的任一要素的事件重新呈现。

因此，仅仅承认梦不能完全脱离知觉是不足够的，还必须承认，在同一个运动中存在着关于清醒的梦的意识。这种梦的幻觉勾画出一个自为的世界在参与共同世界时的持存；这种持存表现在我与他人间不确定的关系中，也通过所谓的我们的内心独白让人们注意到。莫里斯·布朗肖（Maurice Blanchot）在谈到“言说的话语无尽的流动”时，揭示了一种私人话语的伪-独白，（这种话语）被保护得那么好，以至于人们听得到它，却听不懂它（《一个作家之死》）。梅洛-庞蒂告诉我们，梦与关于清醒的梦的意识间的区别就在于，梦是作为睡眠的结果而形成的。我们知道，弗洛伊德还说过，梦是睡眠的守护者，它通过庇护主体、使之免受外部刺激来满足主体的欲望。最重要的是，身体对世界的封闭——感官之门的关闭和不变动——具有使知觉、认识与语言所要求的辨别力变得不可能的效果。让我们顺便提一下，梅洛-庞蒂很早就注意到知觉与在可感世界中运动和定位的能力间的关系。因此，身体作为“我能”的来源，本质上是适应外部的媒介，因此也是区分现实的与想象的媒介。在其准-缺失中，梦是通过主体实存场域诸要素间的“去差异化”（dédifférenciation）而产生和保持的。然而这一概念也不能被毫无保留地保持。在提出“梦的主体是什么？”这个问题之后不久，梅洛-庞蒂进一步回答：“是我们的实存场域在做梦。”只有当我们记住场域不是统一的，它包含许多层次，它是由“各种实存者”结构起来的，才能对此问题做出澄清。梅洛-庞蒂用（实存者）这个术语来避免类的概念，并说明，这个术语关系到一些事件，我们不能将这些事件归于一个明确起源，
24 但从这些事件中会产生某一类的行为，产生对主体与他者在其生活的各种处境中形成的关系问题的一系列回应。梅洛-庞蒂还谈到了矩阵事件、铰链或枢纽。无论在什么情况下，他所关心的是说明失去警觉意识的辨别标准本身，陷入不加分别（l’indifférenciation）并不导致任何东西与其它任何东西的混淆（这是他归于萨特的观点），但是，根据实存场域的结构，它们产生了各种联想、各种组合，以及那些与先前的知觉脱节、且服从于维持一个自为世界需要的要素间的凝缩。

梅洛-庞蒂表达了弗洛伊德梦的理论在他这儿引起的反对意见。这种理论迫使我们预设两个文本，一个由梦所显现出来的内容构成，另一个则由梦的潜在内容构成；也预设了两个主体，一个主体构想出那些不体面的想法，尽管这些想法是无法表达出来的，另一个主体则形成他所无法理解其意义的图像。最后，我们

必须承认，对梦的解释就在于根据病人所提供的材料重组出原始的思想，将这些材料理解为一个画谜的各种要素，即以一种使这些材料变得可读解的方式重新安排它们。这幅图画，无论在他看来多么造作，但在梅洛-庞蒂眼中却并没有取消弗洛伊德对意识与无意识所做的区分以及梦的功能的概念。事实上，对梅洛-庞蒂而言十分关键的是，对梦的思想的结构的发现，即他先后称作**积极的象征**与**原始的象征**的结构。这种象征不是不充分的，由语言的剩余物或边角料构成，在此意义上它是积极的；它起源于婴儿期的欲望，从未停止伴随对他人的感知，在此意义上它是原始的。而且——值得强调的一点是——这种象征因而并不是来自压抑，而是为压抑所利用。弗洛伊德曾经在《释梦》中对这种象征进行过系统的探讨。现在，如果他已经得出了这一发现的结果，他就不必为主体的二元性和梦境内容的二元性所带来的困难而感到尴尬了。这个问题产生于这样的想法，即思想只能归于传统的意识，25
且只能以传统语言的方式来表达。这样的想法必然意味着“我思”与梦的产品之间的区分，一个知识持有者的诉求与严格意义上的梦之间的区分，后者作为否认不可明言的思想的结果而成为一种欺骗。另一方面，如果我们接受一种原始的象征，就没有必要想象一个藏在内心深处的主体。由于我们对事物的感知，特别是对他者的感知，从来不曾还原为一种知识，这种知识是在严格区分可感场域诸要素的要求下运作的，对这一预设的认识主体的假设乃是一个虚构，假如我们想象一个其显明的意义会被刻意转变为不可理解的图像的文本，那么这个文本就是另一个虚构。同样，设想精神分析师的工作在于将梦境叙述的内容追溯到作为其来源的思想是错误的。弗洛伊德本人不仅曾经警告说，在从显梦到隐梦到过程中，人们不会重走相反方向的道路，因为引发梦境的事件所推动的思想比在梦境中找到出口的思想要多得多，而且他也清楚表明，解释者的任务与其说是完全掌握病人所传达的梦的意义，不如说是通过——用梅洛-庞蒂巧妙的表达说——一种解释学的梦想澄清他梦的生活中的部分结构。

梅洛-庞蒂对弗洛伊德作品的欣赏可以从他悉心地区分自己的保留意见与乔治·波利策（Georges Politzer）的反对意见中流露出来。这位《心理学基础批判》（*La Critique des fondements de la psychologie*）的作者是第一个放弃认为我们所有的经验都来自于哲学家常用意义上的意识的运作这一偏见的人，也是第一个为象征的秩序留出空间的人。然而，结果是他似乎想要模糊无意识与意识之间的区分，以至于失去了区分的基准。在拒绝将主体定义为自我的纯粹呈现的同时，他自相矛盾地寻求将压抑带回到我们对我们所拥有的观念以及我们只能承认是我们自己构想出来的图像的经验中。梅洛-庞蒂评论说，压抑不过是我们总是以“第一
26 人称”体验的戏剧中的一个要素，同时，梦的象征也不过是自欺（mauvaise foi）的一个过程。而梅洛-庞蒂则明确指出，对梦的思想结构的研究不应该反对压抑或取消压抑。然而仍然存在着一个问题：我们能否承认压抑，而不设想——即使我们拒绝审查制度的观念——某种无意识的障碍，后者使有待在欲望的冲动下爆发的思想流回流，并迫使它们接入轨道，依据这些轨道，它们的内容变得不可识别。显然，梅洛-庞蒂并没有被这种隐喻所吸引，尽管他欣赏弗洛伊德在《释梦》最后一节从地形学向动力（结构）

的转变，但他有所保留是毋庸置疑的。如果了解到他极力想保持压抑的观念与无意识的观念，却不承认，我们甚至不说是思想的两种运作模式间的根本区分，至少是根本差异，人们就有权怀疑他是否试图把无意识（他在梦的工作中认出它的痕迹的无意识）当作梦的生活场域中的简单的范围。当来自外部的刺激之流被暂时打断时，梦的生活在睡眠引起的退行作用下发生，但我们在其中并没有比在知觉经验中发现更多的东西。因此，我们在某处读到“意识与梦毗邻”，或者说，“这种（由清醒生活的规范勾画出特征的）无意识，作为矛盾的情绪，并不遥远，它非常近。”这些论断与波利策的论断没有很大的区别。但是毫无疑问，梅洛-庞蒂的迟疑最确定的标记从其对弗洛伊德在考察梦的移置、凝缩和特征的图形化现象时发现的一个主要过程的实存时的沉默中显露出来：这种沉默与拒绝承认刻意的伪装是一致的。这一点，彭塔力斯（J. B. Pontalis）很早就已在一篇非常敏锐的文章“梅洛-庞蒂哲学中的无意识概念”（《现代》杂志 1961 年“梅洛-庞蒂专号”，后收入《弗洛伊德之后》）中提出了。

梅洛-庞蒂确实曾经指出，凝缩并不仅仅是服务于审查制度的 27
一个掩饰过程，但他没有研究凝缩变成掩饰过程的情况。他还忽略了弗洛伊德认为最可能模糊梦的意义的那一过程：去中心化，即，把最重要的主题摒弃到边缘去，而把轶闻琐事放在第一位。然而忽视最初程序的观念就会导致对无意识的拒绝吗？恢复感知意识全部的厚度是否会使我们无法在梦中发现“隐含的和混杂的逻辑”之外的东西？在《课程摘要》中，梅洛-庞蒂断言道：“弗洛伊德主义的本质在于对行为的分析在其中发现了许多层次的意义，它们共同拥有一个真理。”而在《课程笔记》中，这种结论并没有得到证明，也没有什么可以表明他已经完成了自己与弗洛伊德之间的这场论辩。对多拉案例的详细研究，对格拉迪沃解释的考察，或对预兆性梦境的考察，都充分显示出（梅洛-庞蒂）对与弗洛伊德精神分析的细节相关联的无意识问题的持续关注。

尽管我们所提到的《课程摘要》非常有价值，但它却没有就梅洛-庞蒂在法兰西学院第三年教学所完成的工作的性质给出一个正确的看法。作为事后的修订，《课程摘要》提到了选择所讨论的主题的哲学的动机：建制的概念被表述为是为了寻求“对意识哲学的困难的补救”；被动性的概念应该引起对一种打败传统主体概念的存在模式的构想。因此，作为研究的主要对象的现象，如果说不具有作为范例的功能，至少也能为一种摆脱了自在-自为对立的存在论提供材料。《课程摘要》为我们提供了这两个课程所展开的研究的一个非常简单的版本。我们以各种方式使用的研究一词，
28 在这里必须在其真正意义上获得理解，即在其最强的意义上，因为在这样的情况下，它含有某些冒险的东西。我们已经提到，梅洛-庞蒂在之前的作品中已经注意到“形成一个序列”的事件，我们既不能把这一连接归结为偶然的，也不能将之归结为物质的必然性，更不能归结为精神的逻辑；然而就建制的思想而言，他并没有真正拥有这种思想，他只是在从完全不同的记录中认出同样的生产性图式的时刻，才为这个概念注入了一种哲学意义。

我们为什么要向自己隐瞒在这种运动中有过度的东西？这种运动把他从对普鲁斯特世界的侵越、对斯万与奥黛特间关系的分

析和对阿尔贝蒂娜的叙述引向吕西安·费弗尔考察十六世纪信仰的足迹。这种过度是富有成效的，而不是随意的表现。我们可以想象这项考察也可以沿着别的道路进行，没有任何道路是绝对强加的。思想试图通过将自身暴露在不同寻常的事物面前来确保自己。

《课程笔记》的一大优点就在于使这项研究富于感性，这是梅洛-庞蒂思想突兀的一面，在他的著作中常常被其散文的优雅所遮蔽。另一个优点就在于《课程笔记》显示出在他的工作中有相当的部分乃是他与那些他试图在批评其观点前提取出最精华的东西的作者间的对话。他关于萨特、普鲁斯特、弗洛伊德以及费弗尔的阅读艺术不应该被遗忘。

编辑说明

29 题为《个人与公众历史中的建制》的课程由多米尼克·达玛雅克（Dominique Darmaillacq）编校成稿。题为《被动性的问题》的课程由斯蒂凡尼·梅娜塞（Stéphanie Ménasé）编校成稿。克劳德·勒福尔（Claude Lefort）审阅了全稿。《个人与公众历史中的建制》课程的文稿由多米尼克·达玛雅克与克劳德·勒福尔编订，《被动性的问题》课程的文稿由斯蒂凡尼·梅娜塞与克劳德·勒福尔编订。

梅洛-庞蒂的全部手稿现存于（法国）国家图书馆。1954-1955 年法兰西学院课程备课笔记的部分为手稿的第八卷。文件中涉及《建制》课程的有 104 页，其中有作者编码的 67 页构成了现在的课程笔记。涉及《被动性》的有 160 页，其中有作者以同类序号编码的 64 页构成了现在的《课程笔记》。

本卷编者尽可能地还原了课程的文稿——这意味着通向梅洛-庞蒂思想的入口——而避免丢失其笔记的特征（这在那些简写、原本的斜体字、缩写、暗示以及重复中非常明显）。本来应该不去改变句子的结构，但有时加入一个冠词、一个介词或一个动词可以消除读者不必要的疑惑。这些加入的词一般会以加括号［ ］的形式标示出来。

编者经常要在如下两种情况下做出选择，这种选择往往是困难的。第一种情况，即当遇到对同一论断的两种版本的表述时，我们需要做出选择。第二种情况，即当《课程笔记》要求说明，甚至假定了评论的知识或可以在相关文件中找到的引文的知识，却不确定梅洛-庞蒂在何种意义上使用它或对其做了延伸时，我们需要做出选择。

文本的可理解性是（做出这些选择时的）优先原则。

在第一种情况中，往往会出现关于同一论断的两个版本，其中第二个与第一个有着同一序号，只是在序号旁边标记了星标（*）。第一个唯有在包含了某种思路或某种很有可能被忽略的参考 30
时会被保留下来。这种删除通常会在脚注中加以说明，有时，删除的语句会在脚注中保留下来。（对文本）最大胆的干预在于用文件中发现的七页笔记替换了《被动性》讲稿的前八页。很明显，第二个版本的七页笔记为这一课程提供了新的更加清晰和精炼的开头。读者在国家图书馆的这些文献中看到页码的中断不应感到惊讶的。

在第二种情况中，必要时，我们决定将辅助笔记的丰富内容纳入到《课程笔记》中来，并加以标注，梅洛-庞蒂正是依据这些笔记展开了课程。所以我们毫不犹豫地将多拉的例子、格拉迪沃的例子、B 夫人的例子加了进去，这些例子在“预示性的梦”的部分得到了解释。如果没有这些补充的例子，不熟悉弗洛伊德的读者可能在课程的最后一部分就无法跟进梅洛-庞蒂的讨论了。

两个课程后面都附有发表于《法兰西学院年刊》中的《摘要》。《建制》课程的参考文献经重新分组后列在文稿后面，并附有作者提及但并未引用的文献的节录。而《被动性》课程的参考文献和引用文献则列于每页底部，此外还有一份附录，其中包含梅洛-庞蒂阅读普鲁斯特和弗洛伊德的笔记，主要是三篇简要讨论“弗洛伊德的无意识”的笔记。

两个课程文稿每一小节标题的格式“[斜体字加方括号]”① 并非梅洛-庞蒂原稿中采用的格式，而是为了便于阅读而为文本分节所添加的标记。

关于页码双重标记的说明：国家图书馆（BN）文稿页码标记为[页码]，梅洛-庞蒂手稿（MP）的页码标记为（页码）。例：[2]（1）=BN 版第 2 页，MP 版第 1 页。

斜体字除了指著作名外，通常为起小标题作用的文字或梅洛-庞蒂特别强调的表述。②

用字母排序（a, b, c, …）的脚注为编者注；加星标（*）的脚注为梅洛-庞蒂原注。③

在《建制》文稿中，用数字排序的注释标示出梅洛-庞蒂引用或参考的文献。④ 参考文献可见于本书第 127-154 页。⑤

---

① 中文用楷体加方括号。——中译者注

② 起小标题作用的，中文用楷体，起强调作用的，中文用下加点。——中译者注

③ 中文统一用圈码脚注，并以法文编者注、页边注来标示区别。——中译者注

④ 中文用上标方括号加数字来标示。——中译者注

⑤ 此页码为原书页码，即本书的页边码。——中译者注

个人与公众
历史中的建制

多米尼克·达玛雅克　编校

导　　论

［2］(1) 个人生活被视作一种意识的生活，即，一种全然的 33
呈现，对它而言他人只是一种徒劳的否定［和］与我无关的行动，或至少，(这种生活) 仅通过封闭的意义机制而对我有意义：过去仅对作为过去的意识的此意识而存在，即仅作为已经过去的图景而存在；(这是) 一种完全出人意料的呈现方式；(它) 依据其目的，亦即表现出来的结果，和［作为］引起它的身体的各种姿态和话语的实现［来运行］，［是］一种意义的决定。这种从与我无关的背景上做出的决定［是］对目的的保持。为什么要保持目的呢？笛卡尔［的回应］：人们不能做一件事又没做这件事，即行为超出了其应是或不是的界限之外，必须有一种最低限度的一致性，因为人们已经尝试过，因为已经有了从这种行动中得到的教训。然而人们从来不是人们所做的，因为人们不是它 (人们行为的结果)，因为这种被意指的非-存在必须进入世界。

是这样吗？我们就是那种朝向一切事物的当下直接呈现吗？在这种呈现面前，一切可能事物都是平等的——都是不可能的。所有这些分析的前提是事先将我们的生活还原为"关于生活的思想"。即，1) 形式与内容的区分：质料 (hylé) 与立义为 (Auffassung als...）①；2）这种区分仅以排除内容为目的，将之视作“关乎……的思想”的对-象（ob-jet），意指的活动，被看作是唯一具体的活动。

然而，这种关于形式-内容的现实的分析和将形式当作内容的先天条件的立场都是虚幻的。关于“感觉”和连续“映射”（Abschattungen）② 的经验论和修正经验论的观念论都歪曲了经验。当我们接近一个对象或一段记忆时，并没有可以用数字清楚区分的
34 多个“映射”和“作为”同一智性内核的“立义”③，没有［多个］瞬间及其观念化的或意谓的统一，只有关乎某物和*由某物而来的*各种痕迹的意识④，这些痕迹在我对某物的反思中得以区分，而这种区分与观念化的统一同时发生，——有一种时间点（Zeitpunkt）⑤ 的意识，它不能停止它所曾是，这是因为它已经在印象的意识之中，而不是因为它被认定为各种时间视角的观念化的统一。胡塞尔的迟疑：意识最初的、第一哲学的模式在于 Auffassung *als*（即空的和［关乎……的？］⑥ 意识，完全在其自身之外，却与存在同

① Auffassung als 参考倪梁康先生的译法作“立义为”，见倪梁康：《胡塞尔现象学概念通释》，北京：商务印书馆，2016 年，第 64-66 页。——中译者注

② “esquisses”.——法文编者注

Abschattung 参考倪梁康先生的译法作“映射”，见《胡塞尔现象学概念通释》，第 2-5 页。——中译者注

③ “apprehension à titre de...”.——法文编者注

④ 梅洛-庞蒂常常在重读的过程中在以前写的文字下面划线，这种情况非常多，所以并不具备强调的作用；但是某些词下面有两道下划线，在此改用斜体字来表示。——法文编者注

中文用下加点表示。——中译者注

⑤ “point de temps”.——法文编者注

⑥ 我们将看起来有疑问的表述放在方括号里，后面加一个问号，这些表述有的是拼写上有问题，有的是意义上有问题。为使阅读顺畅，我们在方括号中添加了作者省略的词。——法文编者注

外延），还是在于原初的感觉（Urempfindung）？[①]（即，意识是［不可超越的］，因为它是这样一种示现，过去和将来都只是它的变式，而我在其中被超越了，［因为我体验到了］可感者、现在和事物本身的厚度。）

［3］（2）带着这样的主体概念，［我们构想出一种］关于（以下几方面的）变化：

1）与世界的关系

［在这里］没有当下直接的呈现，只有被领会为打开了其超越性的视角，带着其自身的厚度通向（这种敞开），正是它预设了凸显、障碍和构型。

或许有人会说：这关系到筹划。也许，但是也有一种未决定、未选择的筹划，［一种］没有主体的意向，即活着（vivre）。这种筹划［暗含了］各种规范或基准的存在，无法翻越的高山，耸立的事物，或相反，很多条路。这并不是说我们的行为只能是被决定的：我可以学着去克服这些“障碍”，也可以不学。然而正是由于先有了作为障碍的障碍物，我才要学。我可以学着去更好地通 35
过科学来了解周遭（世界），而这总是对被感知世界的重新了解，是对其各种结构的使用。

因此，存在着既被建制（institué）又能建制（instituant）的主体，（两方面）不能割裂，并且，没有进行建构的主体（sujet constituant）；［这样］（就出现了）一种惰性（inertie）——［存在的事

① le “sentir originaire”. ——法文编者注

实在于］被展示给……——而［也正是它］使一种行动得以运行起来，一个事件，现在的肇始，其生产性是事后的——歌德：天才［是］“死后的创造力”（procutivité posthumous）——它敞开了一段将来。

主体［就是］这些事件的秩序能够向之来临的所在，一切场域的场域。

2）与他人［的关系］

［他人］不是被建构-能建构者（constitué-constituant），即，我的否定；而是被建制-能建制者（institué-instituant）[①]，即，我将自己投射在他人身上，他人也将他自己投射在我身上，有一种（向外）投射-向内投射（projection-introjection），一种我在他人身上和他人在我身上的生产力，一种通过侧面的驱动促成的真正的交流：［这涉及到一个］交互主体性的或象征的场域，文化事物［的场域］，它在我们中间，是我们的关联，我们的交会——而不是主体-对象的交替。

3）与做［的关系］

不是纯粹的效果，那是对旁观者的意识的困扰，并假定了结局＋决定（fin+fiat）。[②] 做（faire）与看（voir）发生在同一个世界中：那通向风景的裂隙、通向有待完成的（正如一个运动取代了

① “通过与我的联系，因为我通过与我自己的联系也是被建制-能建制者。”——页边注

② “对决定（fiat）的‘疯狂’的构想（马尔罗的存在与行动）。”——页边注

事物僵化的运动），正是我的实体（姿态、话语）。做（faire）知道它自身是在其它目光的注视中，知道它自己同时也是一种象征的动作：因此它不是对一目的或抉择的设置，而是按照一种风格在运行，回应事物（Sache）[①]，不是封闭在一种猜疑的意义中，在那里它同样在建制：马克思［说］：我不是马克思主义者。基督徒克尔凯郭尔也从没说过“我是基督徒”。意义是一种分离（écart）、差异（différence），而不是封闭。

［4］（3）由［一个］现前场域（champ de présence）的主体［概念］，（带来）对时间［概念］的新的理解。

4）时间 36

时间是从过去流出来的，还是从将来流出来的？时间是客观的、包围性的（enveloppant），还是反过来，是观念论的——关于时间的意识，即否定过去的运动，纯粹的自在，以一种其自身还不存在的将来之名，亦即被我的不存在包围着的时间？时间既不是包围性的也不是被包围的：从我到过去有一种厚度，它既不是由一系列视角也不是由对它们之间关系的意识构成的，它既是障碍又是联结（普鲁斯特）。时间正是建制本身的模型[②]：被动性-主动性，它延续着，因为它已经被建制，它将会存在，它不能停止存在，它是整全的，（正）因为它是部分的，它是一个场。可以谈论一种准-永恒，不是通过逃离朝向将来的非存在的瞬间，而是通

① 事物（la chose），（有待完成的）事情（“l’affaire” à accomplir）。——法文编者注

② “那存在着的和要求去存在的；它不得不成为它之所是。”——页边注

过我所经历的时间在这些瞬间中的交换、在它们之间的认同，以及各种亲属关系的干扰和相互干扰（参见丹尼尔·盖兰）[①]（不是客观的亲属关系，也不是祖先的选择）。所有的“现在”都有横向的亲属关系，这促成了它们的混合，它们的“普遍性”，一种衰退的与败落的“超时间性”。[但是]原初的超时间性不是衰退与败落，更不是将来在现在的呈现（不断的革命），而是诞生状态的建制，（它）既不是对过去的模仿（盖兰），也不是对未来的描画（托洛茨基）：进一步说，这两种观念是相互关联的（对过去的模仿与对未来的展望：所有革命都是相似的：作为被建制者的布尔乔亚从旧制度中意识到自己是被建制的，却又否认着能建制的资产阶级[②]）。原始的时间既不是败落（迟于其自身），也不是展望（先于其自身），而是刚刚好在此，它就在它所在的时间（点）上。

37　通过上述几种进路（[通过发现]在现前场域中的主体及其与世界、与他人、与做的关系），我们已经勾勒出建制观念的哲学意涵。

---

① D. Guérin, *La lutte des classses sous la Première République*, Paris 1946, Gallimard. 引文见下一注释。——法文编者注

丹尼尔·盖兰（Daniel Guérin，1904-1988），法国作家，反殖民主义者，自由共产主义理论家，艺术史与艺术批评家。——中译者注

② 参见梅洛-庞蒂在《辩证法的历险》（*Les Aventures de la dialectique*, Paris 1955, Gallimard, p.283）中对丹尼尔·盖兰理论的批判性分析（前引书）：“革命的资产阶级已经成为旧的制度[……]。因此，在历史进步的同时，有历史的一种沉陷、一种衰退和一种停滞不前；在一种不断革命的同时，有一种不断的没落，这种没落随着其进行统治和延续统治，损害着资产阶级。”（第295页）——法文编者注

[5](4)在此，让我们来简介建制概念之要义：

这个词对意识而言毫无意义，或者说，一切对于意识而言，从被设置的（posé）意义上说，都已经被建制说的是一回事。与他人的关系［被视作］是协议或契约。甚至即使考虑到契约的精神，所谓的契约性也正在于囚犯就是自己的看守者，他并不服从于他人的力量，而是服从于他自己建构（constitution）他人的决定。①在此意义上，建构（constituer）几乎是建制（instituer）的反义词：被建制者在没有我的情况下有意义，而被建构者则仅对于我、仅对于当下的我有意义。建构［意味着］延续着的建制，即从未完成。被建制者向它的将来延伸，拥有它的将来、它的时间，而被建构者则完全取决于正在建构的我（身体，时钟）②。

与过去的关系也不同了：意识没有关于（自己的）诞生的意识。诞生：［是］从对 X 而言什么都没有的时刻通向对 X 而言一切都已在此的时刻。这就是意识从中读取的东西，即，诞生首先［意味着］打开一段未来，（意味着）已然存在者向之投射的那个非-存在的背景的敞开——［因此］："向……而生"。诞生是一个动作，如同一切动作一样，从无而生。存在本是在己的（即，对各种他者而言），突然间进入一种新的生长中。正如柯莱特（Co-

① “契约的意义在于仅仅按照契约的术语所界定的那样去认识他者。契约与机构（institution）概念在司法判决上的对立在于，以机构（institution）的名义宣判契约无效。”——页边注

② “区分纯粹（意识）时间和测量时间是人为的。与时间相匹配的测量方法本身就抗拒这种区分，并表明：时间本身包含在其自身的实体之中，并不仅仅是出席者：一块儿小糖粒让我等待，接下来我有必要在其中加入绵延。”柏格森：《意识的直接所予》。——页边注

lette）说：此人并非穿门而入。意识会说：她透过她母亲的身体从大门进来，她并非在一无所知的意义上从大门进来，她稍后会知道她身体和骨架的相对位移，并将之（固定在）最终的位置。区
38 别是否只是如此？运动机能本身并不仅仅是对目的和方法的意识。爬行的婴儿的“出发”，梦游者的“外出”，在此意义上都是空间处境的可能性，被暴露（在此），因饥饿、寒冷、重力、光亮之故引发的需求，可以由此发生很多事情，有一个开放的场域，亦即，从有概念开始，特别是在出生后一段时间里，有一种朝向将来的延伸，（这种延伸）在某些给定的条件下，由一己（soi）促成，但却不是赋意（Sinngebung）[1][2]的活动。诞生［不是一个］建构［的活动］，［6］（5）而是一种朝向将来的建制。相应地，建制（保持着）与诞生同样的存在模式，而并不是诞生之外的另一活动：此后会有决策性的建制或契约，但应当在诞生的基础上去理解它们，而不是反过来。

因此，建制［意味着］在对各种维度（在其一般意义上，即笛卡尔式的参照系）的经验中（或在一种被构造出来的装置中）的建立（établissement），正是相关于这些维度，一系列其它经验才会有意义和成为一个续篇，一段历史。

意义积淀着（不再是仅在作为意识的我之中，它不是被重新创作或在复原时被建构出来）。（它）不是被当作一个对象放在一

---

① “有人认为：婴儿、梦游者只为他者而‘出去’。对他们自身而言，他们是对象。并非如此：与周遭的紧张关系有所变化，并且意愿动机是立足点的提升，而不是‘对象化的’意识。”——页边注

② “donation de sens”. ——法文编者注

边，不是仅仅被当作留存或幸存下来的某物，不是被当作剩余物。［它］作为有待延续的东西，作为有待完成的东西［积淀着］，若非如此，这个续篇就成了被决定好的。被建制者将会改变，但这种改变本身正是在其创制（Stiftung）[①]中引起的。歌德：天才［是］死后的创造力。所有的建制正是这种意义上的天才。

这意味着什么？

I. 个体的与交互个体的建制

1）感情的建制

a）前历史的建制（仅通过考古学被我们发现）

作为“浸润”（imprégnation）（“印记”，empreinte）的动物建制。与人保存历史的认同不同。[②]悬置问题与回避问题。如何重新提出问题：身体的“因果性”将问题重新列入日程。例如，青春期，作为对以前建制的重新激活与改造的建制。这种建制要么是仪式的永恒，要么是真正的建制。而这取决于其最初是怎样的俄狄浦斯情结：病理学的还是（人格）塑造性的。“投资”（investissements）[③]，“投注”（cathexis）[④]。我们如何理解那些隐喻以及已经 39

① “institution”. ——法文编者注

② “动物中也存在着对印记的保存：对青春期阶段重新出现的人的固恋。但这种印记不是无限的生产力，它没有符号矩阵的价值。”——页边注

③ “investissement”译作“投资”，依据拉普朗什，彭大历斯：《精神分析词汇》（*Vocabulaire de la psychanalyse*），沈志中、王文基译，台北：行人出版社，2000年，第228-232页。——中译者注

④ 见［19］（15）页注a。——法文编者注

见62页注①。——中译者注

被建制的整个主体向主体呈现的模式？

b）历史的建制：爱情的诞生

结晶，或被某人投注（cathexis）。在作为构建者（constituant）的爱情（即自身发展的实体）与作为被构建者（constitué）[1] 的爱情间寻觅路径，即选择从另一面被看到，从人们所说的和所许诺的东西中被看到，从人们所宣称的，及其如同巫术一般的回应中被看到，因为它宣告了我将要成为什么——总之，爱情是对他人的意愿性的幻象（fantasmagorie volontaire）。

《斯万的爱情》："错误"造就了爱情，错误的发生是由于对他人的纠缠，由于嫉妒和想要被不认识的人认识的愿望，这个不认识的人是一个幻影，它或者太具人性而失去了价值，或者是一个真正的他者而成为对我的否定。[回到] 对斯万的爱情的解释：反抗是单一模式的爱情据以走向错误的方式（这种爱情预先占有他者并用想象充实 [7]（6）这个他者——就这种一般意义的爱情而言，对象是偶然的）。这种反抗是无效的，因为所有的爱情都在每一段爱情之中。在普鲁斯特处同样有一种受虐的成分，渴望去爱（aimer），而不仅仅是施虐的成分，渴望被爱（être aimé），被重新充满。[2] 在《女逃亡者》（*La Fugitive*）中，阿尔贝蒂娜的消失并不
40 只是被褫夺的最高点，叙述者意识到人们只是被剥夺了他所爱的，意识到是他使得阿尔贝蒂娜成为说谎的人与逃亡者，在这种嫉妒中，他使得，并且让阿尔贝蒂娜自己造成了非现实性（irréalité）、

① "爱情既不是宿命，也不是虚构：被建制。"——页边注

② "他不想去爱，因为他曾经爱着。"——页边注

他们爱情的不曾实现（non-réalisation），[1] 以及所谓的爱情成为一种爱的方式。同样，不想被爱的人也在这种剥夺中认识到，他不想要被爱，因为他曾经被爱，曾经看重爱，他唯有在知道自己已经获得了爱的情况下才会拒绝它。因此一切爱的“非现实性”在于一个人除了是他自己之外什么都不是，而爱的现实性则在于，这个自己（ce soi）已经结合了另外一种呈现的形式，或甚至引起了这种形式，使之如此呈现自身。[2]

建制［意味着］这个身体、这些动作、这些话语、这段生活将成为我的身体、动作、话语和生活的复制品或反面，它超出了（我们）所意欲的、所体验的和所知道的东西，就像话语拥有比我们赋予它的更多的意义。在分析的和惊心动魄的意识面前，爱只是想要被爱，因为他人仅仅作为非-我，作为能构建-被构建者存在，爱只是重新成为自己。能建制的主体投资于（s'investit）自身，亦即，为自身注入另一种意义，以爱的方式让自身变形，亦即，让一种超越的意义栖身于他的“我思”（je pense）与他的身体中，就像一种意义栖身于一本书或一种文化对象之中。

2）作品的建制

因此，可见的建制只是一种建制的精神的支撑，不一定是不可改变的（爱情就像分离，不停地在改变），而这种改变自身也是事件对被建制者的回应。必须有被建制者，这样才会有一种公开的记录，即历史。

---

① “怀疑哀伤的考验，就是延续嫉妒的游戏。”——页边注

② “爱的现实性作为建制，即使它并不向批判的意识呈现。结。我与他人的结合。共同的场所。”——页边注

在作品的建制中也是如此。这并不是一种封闭的意义的事实，或者说，假如有这样的意义，它也在变化中。在作家或画家开始（创作）之前［有一种］空白。人们正是在写作或作画中发现着。
41 不是透过语言或色彩的关联（去发现），而是随着书的推进，人们发现各种一致性。因为局部的视看已经就是整全的视看，只不过这种沉默的计划唯有透过局部的实现（在此一章节）才为人所知而已。一本书是一系列的建制，它展示出所有建制趋向于成为一个系列。正因如此，人们会有一本书自身产生出自身的印象。“整全”的意义是什么意思？它仅仅作为其它心灵与作品相遇的总和无限地存在。尽管如此，建制［8］(7) 仍然有一种内在的意义，且仅仅由于这种内在的意义而有一种外在的意义。（它）被不充分地领会，但也是被领会。这种内在的意义能够导向外在的意义，恰恰因为它是开放的，因为它与一种意义的常态相分离（écart），有**差异**。建制自身的意义恰恰在于分离与变形。

这可以从作者对作品的行动中看到。[①] 这并不仅仅有助于记忆、记录或存放。作者并不重读，也不能重读，因为恰恰并没有这种强加的只有在他人那里才可能实现的符号的超越：作者已经拥有这些符号的“超越”。作品并不在凸显之前拥有这种凸显。然而在写下或画出了这些或那些之后，（情况）改变了。至于说他不能重做，这恰恰是因为他已经做了，或者说他以别的方式重做了。观点的进展和新概念的形成就是这样的吗？在这种情况下，最终的作品应当**形成一个序列**，但是往往并非如此，画家风格的变化，

① “另外，对他人的行为已成为公众的生活。”——页边注

作家的变化（我们总是喜欢他的上一本书）。因为书写已经通过使用价值和实践的类型，而不是本质，实现了对各种工具和操作概念的界定。这本书被建立了，作为一种（私人的）建制被建立了——一旦以导致难以读懂的方式将符号组织起来，它便设置起一种差异，设置起个人与准则的分离，塑造出一种新的规则，其它分离正是凭借着与这种新准则的联系而得以可能。由此产生出一个场域的新极性和变化。反作用力随着画家不曾察觉的各种等价（体系）[①] 运行着，但它只有在成为被建制者之际才被事后地认识到。为了有一种真正的发展，一种研究（而不是发展的表象） 42
应当让那些新的方法成为真正的实践的准则，理论-实践的准则，应当让新的体验依据着它们而得到衡量。革命与建制：革命即是重新建制，推翻以前的建制（比如，青春期：通过断裂重新发现和重新解决内在的问题）。

3）知识的建制

将建制本身的概念用于认识，不仅仅是语言的认识，而且包括算法的认识。

然而在此似乎涉及到一个征服的问题，它表现在概念中，即在对智性存在的占据中的，譬如代数的数、非理性的数等。超越让被超越者显得无用。因此，不是建制，即某种装置的开放意义，而是我们逐渐认识的观念的无时间性的体系，它立于永恒之中。

---

① 梅洛-庞蒂在后期，譬如在《眼与心》（*L'œ et l'esprit*）中，常常以“等价体系”（un système d'équivalences）这种表述描述画家在绘画中的构建性要素，如色彩、线条等。故在此补充“体系”二字以便帮助读者理解“等价”（équivalences）一词在此所指向的意涵。——中译者注

诚然，超越是存在着的，然而同时在此之外［9］（8）也存在着一种相反的关系，在这种关系中，被超越者不仅仅是超越者存在的条件，它在某种意义上还充当着后者的模型：超越者仅以重现的方式超越。当然，没有必要为了超越而激活所有事物，超越有它自己的明见性，它不仅仅是对其所越出和缩写的东西的保持，而且是革命自身通过重新质疑被超越者所界定的场域并激活它来成就自身。[①] 例如，当我们从笛卡尔的数学发展到后来的数学。这
43 意味着存在着局部的和有所偏重的建制，这种偏重给整体的发展带来负担。革命就是回到源头，唤起那围绕着创始的观念化的东西、唤起其语境，已经过去的将来是对过去更佳深刻的领会，它以一种含混的方式被过去所创立（gestiftet）。[②] 建制的两个方面：它是其自身，又超越其自身，收紧与敞开。由此（韦特海默）[③] 通过一种双重关系界定真理：这不仅仅是将一个概念归入一个更宽

---

① “激活不仅仅是让不明晰的东西变得明晰起来，而且是唤起整全的原初意向，对这种原初意向而言，激活只是一种局部的表达。所有真理或所有历史的同时代性。胡塞尔在此重新发现了不断革命（Révolution Permanente）的意义：在整个过去及其尚不明晰的各个界域对将来的预期。每一个时代都自身预演和延缓着。它们凭借自己的界域而持存着。革命被延续着，然而这却是由于它已经开始。但是为了针对着革命的概念来建立这一点，就必须说明在何种意义上将来乃是在创建的意向中的建立（gestiftet），在何种意义将来作为对这种创建的意向的改变延续着这种意向，因为正是这一点为萨特的讨论提供了前提：意义赋予（Sinngebung）的中断激发了绝对意义上的新，未来的幻象，——我的立场：承认革命，但相对化它。”——页边注

② “institué”（被建制或被建立）。——法文编者注

③ Wertheimer, *Experimentelle Studien über das Sehen von Bewegung*,《知觉现象学》中对此著作的引述可见于第 287、288、294 页。——法文编者注

韦特海默（Wertheimer，1880–1943），德国心理学家。——中译者注

泛的本质之中（将算术的数纳入普遍的数），同时也是将一种更宽泛的本质的内在性归入各个殊别的情况中，这些殊别的情况首先正是对本质的展示。

这样，建制既不是被感知者，也不被看作为一个概念，而是这个我无时无刻不虑及的东西，它随处可见，被人类可见的一切所设定，它是我们的各种意识理论中每时每刻都关切到的、却没有名字、也不曾被确认身份的东西。

II. 历史的建制

表面看来明确的意思是：国家机关，法律组织，取决于特殊的审核程序——以及它们所设置的各种设备。

然而，（从精神分析的意义上说）这加强了建制作为缺乏精神的字面意义（的一面）。这破坏了建制。建制［不仅仅是］通过契约已经确定的东西，而且是某种更可行的东西。

真正的建制：［是］系统运动实际的架构，无论它正式与否。我们往往在潜在的内容[①]中发现最重要的东西，创制（Stiftung）的理由（譬如：抽象的观念论即是为了维护资产阶级权力，或不管怎么说也是与之一体的）。

建制最一般的意义：［它］不是革命的反面：革命是另一种创 44
制（Stiftung）。

建制的两个方面：

---

① “显明的与潜在的建制。建制之谜：作为知识，它应该同时是无知的，而作为（对其实际运行的）无知，它又应该是知道（因为它是作为使用价值存在于历史中）。”——页边注

1）普遍化；2）个别化。

1）普遍化［10］（9）

把所有非自然的事件都称作建制有些不妥当：土豆或玉米的（引入）。“新石器革命”或十八世纪工业革命是更丰富意义上的建制：不但是具有重大影响的事件，而且是事件–矩阵，开启了一个具有统一性的历史场域。建制使一系列事件成为可能，是一种历史性：从原则上讲的事件性（événementialité）。

讨论：列维–斯特劳斯［的论题］①：［在事件之间］没有差别。事件的序列是各种可能性和偶然。［在这里或在那里有］一系列事件（发生）。建制是剩余物，各个部分的总和。亲属关系是偶然性所聚集起来的社会生活中某些元素的游戏（譬如：二元结构，交互性等等）。人们开启了各种“文化事务”②，但只是偶然性才造成了各种结果。［在］积淀的与静态的历史［之间］，差异只是相对的。［因此］，历史发生在有众多不同要素的地方（以发现新大陆时的欧洲为例），带来一种更大的可能性；［反之］［如果］建制［仍然是］孤立的，那么历史［是］相对静止的。③

问题：这种多样性和积淀的能力难道没有一种基础吗？马克思·韦伯：事实上，必须有一个偶然的相遇，但是在这些条件的

---

① 参见列维–斯特劳斯：《种族与历史》（*Race et Histoire*），Gonthier, Bibliothèque Médiations，1967 年。——法文编者注

② 同上，第 71 页。参见“偶然性与文明”（Hasard et civilisation）一章：“（对于每一种）‘积淀的’文化（的参照系）而言，相对少见性的问题……还原为一个已知的问题，它提出概率计算（的问题）。”——法文编者注

③ 同上，第 73 页。——法文编者注

基础上也产生了一种有其自身逻辑（宇宙）的体系。譬如，资本主义［将关乎不同领域的元素结合起来］：法律、国家、宗教、科 45
学——“自由”劳动力、会计等等。但是所有这些构成了一个世界，而其它元素放在一起却不能构成。列维-斯特劳斯恰恰指出，前哥伦比亚的文明具有各种“超前的”特征，但也存在着（一些）“孔隙”。[①] 强意义的建制，［乃是］这个符号矩阵，它使我们有可能根据各个维度开辟一个场域、一段未来，并由此可能实现一种共同的历险和一种作为意识的历史。为什么会有事情发生？（列维-斯特劳斯说：正是因为你不在其中，所以在你看来没有事情发生。）[②] 然而西方历史的事件性依然是由他者确认的。[③] 相对主义自身在蔓延着。它是一个（列维-斯特劳斯的）西方概念［11］（10），既包含着他者又包含着自身。而在巴西的原住民[④] 为其不幸而哭泣的时候，探险家们却并不总是在其中的。[⑤] 我们不能以或然之名判断被给予（的东西）：大多数文明没有留下痕迹并不是偶然的，反过来，我们试图重建它们的历史也不是偶然的。——有

---

① 参见列维-斯特劳斯：《种族与历史》（*Race et Histoire*），Gonthier, Bibliothèque Médiations，1967 年，第 72 页。——法文编者注

② 法文版此处缺半括号，据文意补出。——中译者注

③ “它对它们（事件）的理解表现得比它们对自身的理解还要好。列维-斯特劳斯没有考虑这种包围关系：澳大利亚人是大数学家，因为他们的亲属关系唯有借助数学才能得到严格的表述。所以在他们那里，有一种运行着的数学。但是有谁知道这一点呢？列维-斯特劳斯：有一种第二级力量的事件性，西方的事件性，它‘包含着’其它的事件性。”——页边注

④ 同上，第 54 页。——法文编者注

⑤ “相对主义一旦宣明自身，就否定了自身，因为当它公正地对待其它文化时，它就证明了能公正对待其它文化的那种普遍性。”——页边注

人会说：这只是因为我们已经创造出了去探索的交通工具、文字、墨水、纸张、知识社会，科学……正是各种境况的协调使得我们更加具有事件的特征。

然而：这只是个巧合吗？还是如韦伯[①]所说，一种合理安排（Rationalisierung）让所有事实具有亲和力（Wahlverwandschat）。

46　2）个别化

然而，同时，建制也总是个别化，即使是十八世纪或十九世纪的思想也都天然是教条的。真正的历史，真正的建制，恰恰在于去认识这种个别性（吕西安·费弗尔与拉伯雷［Rabelais］[②]）。普遍性的胜利恰恰在于让我能够理解差异性。但是：我们真地理解这些差异了吗？（马尔罗［Malraux］，费弗尔）

在所有建制的界域中是否有一个单独的界域？历史是否理解非历史性的东西？

建制因而是两面的，并因此保留了后一个问题。

由此可以看到这一概念相对于建立在意识（基础）上的历史

---

① 韦伯（Max Weber）：《新教伦理与资本主义精神》（*Die Protestantische Ethic und der Geist des Kapitalismus*），梅洛–庞蒂在《辩证法的历险》（*Les Aventures de la dialectique*，1955 年，第 27 页）中曾经引述过：韦伯说，在一个历史整体的诸要素之间存在着选择的亲族关系："考虑到宗教改革这一文化时代的各种物质基础结构、各种社会政治组织形式和精神内容之间相互影响的奇特交织，我们首先应当探究，在如此的宗教信仰形式和职业伦理之间，某些选择的亲族关系是否是可以被确认的、在何种程度上是可以被确认的。"——法文编者注

② 吕西安·费弗尔：《十六世纪的无信仰问题》（*Le problème de l'incroyance au XVI*^{e} *siècle, la religion de Rabelais*），Albin Michel, Collection L'Évolution de l'humanité, Paris，1942 年。——法文编者注

吕西安·费弗尔（Lucien Febvre，1878–1956），法国历史学家，年鉴学派的创始人之一。——中译者注

哲学（黑格尔）而言的新颖之处。

资产阶级［应当］被视作一种建制，而不应被视作社会主义生产和没有阶级的社会的影子或空心的痕迹，亦即，被视作绝对的意识，在那里，每一个人唯有作为所有人存在时才能成其为每一个人。因此，当法国大革命被视作建制时，[①] 马克思主义革命（这是西方历史性最杰出的产物，因为它认为全部历史正是为着一个已然存在在此的将来而被建立的）的意义改变了：因为这意味着它并不是 1）历史的终点 [②]；2）也不是建制的超越，未建制者的建制或有创造力的失衡，亦即不断革命。

脱离从黑格尔处继承而来的马克思主义观念论。

［我们的］哲学视角：不是绝对意识的观念论，而是真正的开放和作为奥秘的真理。实存重返自身，却没有成功赢获自身。 47

历史与交互主体性［12］（11）

私人历史中的源始理性的［观念］：历史［变成了］"由物所中介的人与人之间的关系"。理解常常由他人唤起。因此通过研究个人与公众历史间的联系以及不具名的建制，我们将有能力确定公众历史之合理性的意义。

然而人自身［必须被］领会为一种建制，而不是关乎……的意识。

---

① "马克思主义革命是自在的建制。但它在成为自为的建制后改变了很多。"——页边注

② "马克思自己也曾经这样说过：前史的终结。但如果我们从字面上来理解这句话，那么革命最终必将作为消极的东西降临到事物之中。法国大革命正是以这种方式、在精致的形式下建立起一个绝对不同的国家。"——页边注

由此（产生出）一种奇怪的关系。在私人的与公众的建制之间没有断裂。俄狄浦斯（情结）[看起来既]是私人的也是公众的，是因也是果。我们的整个社会强制规定了它（文化、对儿童的照料），而它也维护着我们的社会（"历史的"、积淀的、俄狄浦斯式的文明的重合）。真正来说，这不是因果性：这是两个象征系统，一个从另一个获得意义。私人的与公众的不是借助在事件中的参与而关联起来，而是在回应、交换与象征的积累[①]中得以关联——因此这样一种道德、这样一种意识形态是反作用的，相反，这样一种工作的方式维持着精神。[②]

---

① "妇女作为社会的建制，意味着纯粹的主体（西蒙娜·德·波伏瓦语）。指出在对象的社会与生物学的建制或意识之间有一种'心理'[处境？]。"参见波伏瓦：《第二性》（*Le Deuxième Sexe*），Gallimard, Paris，1949 年。——页边注

② [梅洛-庞蒂在第 11 页下方一直到背面（即第 12 页）有注]："不是根据主体对历史的因果性依赖（仅仅通过为之赋予一个他藉以获得'自由'的象征体系来决定他），也不是依据于历史对主体的因果性依赖（或至少[根据]主体的非因果性）——没有这样的依赖：我们完全局限在我们的时代及其建制中，我们唯有借助它与它对抗，通过'理解'它，从内部间接地与它对抗。例如，波伏娃论第二性的著作：'女人是历史的事实，是男性社会动力学中的一个环节。[波伏娃]并不把另一个女性的肖像放在'女性'的对立面，而是只指出事实上她是有意识的，而不是这样或那样的，以及她是被压制的。在客观现实与纯粹主体之间什么也没有。她继而仅仅说：让我们试试，去看女性能够是的存在。有些人用'事实'来反驳，但那是在被压制的和服从于男性为之塑造的形象的女性的视角下被理解的。任何事实都不能证明对波伏娃的反驳是正确的。在任何事实都不能绝对地证实的限度上：人们既不说对，也不说不对，因为人们可以把它理解为'女性特质'的'例外'。因此，在两种道德意愿冲突的限度上也是如此，一种让我们留在那些既成的事实上；另一种则需要尝试别的东西。同样，萨特与共产主义：他并不把资本主义放在共产主义历史的对立面上，讨论是开放的，事实既没有说对也没有说不对。因此（只是有）一种不要去阻止他者的简单意愿，一种去试试的简单意愿。无产者和女人在他们的行动中[是]正当的，只是因为它们是被压迫的，是这种压迫的他者和抗拒者。然而女性主义或无产者的行动实际上总是采取立场：如果不声明其差异性，女性就无法要求其对压迫的反抗（恰恰因为没有决定性的事实，所以要求无法划定界限，

自由与真理是［不可分割的①］：纯粹否定性的自由是一种意义 48
（的形成），正如说出的我思衍生自沉默的或被建制的我思。我们对此没有体验。笛卡尔（有些事情是每个人需要自己经验，而不是通过理性被说服的）与斯宾诺莎（永恒）意义上的体验并不是最原初的体验，最原初的体验乃是建制的体验。

使自己与‘女性主义’保持距离）。同样，无产者的政治机构如果没有自治权（掌握资产阶级的军队）就不能使自己获得建制。腐化与暴力使波伏娃与萨特只有‘同情’。因此，在历史领域，历史对主体的依赖在于它是不同于它想要成为的东西的某种东西。依赖被（那些赞同它的人与批评他的人）理解为一种与它所宣称的不同的意义。这一切都是由于它是一种**直接的否定**。对外部的直接通达是对肯定性的过早回归。

我们的观点：不把人际间的（关系）放在历史的对立面，尝试直接［实现？］它，但由于它们在源头处是统一的（而不是在意向的终点处，同时作为建制者与被建制者），所以批评也成为相对的：它应当成为一种自我批评，否则就会失败——因为批评正是它的对立面，②亦即侧面的批评，它不能直接引起历史的行动。它应当自己发明自己的行动，［而不是？］［因而？］在侧面的行动与革命的［行动］之间做选择，后者乃是超越自身的历史。

历史的形而上学的问题：通过事物调和的个人的关系是如何可能的？与‘自然’相关联的理性（Vernunft）状态。”

① 这个词并不可疑。——法文编者注

② 第二性［历史性地］成是“女性主义”，萨特的“共产主义”也是如此。——页边注

一、建制与生命

49 I. 建制-动物性-生命①［13］(12)

*　　*　　*

被建制者（作为后天的东西）与先天的东西相对，(［作为］学习）与自然的成熟相对，(［作为］外部环境）于内部环境相对，(［作为］心理学的［与］社会的东西）与生理学的东西相对。

---

① 从手稿的第 12 到 14 页（法国图书馆版的［13-18］页），梅洛-庞蒂讨论了雷蒙·鲁耶的文章“本能的诸新概念”（“Les conceptions nouvelles de l'instinct”, *Les temps modernes*, novembre 1953，第 824-860 页）。梅洛-庞蒂非常详细地参考了鲁耶，这只有结合尾注中的大段引述（第 131-134 页）（译按：此页码为本书页边码）才有意义。可以将此段与梅洛-庞蒂在 1957-1958 以及 1959-1960 年间《自然》（*Cours sur le Concept de Nature*, Seuil）课程中对动物性与生命问题的讨论对照来看。

梅洛-庞蒂标记为 12-14 页（法国国家图书馆版 13-15 页）的这几页构成了这部分笔记的初稿，这一部分后来在法国国家图书馆版手写稿的 16-18 页中再度出现，几乎没有什么变化。此外，梅洛-庞蒂重复了他的页码（我们将以 * 标记）为了避免重复，我们仅仅保留了两段重复笔记中的第一稿中的两段（此处以小字［译按：中文用仿宋体］呈现）：导言段与结语段，在这些段落中，梅洛-庞蒂依据鲁耶的观点比较了动物学习中“印记”的角色和在人类艺术创作经验中促使“天才”诞生的那些“生产性的环节”。(大家可以在［21-17］再次看到相关讨论）。——法文编者注被建制者不可以被这样定义。因为它并不是纯粹先天的、纯粹内源性的成熟、纯粹的内部环境，或纯粹的生理学的。

证明：动物性，带着其本能，应当拥有这一切，它实际上（既）在下面（碎片化的本能的主题[1]，本能的不稳固性），（又）在上面（本能相对的可塑性，与人类态度的相似性）。甚至（就）机体（概念而言）：纯粹的生理学的是不可定义的（胚胎学：官能的视角对于解释结构自身而言［是］必要的）。

这样，（就引起了）问题：［由于存在着一种］动物生活的环境（本能的“辨别力”[2]，“当下化”[3]的学习），［存在着一种］机体的环境（目的论）（“不纯粹的”[4]目的：比如半因果、半逻辑的梦[5]）。

无论采取何种解释（跨空间的“自在的形式”，新目的论，或 50
关于被感知世界的哲学）（我们将会在另一门课中讨论），［我们都必须］从这种接受出发以便发现人的建制的真正意义。

*　*　*

I. 建制与生命［16］（12*）

1）机体

为了成为左腿或右腿，腿部移植（让自己）适应那片它被插入的区域。然而假如已经被决定为右腿，那么（它）就不能自己去适应了：“在对一个机体胚胎命运的决定中，有一非常短暂、不稳定的时刻，在此，胚胎即将成为的东西不可逆转地与它所处其

上的位置固定在一起。”（鲁耶①）[6]

那就（要注意）1）适应性；2）受限于对地点的考虑。在此意义上被建制的命运在于：1）它绝不具备先天的内在结构；2）它从不是独立于被给予者（时间、地点）[7]的。

一般对于胚胎而言，1）发展已经是一种行为[8]；2）这种行为以有机雏形的方式发展着。

1）胚胎由半规管与呼吸活动（吸入和排出羊水）调节。功能［并非］仅是结构的效应。[9]

2）行为首先遵循结构的轨道。格塞尔②：双胞胎以同样的姿态和手的位置捡起药片[10]。

在（生理）构造与生命之间没有确定的边界（柏格森）。因果性与决定“一起”做出决定：“重新启动”（relance）[11]的触发，“信号”；跨空间的反馈：与原因相对的不仅仅是结果与存在者的具体目的[12]间的分歧，还有结果与“观念”或“记忆主题”间的分歧。

机体：不仅仅是不可逆的时间（沉积、老化、生命的不同阶段）——不仅仅是时间所生产的周期性的历史——而且是在作为意义的参照（物）意义上的历史与建制。只不过这种意义是由物种或某些领域的“竞争”确定的。事件有其产物，但却是在两种限制之间：1）物种；2）畸形。在较低程度上对事件的另一种运用。

---

① 雷蒙·鲁耶（Raymond Ruyer，1902-1987），二十世纪法国哲学家。——中译者注

② 阿诺德·格塞尔（Arnold Gesell，1880-1961），美国心理学家、儿科医生，对儿童发育理论做出了巨大的贡献。——中译者注

2）动物性 51

印记（empreinte, imprinting, Prägung）[13]：小鹅在孵化后拒绝依附于鹅而跟随观察者。阿姆斯特丹动物园里的大麻鳽（butor étoilé）：接受养育员，为了养育员离开和驱赶自己的同类，并试图吸引他进入它自己的窝里（鲁耶未刊稿）。

存在与其所遭逢的东西间的联系同时也是预先勾画出的。小鹅恰恰以跟依随其父母同样的视角依随着人类。人在游泳［17］（13*），小鹅靠近他；倘若人站起来，小鹅就迷失了；他必须蹲低着前行；洛伦兹① 与自行车。印记“在被赋予的和被预期的一般主题背景上”存在。②

* 印记与某种触发的“步伐”[14]联系在一起，“有表现力的”、“有意义的”刺激：实验者必须移动并且说话。没有以填鸭的方式进行的投注（cathexis）。另一方面，通过超-正常的刺激、实验性的柏拉图主义[15]、对一些主题的敏感（多了许多斑点的鸡蛋，肤色更深的女人）投注。

此外，人永远不会被看作是一个需要被保护的存在（寒鸦只保护幼小的寒鸦）。——但是同时，相遇是一决定性的因素：与小鸡一起养大的鹅抗拒公鹅，却向罗得岛公鸡示好。被放在［勋伯格？］动物园乌龟厅里的白孔雀，只对乌龟热情，对孔雀则不闻不见。

---

① 康拉德·洛伦兹（Konrad Lorenz，1903–1989），奥地利动物学家、鸟类学家、动物心理学家，动物行为学的代表人物。——中译者注

② 我们在此插入了（以 * 标记的）段落，这段文字出现在作者笔记的第一个版本中。梅洛-庞蒂在此不曾注意到鲁耶的相关思考，不然他不会不注意到“实验性的柏拉图主义”这一矛盾的概念，这一概念与建制概念形成共鸣，关注对事实与本质间对立的超越。——法文编者注

所以在此存在与事件的关系并不仅仅［是］一个存在被一个地方的“权限”或（物）种的记忆主题所感染，而是在与外部或与不同物种相遇时留下了印记（Prägung）。

甚至在正常的案例中

1）作为另一个自我的性（sexualité）的决定因素的出现：在公共生活中发展的性的特征：回溯性与前瞻性的物种。

52 2）这种最初的“选择”在后来的重复出现：类似于成人选择的能力。爱：“洛伦兹买的这只雄性的寒鸦在发育成熟的时候，爱上了他，并把他当作同种的雌性来看待。它试图引诱他到它所居住的巢穴中，那里不过方寸大小。它还想喂养洛伦兹（就像一个男性为了取悦女子所做的那样），往他的嘴和耳朵里送用唾液粘在一起的面包屑。——很多动物的单配性。

在一些更“成熟”的动物那里这种事件的分量更重。

3）投注（cathexis）不只是关于他者（或并非一个一劳永逸地确定的他者）的，它也关乎作为与他者相遇之环境的世界：“地域”。哺乳动物和候鸟对地域的选择。祖国与家乡，甜蜜的恋人与甜蜜的家。

* * *

3）人①

这种生命的或“动物性的”活动会在人身上引起回声。并不是说人的社会是一个巢穴[16]，而是反过来，在动物那里有一种人

① 我们在此插入第一稿中的最后一段。——法文编者注

的行为：在动物中有一种准弗洛伊德式的“移置”，“装娃娃音的”女人。

动物像人一样有选择地去爱以及陷入爱情。小鹅把人“爱到骨子里”——所有物，[即]领土[……？]。

人是从未成熟的动物的本能。在其诞生状态中的脑的雏形。

[15](14)“当精神来到女孩身边”，当一个男人娶到了“年轻时的那个女人”，这（将会是）重要的时刻（《传道书》[l'Ecclésiaste]）[？]康拉德在西印度群岛的几个月。天才的生命来自于几个印记（empreinte）[17]。呼吸是“机械论的”，还是它并不通过呼吸的主题（运作）[18]？

然而（存在着）巨大的差别：不是人没有动物的建制，而是由于人采用了这种建制，这种采用（本身）真正改变了建制。

不仅仅是因为人类将之系统化、合法化，创造了各种社会性的符号，这并不是首要的差别。

而是（正是）在此，即使在仅考虑到独立于文化范型之外的 53
个人的印记的情况下，人也把它变成了别的东西。

第一个印记是“符号矩阵”，即不仅仅在某些给定的时机、借助青春期机械反应的手段引起一连串的反应，而且是[随之而来的]一种如其自身所愿的拉开距离的研究。不是简单的复制，而是启动一种卡夫卡[19]意义上的“研究”：图像让自身敏感化。

* * *

这些行为的特征

展望的与开放的。更确切地说，那些“感受”是丰富的且在多个维度上（“区域”的，独特的爱，“相似的”）都有价值。由此，（讨论）一段将来的创制（Stiftung）。

准人类的行为：移置（动物在既受到刺激又被阻碍的情况下，会将这种刺激转向本能的行为而无需、或只是含糊地关联于刺激的客观原因：求爱或为了保卫领地在争斗中假装睡着；在受伤后歌唱；当鸟儿因观察者的存在而感到困扰时梳理羽毛或啄食……由于一种沮丧而在没有任何敌人出现的情况下做出受伤的表现或“焦虑的反应”。[20]）这种移置预设了替代品，即不仅有意义，而且有双重的意义。神奇的等价体系。[18]（14*）不仅是清晰表明的世界，而且是聚合的因果性的世界，相对于被给予的世界，它是自由的。

——移置不是剩余的，而是有效的，是对角色的假定：“（当）一个女人在男人面前‘学娃娃音’，乞求一个象征性的小礼物作为她的权力的证明，（她）重新发现了一个已经在候鸟那儿建立起来的主题，即‘要求象征性的喂养’：一个雌性（鸟儿）即使守着一个装满谷物粉屑的食槽，或嘴里塞满了喂哺它的孩子的小虫，（还是）会去骚扰雄鸟。在这种喂食的迁移过程中，雌鸟重返幼时，重拾作为雏鸟的行为。”[21]

54 然而这使人的建制形成了吗？并没有。人的建制并不仅仅是对过去的使用或对一种作为替代品的经验的使用，或甚至是对一替代品的记录的创造（鸟-雏鸟）。人的建制还是将过去整合入一种新的意义机制（signification）之中。动物与人之间的差异并不在因果性与探索之间：在动物那里已经有探索，在人那里也从没有纯粹的探索。

然而人的建制无论如何也是清楚的，那就是过去成为一个符号矩阵。

人与动物的关系：为什么动物总是与我们纠缠，引起我们的注意（儿童–原始人–宗教–［？］［？］[①]）。弗洛伊德：动物只是替代品，我们思考动物，为的是掩饰人，正如我们思考身体的上半身为的是掩饰下半身。否定的解释。动物性作为人性的变体（胡塞尔）——拉封丹：掩饰批判。为了考虑正面的关注，不应当把动物看作机器、把人看作意识，也不应当将动物视作本能、将人视作意识［加上］本能，应当看到动物的时间性已经朝向将来开放（各种家养动物），并因而提供了关联到人的图像：不能理解的人，脆弱的人；超我对动物的平和，动物性的幽默作为对人性的模仿。由此，不［思考］人与动物或动物与人（的联系），而真正（思考）一个（自我）与另一个自我（的关系），因为我们并不是在时间中拥有一个，而在时间之外拥有另一个。这种超越保存下来。有限的亲属关系。我们在动物上的移置反映出动物对人的动物化（作用）。

3）生命的建制与人的建制

过去–将来的关系：符号矩阵，以及根据它展开的研究（参考卡夫卡：[②]《关于一只狗的研究》）。

---

① 此处有两个词无法辨读。——法文编者注

② 弗兰兹·卡夫卡（Franz Kafka，1883–1924），奥地利作家，现代主义小说家。——中译者注

但确切地说，这种研究属于另一种类型。哪一种（类型）？

关系到建制，有待研究的问题：性。

1）从前生殖器时期或阳具期到潜伏期的俄狄浦斯情结

2）从俄狄浦斯情结到潜伏期［19］（15）

55 3）从潜伏期到青春期。

4）退化的阶段：更年期

特别要讨论第 2 和第 3 个时期。

a）从俄狄浦斯情结到潜伏期：潜伏期的建制：人的时间性的特有模式。

从弗洛伊德的“俄狄浦斯情结的消解”（The Passing of the Œdipus complex，1924）谈起。[1]

弗洛伊德指出了两种解释：

1）俄狄浦斯情结随着（性的）成熟而消失。比如：婴儿的牙齿[2]。遗传的和系统发育的各种条件。它必须“在下一个预定的发展阶段来临之际”消失。[3]

---

① 梅洛-庞蒂引用了 1924 年 10 月发表于《国际精神分析杂志》（*The International Journal of Psycho-analysis*）第一版的英译本，此译本以 schedule 译 Programm，以 cathexis 译 Besetzung（在法译本中，此概念通常译作 investissement）。——法文编者注

② 弗洛伊德举恒牙与乳牙更替的例子来说明俄狄浦斯情结的消解只是身体顺理成章的发展过程中的一个环节，在下一环节开始时，它自然应当消失。参考：弗洛伊德：“俄狄浦斯情结的消解”（The Passing of the Œdipus Complex），in *The Freud Reader*, ed. Peter Guy, New York: W. W. Norton & Company, Inc., 1989, p.662. ——中译者注

③ 同上，第 419-420 页。——法文编者注

2）在经验中越出：

i）失望：女孩认为自己是父亲所爱的，却受到（父亲的）惩罚。男孩认为自己被爱着，却在某一天发现自己会失去（母亲）独有的关爱（新生儿）。对阉割的恐惧［引起了］最初冲动的内化和回流。

ii）即使在没有这种失望的时候，（也会有一种）满意的缺失，想要一个孩子的意愿（即成为同性的父母）“持续受挫”，“成功的缺失（这是其固有的不可能性的结果）使得俄狄浦斯情结消解了。”[1]

弗洛伊德拒绝做选择，而是承认两者。即使存在着时间进程（schedule），也仍然有必要研究“这种先天的时间进程得以展开的方式”。[2]

这对弗洛伊德来说具有典型性：生理学和系统发育的解释显然取决于他的时代（因为即使乳牙的脱落如今看来［也不是］按时间进行的，而是一个动力的环节。参考：蕨类植物孢子的开裂：以“完成”代替形成的运动。因此，系统发育需要个体发育的因素，且一切发展在现实中都是辩证的。没有记忆痕迹）。

事实上，在保留二者和谈论**时间进程**时，［弗洛伊德作了一 56
种］深层的建制：不仅是“心理学的解释”和观念的辩证，而且是具体的辩证。

我们从他在经验基础上谈到的“消解”（passing）中看到这一

① 同上，第 419 页。——法文编者注
② 同上，第 420 页。——法文编者注

点：内在的不可能性。这有赖于这样的事实，即他不能成为自己的父亲，他们是有差别的。俄狄浦斯情结作为对不可能者的意愿［20］(16)。作为早熟。想象的性。儿童的身体本身［是］借着父母的身体、在对他们身体的认同中被感知到的。失望、受挫在这种一致性的中断中［被谈及］。阉割［意味着］身体本身向自身的还原。这出自于这样的结构，其所附带的各种小事件（如父母的恐吓之类的）只不过是一种标点或说明。因此弗洛伊德并不是反对（辩证）结构，支持对事件的经验论解释。

衰退和通向潜伏期［标示出］一种早熟的、想象的伪整合的结束，一种失败，无建制，重返自我，在那里自我与技术获得发展，好奇心为知识所掩盖，因此，准备转向。

b）青春期

如何想象重新开始和建制呢？

是身体的时间进程？是生理的、荷尔蒙的发展之类的？是的。然而这种进程又是如何展开的？这种计划 1）由身体的运动而不是由身体的日程安排所支撑；2）在这种运动中，所有的经验，特别是俄狄浦斯情结之前的经验，都关系到早熟的获得。

构成性的事件或建制不仅仅是身体性的，也不仅仅是心理的，而且是二者相互的关联①："早熟"现在是成熟，并不是根据时间进程，而是在行为的质料能够真正接收预期的形式时。建制正处于预期（anticipation）与退转（régression）的十字路口上。

① ［在此插入］："在所有的年龄段，将一切重新组织在青春期里。"——页边注

早熟：生殖器的爱（自体性爱）：直接、无限度的快感，结果 57
是通过对同性父母性别的认同，施虐的与攻击性的（爱）为对象让步。而这种认同本身正如俄狄浦斯情结的实现一样，也立即遭遇到不可能性。为了获得无限度的快感，有必要重新学习保持距离。——在青春期对所有这些（快感）的反应，伴随着重新具有俄狄浦斯问题以及移置到本应是对象的对象上去：一个家族外的异性的存在。早熟与重新激活意味着一般性在第一个符号矩阵中的呈现，以及特殊性在新的建制中的剩余效应。建制［因而］在于意义的来临，这种意义是间接的，不是纯粹越出的或纯粹被遗忘的。遗忘才是虚假的成熟（青春期前的）。

［21］（17）是身体，还是精神进入了青春期？身体的轨迹？不是。心理的轨迹，［即］认识？不是。社会的轨迹，通过接受父母的照顾学习俄狄浦斯情结：这是一种实际生活中的俄狄浦斯情结的特殊案例，母亲与孩子间的镜子游戏，是认同，——同样，只要在（一个人）自身的生命中，在他自身的身体中没有制定（任何东西），那么青春期的社会轨迹无非就是一种重新开始。没有轨迹，只有“与生俱来的可能性”的制定或人的建制。人的建制的自身（特质）：一个创造出问题、并让它保存下来的过去让这种状况无限期地敞开着。因此，人同时既比动物更多地关联到过去，又更朝向将来敞开。将来（是）过去的深化：成果丰富的时刻：艺术家在不确定的发展中赢获某些图式。康拉德在西印度群岛的几个月。建制既不是偶然也不是隐德莱希：人们并没有改变，也从来不曾保持为同一。人们绝对是自由的，也绝对是预示的（préfiguré）。

人的建制：链式的整合作用，一个让一切汇聚在一起的漩涡，一切在此获得成就；预期与退转的相合（Deckung）[①]，以及建立一个真正的、饱满的现在。

58 人的建制总是重新唤起一个先前的建制，后者已经提出了一个问题，即一个问题已经是它所预期的——而这预期是已经失败的。人的建制重新激活了这个问题，并最终将各种所予集中在一个别的中心处。被建制［意味着］历史的积淀。

问题的实存模式，正如回答的模式一样，不是心理学的：这并不是意识的状态（焦虑），也不是意识的对象，而是场域的各个维度。在这些维度中，一切实际经验获得安置，但却并非由它们自身体验到。

如同被唤起的“过去”与被“预期”的未来的实存模式一样，建制的实存模式尚还不是意识的内容。

考虑到青春期的建制［22］（16*）

1）我们考察了潜伏期。俄狄浦斯的失败、缺失的建制，在一个专属于人的时刻同时显露出来：在对父母的直接认同失败后，在身体直接的、想象的认同中断后，在被生活本身 / 客观的生活推动之前，潜伏期将成为自我、方法、生活技术的发展。

2）通过这种失败和迂回，我们看到青春期的建制预设了：

a）预期、早熟、直接通向目标，能够想象，不只是能够清楚表明的关系（想象）。

---

① “重新获得”，参考胡塞尔的《内时间意识现象学》（*Leçons pour une phénoménologie de la conscience intime du temps*）。——法文编者注

由这种直接性内在的不可能性造成的失败。孩子并不是与之同性的父亲或母亲。

b）他只能以一种内在的方式成为同性的父亲或母亲，通过保留、调和、获取手段，不只骗取，而且奉献，或一种真正客观的联系：青春期应当是生命从潜伏期获得的所有东西之上的分支：这是一种新的欲求的冲动，它即将激活自我的各种装置。

3）因此，人的建制［是］一种既保存（重新具有俄狄浦斯情结，退回到青春期之前）又超越（俄狄浦斯情结自身只因为是“早熟”的才会受挫。它处于朝向未来的运动之中）的转变。前青 59
春期在幼稚症和攻击性的未来主义之间摆动。青春期的真正建制，［在于］过去回到它自己的位置，未来真正朝向个体敞开。建制与真理是同义的：真理有待生成。即建制凝结和打开了一段未来。不是简单的印记，而是有成果的印记。在连绵的波浪中或以迂回的方式成长。

4）问题与回答：对个体历史进行追问或展开内在的研究，并最终找到答案。回答并不是随着问题一起被给予的（在马克思的意义上，人只能提出他能解决的问题），回答是全新的，但并不是创建问题意义上的新（如同在选择或纯粹创作中，先行于思虑的决定[①]）。问题作为纠缠在先，是一种关于决-不决的意识，［23］（17）它既没有看到完全客观的发展概念（进程，马克思在这一时期的概念），也没有看到选择的和有创作意识的发展概念。精神分

① “在此，问题提出的方式已经包含了一种回答（柏格森、萨特）。”——页边注

析意义上的选择将成为从潜在的问题自身通向问题之解决的通道，这是生成本身与某些已知主题的交汇处。建制就是在这里发生，必须对之做出更进一步的说明。

5）（青春期）建制的中介：[是什么？]以及，有轨迹吗？

身体？荷尔蒙，成长？这些都是必要条件，但并不是充分条件。产生失衡或焦虑。但并没有一种来自其自身的解决方案。作为一种盲目的推动，行动对抗着外部的与内部的障碍，同时也能够且能够选择性地导致一种后退，即重新回到一种带有攻击性的早熟的态度。

经验？[亦即]在潜伏期所获得的经验？凭借语言与文学所达成的与同伴、与关于社会习俗的知识的联系。这一切必定都在起作用。这从一开始就是文化启蒙有意识的延续：父母的照料是人
60 的概念的反面；成人世界的文化对象（用具等）在孩子身上引发一种相应的反应（不管是积极的还是消极的）。因此，B. P. S.[1]。然而，如果没有如其所亲历的那种与俄狄浦斯情结的关联，一切将会是怎样的呢？[2] 当然是一种相互间的关联。是一起学习到的社会的角色与家庭的角色。但社会角色[并非]只是印记。起决定性作用的是将这些不具名的意义转化为个人剧的环节的阐发。因此，没有社会的轨迹，没有深层的或现实的中心化。

因而经验的实质在于俄狄浦斯式的历史，作为记录的开启让

① Biologie, Psychanalyse, Sociologie（生物学、精神分析、社会学）。——法文编者注

② “对父母照料的‘领会’通过认同获得支撑，即通过早熟和绝对的爱（获得支撑）。”——页边注

所有其它记录得以列入其中。童年绝对的爱是一种期待。建制在这同一媒介上发生。正如俄狄浦斯情结的“消解”源于其内在的不可能性，青春期的开始也正是凭借着其所有组成部分，不管是源基的（俄狄浦斯情结与创伤的状态）[24]（18），还是概念的（习得的意义与技艺），而成为与他者关系的内在的可能性。比如，一个人自己构建的阶梯。又如，作家首先通过言说来学习以自己的声音说话：建制是让这一切围绕着一个新的极点重新聚焦，是一个价值或意义分配系统的建立，一个像语言的音位学系统（区分的原则）一样**被使用**的系统，但它却不是以概念的方式习得的，因为概念总是积极的，而区分的（系统）则往往是更加深层次的。例如，父母的内在化带来了缓和，并帮助（人们）走出俄狄浦斯情结，它[并不是]意义在主体中的呈现，不如说恰恰是主体对其所意识到的东西所做的系统性的提取，这种意识并无意认识自身，它就像是在通过别的眼睛感知世界。这避免了与外在的父母的冲突，但仍有一点原初认同的痕迹：与父母的对抗转变为与自己的对抗。因此，由于没有轨迹，而只有历史对自身的回应以及早熟的原始冲动，建制并不会绝对清算之前的东西。

建制的媒介：力比多。这意味着形成与世界及他人间实际的，61
而不是正式的或想象的联系。我们各种投资、各种极性的真正的历史。（它们）如同所有维度一样，是实际经历却不曾觉察的（参考：韦特海默的实验）。建制：一种维度的创建。

6）建制与个人的历史

建制因而是现实的（réelle），也是从未完结的。

现实的：真的有可观察到的变化，有“正常的”青春期，

［即］投注在异性上的客观的爱的力比多的充足的量，由此成人的历史并不是对重新开始的儿童历史的简单替代。

然而这种“现实性”，这种“最终的创制”（Endstiftung），重新开始了一种“原初的创制”（Urstiftung）[①]，正因如此，它从不是一种绝对的开始，（它）延伸和“诠释”着俄狄浦斯情结的最初模式，而没有抹杀它。“自由”因此总是相对的，简单重复和纯粹创作的状况是更根本的关系的有限状况。因此建制并不是好像有一个确定的日期且伴随一段过去那样展开。“正常的”青春期是不完整的。它像真理一样被遮蔽，唯有在匿名的领域才能获得。早熟从未被完全消除，退行的可能性也是如此。建制不是历史的终点，也不是史前史的终点，它打开了另一段历史，这段历史仍将是［25］（19）一种“追寻”：爱的历史。对过去的探索并没有结束，也不会结束，因为它早已是一种早熟，是绝对的和不可能的爱。

7）与历史哲学的问题平行

存在着一种常见的革命概念，认为革命就是超越以前各种矛盾的状态。客观历史发展的进程（schedule）：在成熟（过程）中有一个客观的点，在那里革命被记录在历史真实的状态中。然而实际上革命［发生］在落后的国家：早熟。它是客观成熟的吗？

62 进一步看：有对革命的预期：在“内部机器”中已经有它早熟的形式。后果：它造成历史的衰退，因为无产阶级革命打乱了1793年的“资产阶级”革命，将它与旧制度等同起来，自1793年

① *Urstiftung*: “instituition originaire”; *Endstiftung*: “institution finale”. ——法文编者注

起，无产阶级革命就给资产阶级革命贴上了不进步的标签。如果说大革命是预期的，那么它也是重复的，人们可以质疑它是否是“纯粹的”。这样我们就看到了“不断革命”的第二层意义：沿着革命自己的方向重新去做。（这是一种）进程，而不是状态。这最终意味着革命是一种制度的建制，在那里，没有任何东西被确立，（只有）一个失去平衡的创造者的建制。这将使各种革命［观念］的综合总是或者在革命之前或者在之后（出现）。建制是一种陷入历史中去的自身扬弃（Selbstaufhebung）[①]。

这意味着真正的自我批判，即内在的和忠实的对立。在［革命的］事实中，对立不再起作用：没有内在的对立。因此没有自身扬弃，也没有否定性的实现，我们有一个积极的制度。

因此，革命（是）现实的但却是相对的。现实的：社会关系已经不一样了，想要恢复先前的关系是荒谬的，不再有各种阶级了。相对的：这并不是历史的终点，也不是史前史的终点，因为这并不是历史对自身的扬弃，绝对意识的绝对真理，它仍然有待批判，因为我们并没有批判它。革命的确是对社会幼稚主义和早熟症的超越。但却并不是与已经完结的前史无关的、全新的历史。［因此］（应当）为革命的相对性辩护，而后者并不想要（辩护）。

① “auto-suppression”. ——法文编者注

二、感情的建制

63 感情的建制［26］(20)

投注或结晶。感情是如何“形成”的？普通的观念（将之理解为）一种预定，或一种召唤感情的本性。因而，感情就像有机体一样，是一种现实性和成长。

与此相反，感情没有真假：一旦被感觉到，感情就是真的。并且它绝不是因符合自然或命运而真实。

它是通过誓言、决定，即承诺的行动，而产生的。我们陷入其中，亦即，我们根据承诺，而不仅是凭借着行动，通过感觉来完成它。如果一个人没有根据承诺去感受，那是因为他没有真正决定或许诺，半-决定是一种双重的决定。真正的决定引发感情。

支持和帮助（这一观点的是）他人对我的决定的反应，他根据我对他说的话来回答我。所有说出的话从其回答中获得支持，而这只是已经说出的话的回响。我塑造着他人。然而不管怎么说，“回答”带来了神奇的效果，预定、命运。阿兰：查尔特勒修会的沉默原则。人成为人的巫师：他忘记了他人同他一样有着让自己解脱、将自己交付命运的幸运的自由。他在别人那里看到一种预定的联系，忘记了别人的自由跟他的是一样的。公共生活的幻景即由这种双重的幻象织就。事实上，存在着两种生活，二者都自由地构建着。爱情的本质、构成其命运中的传奇的东西就在于：1）对这种自由的秘密的意识；2）受到他人威胁的关于自由的意识，对我并不只是为我自己之所是的意识；3）通过他人来确认、辨识和重新完成我之所是的意愿；4）作为在如下基础上构建起来的"共同的"生活：我忘记了我在主导我的游戏，而别人主导他自己的；我设想 a）他真的辨认出我，而这并不真确，因为他自己也仅仅想要被辨认出；b）我真的辨认出［27］（21）他，这也不
真确，因为我仅仅想要被重新完成。这种双重的幻象构建起"我 64
们"。我与你总是处在一种更高的现实中。一个人独自活着，因为他独自死去。如果一个人忘记了这些，这是因为他听任自己接纳肉身化的巫术和非反思的态度。他会因而认为存在着真正的交流、相互的认识和被建立的未来。

从这个角度看，对感情的整体的批评揭示出：a）它们的主体性：每一个人的精神建构；b）对这种建构的满足，人们怎样听任自己沉迷于这种愉悦之中；c）偶然性或巧合的各种要素：假如我没有遇到这个人，没说过这些话（雅克·里维埃［Jacques Rivière］），没造成这一命运……——假如是另一个人处在这样的位置。所有爱情的普遍性的要素：时机、环境，二者皆与这个人没有什么内在的联系，（却）使得我对她有了感觉。

这些批评都是真实的。然而它们是否把问题研究透彻了呢？

没有满足就没有爱情。这是真实的。但这是否足以（使人）决心去爱了呢？为什么（会有）对**这个人**满意？为什么（会有）

这种自欺？阿兰说，如果没有言语，将会只有感情。当然如此。但这是否意味着言语所建立的东西同样总是虚假的？所有感受到的爱情，作为决定就是真实的，作为命运就是虚假的，是这样吗？感觉到歇斯底里与感觉到相对的真实之间的差别。如何造成的？——他人，肉身化，皆是谎言。——但这个从我出生起就伴随着我的谎言究竟是什么？

普鲁斯特：将爱情批评为主观的、偶然的、疯狂的或攻击性疾病，它建立在他人的幻象上，作为难以接近的、想象的而珍贵，因为如果我占据了这另一种生活，我会发现它是平庸的、没有价值的：重复出现的面孔的幻象。令人满意的爱情逝去了，仅在剥夺或嫉妒中重生。[28]（22）作为不可能的爱情：或者无药可救，或者倒胃——没有爱情的现实。由此（讨论）《女囚》。

然而普鲁斯特看到这只是事实的一半：

65 因为想要被爱预设了一个人的爱。施虐者预设了受虐者。我和我的充实预设了（65）藉由他人的存在而来的匮乏。幻象还是现象？不管怎样，都有必要知道什么是爱，从而去想“被爱”。假如一个人可以失去自主以便**成为他者**，那么是什么促使我们认为这种自主是**真理**（vérité）？无论是怎样的环境、机遇或顺应，产生于其中的公共的生活是否只是这些偶然性的**副产品**？[叙述者]认为他并不爱阿尔贝蒂娜，因为他厌倦于去重新找到她。爱情在一个又一个瞬间中是断断续续的，并且显得做作。但是一旦不再拥有她，[他]便发觉那就是爱。无论如何，问题：难道不是缺失真正造就了爱情吗？对于爱情幻象理论最好的证明？然而从另一方面看，缺失又如何从无中创造出这样的幻象？在这里，瞬间的标准难道不是错误的吗？除了瞬间别无其它了吗？被建制并不仅仅是外部的或约定俗成的？

《斯万之恋》[30①[22]](22*)

对爱情的批判：爱情并不在奥黛特（Odette）这边。

偶然性：在他的岁数[23]——满足于被爱

占有爱情，已经考察过的路径

奥黛特的现实：被供养的女人，[24]她了解男人、知道一切总是以同样的方式告终、因为他的财富想嫁给他，是被供养的。

爱情的主观性：(《斯万之恋》，笔记，第9页，注9)②[25]

然而这就够了吗？

这些只对幼稚的实在论观念而有价值。参考普鲁斯特对“外 66
部世界”的讨论。当然，从某种意义上说，人们没有离开自身。但人们所感受到的或所爱的是自身吗？因此是不是并没有对二者之间的建制？一种关于现实的爱情现象？（这）或许是矛盾的，但因此是现实的？

---

① 我们去掉了[28](22)页底部和[29]页顶端的几个简略的注，梅洛-庞蒂后来在[22]页完全重复了这些注。——法文编者注

关于梅洛-庞蒂参考普鲁斯特文本的内容，我们以数字标记，并将之附在第130-137页（译按：此页码为本书页边码）的参考文献中。

② 为了准备“感情的建制”这部分课程，梅洛-庞蒂写了好多张笔记，其中包括对《追忆逝水年华》中部分引文的评论。除了作者在文中提到的那些，我们还补充了一些，以说明作者对普鲁斯特文本极具暗示性而又非常精确的参考。所有这些引文都附在第130-137页（译按：此页码为本书页边码）。梅洛-庞蒂使用的页码是伽里玛出版的“Blanche”版的页码。

1）作为矛盾的欲望的现实

首先讨论欲望。斯万不是出于欲望而占有奥黛特，而是因为她想要在维尔迪兰家见到他（《斯万之恋》，II，22-23[26]，25-28）。爱情本身的愉悦不过充当了这种“躁动”[27]、这种空虚、这种焦虑的机会，这是消极的现实。占有不会给他们带来满足感，因为否定的现实要求作为他者、作为“神奇”的他者。因此欲望本身是矛盾的，但也正因如此，它是现实的。它开启了一场即将成为现实的戏。焦虑、要求他者作为他者存在比欲望或复活更加长久。（《斯万之恋》，笔记，第6页，注5[28]）

欲望的本性：它穿透身体，要求他者作为他者（存在）。爱情与身体的“亲缘”：能被他者爱着的身体，只要它还是被建制的生活，是朝向他者的注视与实存，就会给我们带来能够占有这一切的幻象。说它是幻象：因为它只有在没有被占有的情况下才是这一切。然而幻象是完成状态的，不是在计划之中，计划只是通过我们真正成为他者、他者侵入我们的事实而成为现实的。一个人并不爱一个人，也不爱一个身体，他爱的是在身体中建立的生活。身体既不是第一位的也不是第二位的。精神既不是第二位的也不是第一位的。个体是通向自由的通道。爱情是不可能的，但并不是非现实的。其现实性或者是纯粹的异化或者是略显无聊的占有。

2）爱情的现实性［31］（23*）

a）作为异化：奥黛特或许“深刻的”看法：对我的所有指责都会以和解而结束。［即］爱情像嫉妒一样存在着，但它存在着。①

① 在此指爱情现实地存在着。——中译者注

爱情中的人转变为他者（《斯万之恋》，笔记，第5页，注4[29]）。

在此，我们不再知道二者中的哪一个是不在的。

爱情与个性的问题：或许没有对她的感知，但却存在着这 67
样的事实，即他不再是他自己了（《斯万之恋》，笔记，第7页，注6[30]）。

现实的爱情作为恐惧（同上，第8页，注7[31]）；思考死亡的喜悦（第一章，第7页）。

超越自身，在所有希望之外（参考司汤达）的对真理的爱（《斯万之恋》，笔记，第4页，注3[32]）。

在这样的极端上，爱情与作家所追寻的“观念”是相近的（而这些观念正如音乐家和画家的观念一样，并非是孤零零的，与可感的材料相脱离的。最初由于奥黛特而喜欢的那些“小乐句”，现在为他的痛苦赋予了智慧（《在斯万身边》，第二章，188-189[33]）。

b）爱情在不是异化（与异化交替存在）时，是一种“深情的”、“人的”，“共同生活的”和婚姻的情感。奥黛特在疲倦和沮丧的时刻像所有人类存在（即人）一样，他与这个冷静的奥黛特步入婚姻。此外，我们稍后会看到她如此强势只是因为她的自卑。对她的爱是“事后”实现的，却没有作为爱情实现。

因此，[这]不是幻象，而是有充分根据的现象。

然而这一点在《斯万之恋》中并没有展现出来，因为在那里只有来自一方的爱。

作为双重现象的爱情：阿尔贝蒂娜。

在此将会产生一个问题：斯万的爱情只能是自恋的、否定性的，是焦虑的中止，因为奥黛特不喜欢他——然而如果叙述者对阿尔贝蒂娜的爱仍然只是自恋，这难道不是他的错误？

《阿尔贝蒂娜》[32]（24）

I. 幻觉

神奇的、充满想象的阿尔贝蒂娜。

“渗入到生活里”[34]——（渗入）到一种完全不同的生活里去。

这些作为残酷的神话人物的少女的生活[35]，这样的形象与他完全不一样（《阿尔贝蒂娜》，I，笔记，注1[36]）。

他与她结识时，觉得她是一个非常害羞的商人的女儿[37]。因
68 此，第二种观念也是错误的：高贵的少女。这一点在他去阿尔贝蒂娜的卧室看望她时所遭受的粗暴的拒绝中得到了确认。

他爱上的是她身上的他者，一种普遍性，在巴尔贝克（Balbec），并认为他有义务要娶那个与他通过“代理文书”[38]订婚的人。因为这已经起步了。

阿尔贝蒂娜在巴黎。

他不再爱她。她是“外面的薄雾的女儿”[39]，他因此而对她生出欲望。她接受了。这是第三重的阿尔贝蒂娜。她从肉体上给他以安抚。

接着，她（从电话中）躲避起来。他“潜伏的”爱颤抖起来（《阿尔贝蒂娜》，I，笔记，注2背面[40]）。如同在斯万那里一样，弥漫的焦虑凝结在一起（《阿尔贝蒂娜》，II，笔记，注3[41]）。

去巴尔贝克的新旅程：

戈达尔的反思[42]，阿尔贝蒂娜的闪躲，女同性恋的假设，对

斯万夫人的回忆造成了阿尔贝蒂娜的构建，以及不要让她知道他爱她的念头。

所有爱情中的“二拍节奏”(《索多姆与戈摩尔》，II，2，53-54[43])

［他］怀疑阿尔贝蒂娜的爱，不相信自己被爱着，因为他怀疑他的爱，因为他并没有爱。

因此：不展示他在爱，担心不再被看重，有距离地保持为他者——引起痛苦——把爱情视作统治、审查、猜疑、嫉妒。

首要的是，怀疑自身，这使他的爱情染上了自恋的色彩。这样一来，爱情是幻象这个观念本身就是一个幻象，且正是它使的爱情不可能。从《女囚》到《阿尔贝蒂娜不知所踪》的转折。《阿尔贝蒂娜》，笔记，注 5，第 2 页证实了这一点。[44]

［33］(25) 然而他还是没有理解这一切，并嫉妒地爱着，以一种“不能实现的、外在于生活层面的”[45]方式（爱着），——不相信这就是爱。他想打破乡村的禁锢。他并不是因为母亲要求他这么做[46]才去打破，而是因为阿尔贝蒂娜说认识凡德伊小姐。突然间，阿尔贝蒂娜进入到他之中（《阿尔贝蒂娜》，笔记，3，注 6[47]），或者不如说他被她摧毁了，除了她他别无所求。治疗等同于致病：使他嫉妒的存在者的出现（同上，注 7 背面[48]）。对母亲说他必须娶阿尔贝蒂娜。

肯定的幻觉［34］(26) 69

我们已经看到：

1）想象首先建立的对其他存在者（残酷的神话人物）的爱。

追寻不幸的爱情。

这样的存在并不实际存在：阿尔贝蒂娜只是一个教养很好的年轻女孩——或许应该说，在巴黎（是）一个过于随便的年轻女孩，总之，不是个女神。被她纠缠。好好爱她，别无其它。

通过对她的缺点的猜疑，最初的爱情获得了重生。爱情［等同于］嫉妒，（等同于）对痛苦和缺失的研究。

2）我们更多地回到以前：

这嫉妒而痛苦的爱缘自叙述者自身对其爱的能力的怀疑：他了解他的爱情的普遍性①，即“他的感情与行动与所爱的女人并没有切近和必然的联系”（《索多姆和戈摩尔》，II，2，第 54 页）。[49]

所以，她也不再爱他。

所以，假如他曾经提到温情，“人的”感情，（那是缘于）使人厌烦的担心和对被狡猾地欺瞒的羞愧。

由此，重新把握住统治权，恶毒的言论、严苛的审查、嫉妒，时而交替为温情。爱情，在隐忍与痛苦之间。

这一切与其说建立在自身认同或自身的反思上，不如说建立在分析的基础上：

“在并非相互的爱情中，——也可以说在爱情中，因为对有些人来说就没有相互的爱情”（《索多姆和戈摩尔》，II，2，第 62 页）。[50]

作为否定的现实的爱情

这带来如下的结果：

① “亵渎”。——页边注

他者与在爱着的人：镜子。因为一个人没有在爱，他也不相信自己被爱，诸如此类。

他为什么不爱呢？[51]因为心跳停止，因为爱情的普遍性以及偶然性，这一切让人怀疑爱情。

如何能使我们不怀疑爱情呢？需要这种爱情的必然性，即一 70
个人没有身体，没有普遍性，没有过去，没有主体性，——这种爱情以他者为目的，在他者之中发生，而不是在我们之中发生。

倘若如此，这种爱情将不会是真实的体验，而是认识，它不能被感受到。难道这里没有一种以想象之名的不容置疑的现实的失效吗？

是不是直接性的幻觉，导致［35］（27）我们由于间断或偶然因没有看到一个超越现象的现实？

爱情的超越现象的现实不会是一个没有疑问的确定存在者的现实，而是由于他人的占有或异化的现实：他人在我之中，以隐忍、剥夺的形式，——以“不可实现的”、“在生活之外的”方式，借助缺失的手段。在似乎阿尔贝蒂娜认识凡德伊小姐的时候，他想离开她，就带她去了巴黎。“任何想要根据事物真正的样子来描绘事物的人，现在必须把阿尔贝蒂娜安置在我之中，而不是在一定距离之外”（《索多姆和戈摩尔》，II，3，第 217 页[52]）。当然，并没有对他人的接受，也没有触及他人的对他人的知觉，必须成为他人。然而相对主义的论证是错误的，因为还有另外一种与他者的联系：他人不是作为确定的存在者，而是作为我的全部生活场域的占据者。爱与剥夺是同一件事，如果你乐意，（也可以称为）非–爱（non-amour）。阿尔贝蒂娜承诺她不再离开：“她给予我的，正是那燃烧我的毒药的唯一解药，（这解药）从另一方面看与毒药也是同质的，（只不过）一个是甜蜜的，一个是冷酷的”（《索多姆和戈摩尔》，II，3，220）。[53] 毒药：缺席，他性。解药：作为不在场或缺失之消除而非实现的东西现身。

3）[①] 然而这就是全部了吗？作为不可实现的、不可能的爱情之否定的现实，缘自对自身的怀疑、不可能的肯定证实，因而也是对他者的怀疑。

由此，爱即是想要被爱……他者只能作为场域显现，在我之中被感受到，在我的耻辱中，而不是在我知觉的东西中。之所以如此是因为，她与我是可能的东西，是不连贯的瞬间的永久爆裂，
71 “我总是朝向可能的世界敞开，多过朝向现实的偶然的世界敞开”（《女囚》，I，第 30 页）。[54] 其结果是，他最终只能在她睡去的时候爱她：此刻的她是一个既不会逃跑也不会注视他的他者。

作为一种剥夺，这种爱情并不是被感觉到的，因此普鲁斯特从不说：“我爱阿尔贝蒂娜”，而是说：“我不确定自己不爱她”（《女囚》，I，132），或：“也许我是爱阿尔贝蒂娜的”（《索多姆和戈摩尔》，II，3，第 80 页）[55]。爱即是试图以共同的生活杀死私己的爱。“我们只是给自己创造出各种义务”（《女囚》，I，132）。[56]

这样的爱情令人焦虑，让过去所有的焦虑重现，让母亲缺席的焦虑重现，这种爱情由于有着否定的现实，它是属于我们的，不是属于被爱者的，我们的所有爱情混在一起（《在少女身旁》，I，

① 此处法文版编号为 4），但由于前文中无 3），且并无说明，疑为编号错误，中译本改作 3）。同时，可参考英译本，此处亦作 3）。——中译者注

152），“重拾我的痛苦不再在我之中带来对阿尔贝蒂娜形象的确认。她造成我的各种麻烦，正如神性总是保持为不可见的”（《在少女身旁》，207）。

[36]（28）到此为止了吗？

否定的幻觉

假如对他人的怀疑缘自对自己的怀疑，那么对我自己的信任也将带来对他人的信任。由此，爱情或许是相互的。是他把阿尔贝蒂娜变成了说谎者。

有人曾经说，阿尔贝蒂娜的爱是其它一切爱情的聚集。但是能说所有人都尝试和追求这样的爱吗？（《女囚》,II，第68页）[57]

有人曾经说，他者是一种否定，然而“在我内心深处难以达至的地方，住着阿尔贝蒂娜的复本”（《女囚》，II，68）。[58]

有人曾经说，亵渎。然而这不是由于所有这些爱都是一段唯一的爱情、一段唯一的生活吗？亵渎并不导致爱情的全部现实都被亵渎。

有人曾经说，阿尔贝蒂娜是无辜的。但是阿尔贝蒂娜是有过错的，正如叙述者自己一样，他如此地相信缺点，只是因为他自己也有一些——他如果像看待自己的缺点一样看待阿尔贝蒂娜的缺点，这是不是就自然了？

这一切随着阿尔贝蒂娜的离开变得清晰起来，《阿尔贝蒂娜不知所踪》I，第135页及以下的沉思。

我不曾相信自己的爱情，因为它处于“变化无常的状态”[59]，在它由于阿尔贝蒂娜的离开而被凝结的时候，我相信了。

72 爱情的起点是如此地自我中心主义，它变成了不同于独白的东西。因此，一年长似一个世纪，“充实”、“广阔”。(136)[60]

爱情的开端是如此地充满想象，“随着换掉了想象让我们期待的东西，……生活为我们带来我们远不会想到的事物”(《阿尔贝蒂娜不知所踪》，I，136)。[61]

爱情是如此地“普遍”(吉尔伯特对阿尔贝蒂娜的回应)，阿尔贝蒂娜的爱情不同于此前的爱情，正如七重奏不同于奏鸣曲(主体性的现实，准柏拉图主义)(《阿尔贝蒂娜不知所踪》，I，136)[62]。

难道不应该说，起点不仅揭示出爱情并且也在创造它吗？“通常，为了发现我们在爱着，或许甚至为了(发现)我们可以坠入爱河，分离的那一天必须来临”(《阿尔贝蒂娜不知所踪》，I，145)。[63]

然而并非如此。相反，这种分离，乃至阿尔贝蒂娜的死去，在爱情发生前已经由他们运行起来。他们以说谎的方式做这件事(期待她死去，假装分离——而这并不会实现)，但正是他们已经在尝试和假定这种分离。的确是他们正在分离，而爱情恰恰仅在这种分离中获得现实化。

[37](在几页没有编号的小纸上，梅洛-庞蒂摘抄了部分引文，即，《阿尔贝蒂娜不知所踪》，I，146-148)[64]

[38](29)这样，爱情一定不是肯定性的，而是[？]否定性的。这是必然的，因为这事关被爱的本质的问题(她曾经是谁？)，因为这种本质最终当然不只是有罪的，或只是无辜的，而是二者皆有。当他知道她是有罪的：“人们透过深层的痛苦而达到

一种神秘的东西，达到本质”（《阿尔贝蒂娜不知所踪》，176）。[65] 此外，这种揭示使得对纵乐的阿尔贝蒂娜的初恋成为现实，——在强调爱情的不可能性的同时。

最后的怀疑（《阿尔贝蒂娜不知所踪》，II，第139页）。存在着抹除、遗忘。当一则假消息使他以为阿尔贝蒂娜还活着，他感受到在哪个点上他忘记了阿尔贝蒂娜。他问自己，是否并不是她死去的消息使他的爱延续。但这个问题并没有因而从现实中消除 73
曾经发生过的任何事情。

被超越的，是约定俗成的爱情的观念，它要么是巧合的、要么是表象的、要么是手段的总和。

没有被超越的，是他人的他性以及有限性。

建制的观念恰恰在此：个人的历史穿透偶然性而奠立。

[39]（30）关于普鲁斯特及感情的建制的结论

爱情的不可能性，爱情的“错误”：

人们只是实存着，他们只了解自己的感情，对象只是“一束思想”，与它所是的东西并无关联，“定位的错误”导致人们或者把自己置身于他者，或者让他者置身于我们。

自身唯有在他者对我的影响中才能有对他者的经验，他者在我的焦虑中、在我对他的思念中、在缺失中现身。并没有一种“真正的”呈现会填补这种缺失，也没有占有。

1）既不是肉身意义上的（占有）：叙述者没有占有阿尔贝蒂娜，她平息了他的焦虑。身体唯有在作为被建制的实存（比如说，一道注视的目光，或至少是一次呼吸）被给予所有人，被当作是共同的而欲求，它才被爱着，爱情才与身体建立亲缘关系。

2）也不是道德意义上的（占有）：“人的”感情与异化（即不带乐趣的魅惑）的交替。“平庸的”、“家族的”，乃至粗俗的（批发商的女儿）他者与“卓越的”、“想象的”他者的交替。婚姻的意愿与婚姻没有关系。

这一直是真实的。甚至在《阿尔贝蒂娜不知所踪》的结尾，目标并不是他者的实存。证据：他对阿尔贝蒂娜还活着的消息无动于衷。（他）所爱的阿尔贝蒂娜完全在他之中，当这些“思绪”消失不见了时，经验中的阿尔贝蒂娜是无关紧要的。这些消息甚至通过让他感觉到她不再活在他之中而**加快了**他的遗忘。或许死亡这个最大的缺失让记忆与爱恋获得了延续。人们只爱缺失的。
74 爱情在我们之中是空洞的，没有他者的呈现。爱是“不可实现的”、“在生活之外的”。治疗等同于致病：总是由缺失或空无验证的他者的呈现。

然而，对他者的这种经验本身是由关于自身的某种感情产生的：他没有感觉到被爱，因为他并［40］（31）不相信他能够去爱：（这种）镜像使我们根据我们自己塑造他者，根据被如此塑造的他者来塑造自己。没有共同分享的爱情，因为没有爱情。然而爱情（爱情不是实质性的，不是可直接验证的，也不是绝对的，因为人们并不满足于将自己的生活付与其所爱）难道不是恰恰建立在（上述）镜像关系上的吗？当人们试图去验证爱情时，难道它不是已经在那里了吗？

因此有必要说，爱情并不是一种幻觉，而是一种否定的现实，（一种）真实的异化，错误在于认为它仅仅是一个错误。“她造成我的各种麻烦，正如神性总是保持为不可见的。”是的，但是在此有一种自身的缺失，与他者的呈现是同义的。[①]

异化（失败）与爱合而为一，但却是后者的现实性。爱引起一种超越自身、甚至是超越虚假的占有欲求：我们已经塑造了他者，我们不再知道何者是缺席的，“可怜的家伙”——真理在让我愉悦或平抚我的焦虑的东西之外。爱，如同死一样，揭示（一个人的）“个性”，让（我们）看到一个人之所是，一个人何以即是世界本身，存在本身，对这样一个世界、一个存在而言，我们是被排除在外的；在痛苦的经验中，一个人是超出欲求和控制之外的：“在痛苦的深度上，人们达到神秘，达到本质”（《阿尔贝蒂娜不知所踪》，176）。就神秘而言：人如何能凭借其全部力量而成为非-我。就本质而言：揭示出一个人的本质即是非-本质，犯罪与无辜，二者皆具。阿尔贝蒂娜有距离地现身，正如那些小乐句在乐声中现身，不能分离，却也不可触及。别碰我（noli me tangere）。[②] 参考《时光重现》[66]。忧愁教你如何去看。

由是观之，引致这一切的偶然事件被重新整合了，这一爱情不 75
是结果，而是原因[③]：其它的爱情召唤着这一爱情，而这一爱情正是其它爱情的重现。死亡延续了他对阿尔贝蒂娜的爱。然而对阿尔贝蒂娜的爱亦是对分离和死亡的预期，“二拍节奏”是一种前-概念，是一种“更深层的”真理。存在着“独白”之外的东西，在我们认

① “对他者的内心感知。”——页边注

② “实存的柏拉图主义：观念并非出自‘理智’。有待读的引文。”——页边注

③ “阿尔贝蒂娜的爱情不同于此前的爱情，正如七重奏不同于奏鸣曲。”——页边注

为是空虚的地方有着充盈，在没有被直接感觉到的东西中有一种现实。通过与我们曾经想象的东西交换，生活带来别的东西，后者曾经被（我们）暗暗地希求过，并非是意料之外的。现实并不是被预见到的，不管怎么说都是被希求的。我们以退为进，不是直接做选择［41］（32），而是间接地，但不管怎么说我们做我们想要做的。爱情是有洞见的，它恰恰将我们引向能将我们分开的东西。阿尔贝蒂娜曾经是（与其它事物同列的）纵乐的阿尔贝蒂娜，曾经被他视作幻影。是从远处看到的幻影，也是从近处看到的幻影，在那里人们没有看到它的“易逝”（volatil）。

对此分析的评价：

有人会说（这是）普鲁斯特式的偶然事件。

1）同性恋隐藏在异性恋之中。同性恋意味着作为嫉妒的嫉妒。[1]

反对：然而他恰恰不像嫉妒阿尔贝蒂娜可能会爱的女人那样嫉妒圣卢普。——然而这种反对意见反过来反对普鲁斯特：他为什么要让阿尔贝蒂娜成为戈摩尔的一员？如果不是为了描绘这无可救药的嫉妒，这并非以与我同性别的竞争者为目标，而是以与他者同性别的对手为目标，那么（就是）为了描绘他的男性恋人所感兴趣的女性同性嫉妒的状况。普鲁斯特可能会这样回答：假
76 如是这些女人的嫉妒，这是因为他想取悦她们，这样的情况下，

---

① ［方括号内］：“［嫉妒 = 同性恋，即等同于所爱的，占有性的爱情，取悦对手的意图，不是有意的（不是奉献的）］［潜在的同性恋 = 嫉妒：同性恋唯有通过他者研究同性才有可能设想异性恋，因为他者是女人。他不爱阿尔贝蒂娜，他爱的是她可能爱的。］”

他是异性恋的。事实上，叙述者喜欢所有的年轻姑娘，这就是为什么他总是嫉妒她们的原因。因此，普鲁斯特清楚地看到，在其自身的爱情中，嫉妒是对对被爱者的嫉妒的替换，这种替换使同性恋在异性恋之中，反之亦然。多性恋。

2）有人会说，然而同性恋自身包含着嫉妒，避开他者，不出现，因为他不包含异性的婚姻。譬如，普鲁斯特的失望：[叙述者]并没有占有阿尔贝蒂娜，但是与她在一起他感到放松，在她入睡后有孤单的快感，手淫。这难道没有为普鲁斯特的问题提供解释吗？没有。即使是异性的婚姻也不能被视作爱情的完满。肉体之爱的伴侣是生活的伴侣吗？婚姻是必要的，却［42］(33）不是充分的。支持反对意见就是支持在灵-肉之间没有分别，只有绝对整合一体的身体，没有偶然性。

这样，普鲁斯特的独特性，他的偶然事件，导致他以一种独特的方式拥有对于偶然性的经验，拥有作为普遍性的偶然性的经验。心理学的解释远没有消除对普鲁斯特的普遍价值的分析，而是肯定了它。所有“事实性”的形上学意义。

普遍的问题：如果不通过异化，我如何成为他者？①

普遍的回答：这种异化与事实并非幻觉，它们预设了我自身的不在场。

开始提出的问题：爱情是现实的吗？我们怀疑：由于其它原因，爱情是相遇的结果，是环境选择的结果。然而为了使它成为现实的，我们可以要求什么呢？（要求认为）爱情诞生于无，它

① ［行与行之间］：“纯粹的事实”。

是纯粹的选择。然而假如爱情是纯粹的选择，是建构，它就更不是“现实的”。它应当也是想象的。这意味着，（上述的）要求是错误的。爱情并不是由环境创造的，也不是由决定造成的，而是在问题与回答关联在一起的过程中形成的——借着某种魅惑力，77 有什么东西溜了进来，人们发现，这并不确切地是他所追寻的东西，而是引起他兴趣的其它东西。最初的意义赋予（Sinngebung）得到了确认，但却是在不同的方向上，不过这并非与之毫无关联。久而久之，所有的偶然性，甚至是那些完全的偶然性，都终结为被希求的：作为赤裸裸的现实性的明见性的你，即作为不可挽回的被建制者，不管发生了什么。嫉妒，谎言，统治都超越对死亡、对真理的欲求，超越忘我。

我们还将看到，有一种贯穿偶然性的意义，（即）艺术作品中间接的建制活动，在其中，各种偶然事件被作品聚集在一起，并终结于获得一种超出这些偶然性之上的意义，以至于我们不再知道艺术作品发端于艺术家生命和创作的哪个过去时刻，也不知道作品从传统的什么地方吸取了灵感，就像他的所有爱情都封闭在他来到世间的时刻，而且断裂，与起源的分离已经在起源之中。譬如说与前辈对抗，同时也是依靠他们得以发端。

三、作品的建制

作为建制的艺术创作［43］(34) 78

第一部分［讨论］私人历史的建制。——绘画的活动往往是与公共历史有意识的、刻意的联系。绘画的使命是传承的，［朝向一个］图画的目的。参考写作或追求真理的活动。个人的建制唤起集体的建制。

然而，在此，加入到集体建制中去是一种非常个人化的意愿。我们在此看到缘何［不存在］选择。这是因为集体工作的逻辑对处于集体工作之中的个人的工作而言一下子变得有价值，并由个人的工作重新创作。就像在个人的作品内部，每一个作品推进着此前的作品，却又并非由这些作品演绎而来，而是重新创造出一切。这种亲族的联系只能是回溯性的：女儿作品变成母亲作品。

问题：在局部中呈现出整体来的方式是什么？局部既不是一团混乱，也不是对一目标或已经完成的内在性的展示。人们如何知道其所画的是什么？人们并非偶尔为之。况且，绘画的整个领域，以及对每一个画家而言的*他的*绘画，并非真正被给予的。历史是回溯性的，（是）变形，在此意义上，画家并不知道他在做什么。然而每一个画家都能辨认出全部绘画，正如每一个生命都能辨认出所有的生命。被给予的、被感知到的世界是如何在每一个人身上唤起这种作为重新发现的重新创造的？

盲的逻辑，在途中生成的逻辑。回顾地看，古代绘画，古代透视法呈现为通向文艺复兴的透视法之路。而文艺复兴的透视法不是真正的目的，[而只是] 一项一直延续着的更加一般的研究中的一个特例。同样是在时间中的。有一种逻辑，但它：

1）并非直接的：往往会有这样的情况，即一项研究的核心
79 问题不能以此路径通达，只能回环往复。主导的角色由另一种方法或另一种艺术接手。回到最“原始的”形式。通过这样的迂回，作品的材料被重新获取和使用：距离使一种新的创造的努力得以可能（在个人的创作中也是如此）。由此，真的有一种没有目的的整体的 [44]（35）目的论，然而是什么在主导着这样的方法？

2）它是未完成的：人们也许会将随后出现的目的看作是一个有待普遍化的特例。对艺术家而言，作品往往是一种尝试。对历史而言，整个绘画是一个开端。

那么以哲学的方式如何表达这个意思呢？建制的观念 [是] 唯一能做到这一点的，（它是）一个场域的开启，在其中，我们能够描述各个不同的阶段；不仅有作品的繁衍和各种新发现，还有各种系统性的尝试，——不过它只是一个场域，就像一个视觉的场域，还不是全部，它没有明确的边界，并朝向其它场域开放。

以文艺复兴时期平面透视法的创造为例①。

我从一个集体历史的例子开始，因为集体历史是那些可模仿、可参与其中、可积淀的风格或方法的历史。风格要素（Stilmoment），而不是价值要素（Wertmoment）②：平面透视法既不是一件作品之价值的必要条件，也不是其充分条件。因此对这种建制的分析并不能达到绘画建制之根基处：如果只有这些（透视法），就不会有绘画了。更自然的分析：对可支配的东西（disponible）的分析。③通过从集体历史走向个人历史，我们将从表面通向深处。

古代的透视法：球面空间，角度透视。大小不是依距离确定 80
的，而是依角度而定的。

欧几里德说明上述（透视法）的定理八在文艺复兴时期对欧几里德的翻译中被删除了：实际上，文艺复兴的绘画将人工透视与自然透视对立起来，它并不寻求表述自然视看的法则，[45]（36）而是寻求“发展一种在实践中可用于平面图像绘制的构造”（潘诺夫斯基）。[67] 平面透视法：可比于建构一种完美语言的努力，即在一个有待表达的观念已被给予的情况下，从“理性的”

---

① 梅洛–庞蒂依据的是潘诺夫斯基的作品《作为象征形式的透视法》。对此文本的引用，我们或将其列在页面的下部，或将长的引文附在第 137–142 页（译按：此页码为本书页边码），译文为 G. Ballangé 的法译（Erwin Panofsky, *La perspective comme forme symbolique*, trad. G. Ballangé, Éditions de Minuit, 1981），其页码与梅洛–庞蒂在世时已出版的版本的页码是一致的。——法文编者注

② 潘诺夫斯基：“如果说透视法不是一个艺术价值的要素，那么它至少是一个风格的要素。” *La perspective comme forme symbolique*, trad. G. Ballangé, Éditions de Minuit, 1981, p. 78. ——法文编者注

③ “意义的内容（Bedeutungsinhalt）与这种形式的符号间已形成的联系，一种象征形式的流通。”——页边注

符号出发，通过将这些符号结合起来而建构一种有序的表达。消除“话语”的尝试。在文艺复兴绘画中也是如此，问题在于构造一个平面的图像，放弃球面的视觉空间，因为在平面上不能展开球面。

古代绘画中已经有了一些折衷（的方案）：多个没影轴，“鱼骨”的印象[68]。因而（是）“不稳定的”、“不协调的”。相反，单一没影点使我们能够在长、宽、高值之间［建立］一种恒定的关系：只要对象的各个维度及其与眼睛间的距离确定了，它的大小也就“毫不含糊地被确立了”（eindeutig festgelegt）①[69]。

古代的这种表达空间的方式关系到：空间的非实体性［的概念］，空间并非在形体–非形体（Körper-Nichtkörper）② 的差异之外，而只是在形体之上的（l'Uebereinander）和在形体之间的（l'Hintereinander）③，是“存在于形体之间的东西”。[70] 空间不是各种空间关系仅仅是其变体的一个统一体：距离的缩短有例外，并没有唯一的光照概念（有集合的空间［aggregatraum］④，却没有系统的空间）。[71] 因此这并不是真正的揭示事物及其坚固性而不取消事物的“印象主义”。[72] 一旦我们考虑居间的空间（如在一幅风景
81 画中），古代艺术就显得矛盾、梦幻、虚幻、不协调。他们没有将空间定义为“一般意义上的形体”（corpus generaliter sumptum）（格

① “établie sans équivoque”. ——法文编者注

② “是形体的与不是形体的”之间的差异。参见参考文献第 72 个笔记。——法文编者注

③ “ce qui est au-dessus d'eux (des corps) et dans leurs intervalles”. ——法文编者注

④ “espace agrégatif”（参见所引译文）。——法文编者注

林克斯 [Geulincx])。[73]

如何理解文艺复兴时期的空间建制？发明这种象征形式的古代画家在视看方面有一个问题：回到和表达世界。不过这个问题 [还] 没有从其一般性、其系统意义的方面被考虑[74]：不然的话，他们应该会放弃球面的视觉空间。第一个捡起一个石块、一块木炭、一支粉笔的人想要表达。但 [46](37) 他并不知道什么是表达：他只看到一种转换的方式，而没有看到转换的原则。那么，系统的改变是如何形成的呢？

潘诺夫斯基：中世纪：回弹（Rückschlag）①[75]，倒退。[中世纪] 受到了东方的影响，不过这种影响不是原因，而只是某种征兆[76]。深度层次的渐变被取消了，(代之以) 在高度和深度、金色背景和锡叶平面上的并置。背景上的事物并没有被取消，而是为了进入背景而被安置在那里。表面不是目光穿过的表面，而是完满的[77]。这使图像的各个要素失去了与运动和表达的联系。

倒退也是迂回：因为事物是嵌在色彩或金色的节奏中的（或在建筑中，嵌在光影之中）。因而有色彩的或光的统一：参考基督教新柏拉图主义的光的形上学。“空间是光”（普罗克洛斯）。由此，世界是一统一体，是一同质的流体，不可量度也没有维度[78]。

西北欧的罗曼（艺术）将线条当作特殊的表达手段。向面的过渡使绘画最终与第三维度相剥离[79]，并为第三维度准备了一种新的表达。一个先于对象存在的空间概念，图像的被认为是透明的面，人们可以透过它感知空间，被分割的背景，图画的无限

---

① “retour en arrière”. ——法文编者注

性（Unendlichkeit des Bildes）①，现实的一部分（Wirklichkeitauss-
82 chnitt）②[80]：视觉的金字塔的平面部分（阿尔伯蒂）[81]。[因此]，是系统空间。相应地，大地不再是世界的中心，天空不再是宇宙的边界，无限的世界。透视法与批判哲学起着同样的作用：主体性与客体性的关联，观看点与现实的关联[82]。透视法后来的变革即在于否定这种相互联系，在客观极（意大利）或在主观极（巴洛克或世界的终点）寻求空间性[83]。

教学[47]（38）

1）绘画在何种意义上了解自己在做什么？在以间接的方法发明平面透视法的同时，人们也发明了“绘画平面”（Bildebene）③这样的图画概念，以及发明了“透-视”（Durchsehung）（透过……去看）这样的透视概念（丢勒）。是有意为之的吗？不。这些后果，这个打开的场域（并非刻意造成的）。人们所做的比其所构想的更有意义。这并非只是出于偶然。乌切洛（Uccello）拒绝去睡觉，并且说：“透视是多么美好的东西啊。”[84]参见：普鲁斯特：生活带给我们的东西与我们所寻求的东西不同，是别的东西，也是同样的东西。绘画自身的本质透过技艺的问题而成为问题。是“对

① “infinite du tableau”. ——法文编者注

② “portion de réalité”（参见参考文献第 80 个笔记的引文）。——法文编者注

③ Bildebene：“plan du tableau”; Durchsehung: “vue traversante”. “‘perspectiva 这个意大利语的术语意指穿透的视看。’丢勒正是想要借这个词来描述透视法的概念”（Erwin Panofsky, *La perspective comme forme symbolique*, p.37）。亦可参见参考文献第 80 个笔记。——法文编者注

世界的感受”（Weltgefühl）[1] 在起作用。

2）然而绘画并不是绘画的逻辑，这种建构是回溯性的（并且是临时的），对于所发现的东西，人们并不确切知道它意味着什么。其与哲学的平行唯有当哲学不把自身看作是观念的陈述，而是看作象征形式的发明的情况下，才是可接受的。卡西尔哲学的缺点在于：认为批判哲学是终点，认为哲学意义有一种指导的价值，而它自身却是在积淀中被把握的。把批判哲学看作一种象征形式，而不是关于象征形式的哲学。

为了说明这一点，[考察] 塞尚的例子：重提对每个人而言的整体的图画的问题。

平面透视法是如何**建立起来**的呢？［48］（35[2]） 83

偶然性与理性的混合：间接的答案。中世纪不承认这个问题。[它重新回到] 东方的影响（放弃深度的层次变化，让高度与宽度并置在同一平面上——金色或锡叶的背景）（背景上的对象并没有分割开，而是被布置-装饰-填满的表面）（接着，在图像的诸元素之间没有运动或表达的联系）。

倒退也是迂回。然而对象嵌在色彩或金色的节奏中：色彩的或光的统一。光的形上学：“空间是光”（普罗克洛斯）。基督教新柏拉图主义。世界是一不可测的、同质的、流动的统一体。西北欧的罗曼（艺术），线条为特殊的表达手段。与第三维度的剥离为

---

① “sentiment du monde”. ——法文编者注

② 如编号所示，这一张和接下来三张笔记重新阐述了对平面透视法建制的分析。我们保留了第一个版本，因为它表明梅洛-庞蒂紧跟潘诺夫斯基的文本，且使我们能找到他所参考的段落（参见参考文献，第 137-142 页）（译按：此页码为本书页边码）。——法文编者注

这一维度准备了新的表达：

这种发明在于认为空间先于事物而存在，而不仅仅是在形体之上的（Uebereinander）和在那些形体之间的（Hintereinander），不再是“处在形体之间的东西”，并自此超越了形体-非形体（Körper-Nichtkörper）之别。统一的、系统的，而不是集合的空间，——“一般意义上的身体”（corpus generaliter sumptum）（格林克斯）。高度、宽度和深度间恒常的关系，大小的确切的规定，依据着对象的各个维度及其与眼睛的距离而呈现。单一的没影点［使得］稳定性、一贯性、共可能性以及合理性［得以可能］。

问题：建制中的偶然性与理性。

偶然性：中世纪绘画退回到古代绘画的问题上去，并不是为了重复历史。

理性：然而，问题被重新提出，一个系统取代了另一个系统。乌切洛[①]感受到了这种发现所能达到的范围：透视是多么美好的东西！——实际上，这一空间概念［隐含着］绘画的整个概念以及绘画与世界的联系的概念：绘画或透视法（按丢勒的说法）乃
84 是“透过……去看”（Durchsehung），平面只是“画面”（Bildebene）——不是为我的对象——朝向一个自身被视作无限（大地不是中心，天空不是宇宙的边界）或纯对象的世界敞开。客观性-主体性的连结设立了真理。透视法［处理］的是与笛卡尔哲学或批判哲学同样的问题。

① 保罗·乌切洛（Paolo Uccello，约1397-1475），十五世纪意大利画家。——中译者注

理性：我们是否应该说（这是）理性的诡计，真理在其自身所安排的迂回中得以实现?

然而平面透视并非更真。没有一个画家完全使用透视法（数学家早于画家之前就了解透视法），也没有一个画家满足于使用透视法。（透视法）是风格的要素（Stilmoment）[49]（36），不是价值的要素（Wertmoment）。它之于绘画的意义就好比语言对于文学的意义。（如果）只凭借透视法，（那么）它提供的只是方法，而不是绘画。透视法将“意义的内容”（Bedeutungsinhalt）① 与具体的可感符号联系在一起[85]，即透视法是可传达的。它会是一种排斥其它表达努力的完美的语言（弗朗卡斯泰尔，第 41 页）。②

因此并不是理性的诡计与自在的真理在引导历史。

是否应该像潘诺夫斯基那样说“象征形式”、“对世界的感受”（Weltgefühl），并将这种发明与更宽泛意义上的、历史化的批判哲学相提并论（卡西尔）？这预设了人们至少把这种透视视作是成熟的、平稳的点［在此之外，除了在客观极（意大利绘画）与主观极（巴洛克）之间的摆动再无其它］③。然而这只是对文艺复兴绘画的流俗印象：根据画家们的刻板论调（弗朗卡斯泰尔，第 135 页）（第 35–38 页）。

最后将会是“审美–社会的选择”，而不是自然法则或对批判的图像意识的获得。

---

① “Contenu de signification”. ——法文编者注

② Pierre Francastel: *Peinture et société*, Lyon, 1951, Audin. ——法文编者注

③ 方括号为梅洛–庞蒂所加。——法文编者注

问题依然在于过程的意义。这种意义存在着，一种正在运行中的意向性存在着。但它附着在各种具体的研究上，附着在图画的实践上，而不是在纯粹意识前的自由的、完成的意义。

“审美-社会的选择”：有待进一步说明的概念。

实际上，是否存在着通常意义上的选择：实践中的选择是一种近似。

85 我们采取斜视图（Schrägansicht）①[86]之前过去了很多个世纪，为所有正交直线赋予唯一没影点之前同样过去了很多世纪。此外，甚至是在严格观察的系统中，起到干预作用的那些选择不就是为了可能性而做出的决定吗？举例来说，视域（l’horizon）的内容的视域（人物是从同一水平面上看到的，还是从上面或从下面看到的）——形式的视域（内容的视域是在画面的中间、上部还是下部？）（参考梵高：昆虫的视角）。又如，借助神秘的方法来选择与事物的距离（距离至少等同于高度）。

问题：当然，存在着选择（因为各种主题我们让视域置于[50]（37）在这里或那里）。然而画家没有形成如此做的理论，也不知道这样做的理由。“主题”（motif）[是]对某种“规范”的表达上的偏离（écart），而不是设定终点意义上的选择。

1）这种选择正是话语由之被选择的意义上的选择。言说[并不意味着]了解语言。是话语为语言注入活力，而不是相反。

2）这就是为什么那些通过图画动作沉积下来的东西不是建立在自然法则基础上的方法的原因。如果是的话，绘画将会是过时

---

① “vue oblique”. ——法文编者注

的。而现在存在着一次次的复古。当然，基于某些考虑，的确存在着过时（的问题）。但是（也存在着）不会过时、不断重读的可能性。不只是因为我们表面的“变形”（古代“印象主义”绘画），而且是因为预期的可能性。（马尔罗：作品的碎片）。人们试图在不断向前辈学习的时候以不同的方式作画。绘画的世界。绘画的场域。在画家的眼中，每一幅画都是其所特有的不同符号的矩阵。

3）选择因而往往是一种超越的企图，它保留，而且不是一种摩尼教的、封闭在自身的断言。

这是手与眼睛的选择：马蒂斯的影片[①]，慢镜头与各种可能性间的迟疑的印迹。然而他做选择了吗？存在着缘于色彩、光线、 86
材质、运动的同时的动机，唤起了解决问题的动作，而我们对这些动作是不曾察觉的，正如在走路或做动作时（也不曾察觉）。运动及色彩的复杂性与动物性。每一个局部的动作对整体都产生影响，都引起一种有待他人填补的偏离。与其说这是一种选择，不如说是劳动（travail）。选择是这种（与自然、与其它图画一起）“萌生”（germination，塞尚语）的劳动的轨迹。每一个选择在继承绘画的同时重塑着绘画。如果一幅作品是真正的作品，那么它在继承一个画家的作品的同时重新创作着这个画家的全部作品。选择［意味着］强调被给予的图画世界的一种脉络，以及使这种脉络成为一种表达方式的基本原则，后者将经历同样的生成。选

---

① 参考《世界的散文》：“一部摄像机以慢镜头记录马蒂斯的工作……”（*La prose du monde*, p. 62.）——法文编者注

择并不中止，而是在滑动和敞开。选择［并不意味着］去做人们所认为的事情、参与历史及对他人的判断，压倒历史。当然存在着——［发现的活动?］正在发生的绘画——绘画的历史，以及劳动中的“偶然性”。在正在作画的画家那里有一种重新建立的、普遍的历史，在其中对立的选择并不是真正对立的，世界有许多个入口，多元论的世界。

［51］（38*）画家与整个绘画间的联系、与其历史的联系有待于从其部分作品与其它作品间的联系来理解：存在着图画的合理性，正如存在着画家作品的合理性，这不是一种有待完成的合理性，而是有待“研究”的合理性。

以《塞尚及其空间表现》①[87]为例。

在一个存在着传统空间和实在人物的阶段之后：

87 ——［试图］在印象主义之下重新发现坚固的东西。首先，蹩脚的和解：坚固的空间，但失去了轮廓的人物对象或有生命的身体（corps vivants）（追求模糊的身体的表现）参考［？］

［随后他寻求］如何将抽象的空间与物体或与有生命的存在关联起来（花卉［使得］从矿物到生命的过渡［得以可能］）。

---

① 梅洛-庞蒂曾称，他要考察塞尚的例子。他只是在纸上写下了“研究”刚刚提到的画家（塞尚）的几个要点。他参考的是莉莉安娜·葛瑞（Liliane Guerry），即《塞尚与空间表达》（*Cézanne et l'expression de l'espace*, Paris, 1950, Flammarion）一书的作者，他的名字只被提到过一次。毫无疑问他明确提到过这项工作。就目前的状况而言，他的笔记是如此之简略，以至于让人无法理解。因此似乎有必要用历史学家的几段话来说明塞尚各时期的区别，或一个特定的概念，特定的例子，或对画家所遇到的困难及其对文艺复兴时期问题的解决方案的暗示（参见参考文献第 87 个笔记）。

——构成主义时期：在肖像画中，（有一种）困难。塞尚夫人坐在黄色扶手椅上，即便我们会忘记雷诺阿肖像画中人物的姿态，也不会忘记（这幅画中）的姿态。人物［问题？］。浴者［实际上］是浴女。绘画凭自己而实现。

——最后的阶段：1894-1896：可见的、直接的、肉感的笔触，然而也是综合：绘画［中断］——与不时出现的“结晶的胚体”（水彩画）。在这种风格中，空间与生命得以和解（丁多列托）。氛围调节与笔触相配合的游戏。

肖像画的成功：《穿红背心的男孩》，巨大的（成功）。

［塞尚］不经意间重新发现了丢勒与达芬奇的透视法。［他给］文艺复兴的问题了不同的解决方案（莉莉安娜·葛瑞，第148-149页）。

绘画的“逻辑”，即可模仿、可参与其中的象征形式的流传，一般“风格”的流传，整个地建基于最个人化，也是普遍化的运作中，并由此被创造出来，它唯有在引起他者的情况下才是普遍的。

透视法作为对世界的观看而发问根源于古代，（是一个）有待由绘画填充起来的洞。

［52］（39）尽管外表如此，我们仍处在一种从一己到一己的私人建制中。

我们只是试图表明，公共的建制延续了从一己到一己的联系。

作品的建制，如同爱情的建制一样，［意味着］意义是开放的含义，在萌芽、转弯、去中心和重建中心、曲折、模糊的通道中发展着，带着一种整体与部分、开始与结束的同一性。一种诉诸自我解释的实存的永无止境。

88 尽管如此，这种统一性、这种合理性难道不是一种次生形式的统一性与合理性吗？在语言作品中就没有积淀和没有“变动”的建制吗？符合论的真理？

与几何学及其发展做对比。

四、知识的建制

知识的建制［53］(39*) 89

生命（感情）的建制、作品的建制：事关一种意义的建立，（一段历史的建立），而不是为智性所封闭或占据，不是意义、本质或目的——也不是无，（偶然性的集合）［正如忧伤的繁衍所展示的那样］（普鲁斯特:《时光重现》）。绘画的工作不是在主体与客体之间，而是在观画的人与作画的人之间繁衍。［由此而有］一种生命和一个作品围绕着“偶然的”被给予物的萌生。事件与本质的联系。

然而：这对知识而言是无效的吗？知识、真理，此刻在充分的意义上——不是陷入爱情中的人或画家的主观的“真理”——而是脱离了人的真理、整合并取消了此前真理的真理（绘画并非如此）。在此，我们不是应该分辨出两种秩序吗？事件的秩序，——以及本质的或纯粹意义的秩序，符合论的秩序，逻辑？

此外，我们不是必须承认这种秩序原则上服从于其它秩序（逻辑主义）吗？绘画的历史并不是画出来的，而是书写出来的，或至少，它唯有借助博物馆的创造才得以产生，将作为生命轨迹的绘画还原为比较的对象、历史意识，后者不是图画的，但却是真实的（比如，关于疼痛的意识并不是痛苦的，但却是真的）。生命的意义唯经过反思才是真正的意义，而这种意义往往使得新生的意义落入幻觉与偶然性之列。因此，在此之前存在的一切都将是心理学，知识与真理都没有被建制。绘画［具有］令人震颤的意义，它并不清楚地陈述，也没有达到谈论自己的地步（更不要说，生命）。纯粹的意义会介入被说出的事物序列，它不仅组织起一环又一环的行动、展示出一段清晰-模糊的历史，而且还处在价值的序列或实体的序列，总结和越出历史。

90 这恰恰是我们所质疑的。当然，知识、本质与事件之间存在着差异。人们试图将这种差异说清楚。然而若无引导它们的因素，真实和本质便什么都不是。存在着升华，而不是朝向*另一序列*的超越。说出来的东西（λέκτον）不能由一种独立于“感性世界”之外的逻格斯（λογος）来支撑。

［54］（40）语言自身有一种历史性。作家运用他的语言如同画家运用他的画笔：他所使用的语词的意义正是留在它们之后的景象的形状，它们通过与自己所辨识出的意义建立联系来接受这种意义。以此之故，无论作家还是哲学家（参考帕斯卡：下定义不过是在使用中去获取）纯粹是想（获得）纯粹的意义。而他们的读者则更少（作家的语词消解了日常意义，并通过集中的使用带来偏离了日常意义的新的意义）。恰恰在其激进主义的意图中，哲学乃是一种正在言说的话语，而不是已被说出的话语。

对知识领域运用语言方式的展示太过简单了。——此外，人们常说：这是一个不精确的秩序。其它的则是精确知识的标准秩序，在那里我们超越了建制。对这种秩序展开集中分析。

我们以两种进路来展开这种分析：

1）在个体中检查真正的知识的建制，为的是了解这是不是通向实存秩序的入口。在此，心理学将不得不被说成是心理主义。发明的事件或对意义的领会是否被意义本身超越了、吸收了？它们是否转入揭示的境况之列，越过这种境况就是本质了？

2）这种对真实的个体建制与不仅仅是个体的建制有着关联：这种建制重新捕获一种已然在先存在的意图（几何学的最初创制［Stiftung］），并产生出这样一种意图，即它将存留下来且更长久地运行下去（一种新的意义的现实的创制［Stiftung］），在其中有一种对起源的遗忘。由此，传统之为传统有两个层面。然而我们将看到，恰恰是造成了积淀和所谓的“真理自身”的这种传统（之为传统）才是历史性真正的核心。

格式塔心理学家与胡塞尔[1] 91

［55[2]］（42）［……］正如算术的数，在代数发明前，具有代

---

① 此页底部是空白的。根据国家图书馆版本看紧随“建制”（41）的一页遗失了。（42）页跟在（41）后面的根据在于其开头为“这种特性”（cette propriété），正是所缺少的（41）页最后一句，也引起了（42）页第一个完整的句子。——法文编者注

② 此处以及在下一页，梅洛-庞蒂对“真正的知识的建制”的反思受胡塞尔作品的启发：《欧洲科学危机与超越论的现象学》（*Die Krisis des europaischen Wissenschaften und die transzendentale Phaenomenologie*, G. Granel 法译本：*La crise des sciences européennes et la phénoménologie transcendantale*, Paris, Gallimard, 1976），特别是其中的附录三“*...nach dem Ursprung der Geometrie...*”。这个文本 1962 年由德里达译作《几何学的起源》（*L'Origine de la géométrie*, PUF, 1962）。在其 1959-1960 年的法兰西学院课程“现象学限度中的胡塞尔”（参考 *Notes de cours sur L'Origin de la géométrie de Husserl*, PUF, 1998）中，梅洛-庞蒂发展了此处所预演的分析。——法文编者注

数的数的属性（+狭义的属性，更加殊定的东西），树干在被认识到有圆的属性之前已经有圆的属性。这种永久性取决于我们的自然概念。然而无论如何，这一切唯有以回顾的方式看才有意义，而这不仅仅是取决于对象的秩序与发明的秩序间的问题：真实的倒退运动是存在的[①]（并非只有发现真实的追溯性的效果）。圆的树干已经有相等的半径，这［意味着］对它的人工的操作将取得一些结果，这些结果为我们预设了这种相等，而这种相等绝不会先于几何学而存在。假如我们将几何学用于未来，那么几何学的历史性就变得可见了：是否可以说，那些将要被发现的属性早已在此存在了呢？不是的，它在追溯中变得有价值。阿贝尔定理在笛卡尔代数中起作用，这意味着，当一些没有直观存在的数学存在被发明出时，某些失败仅仅是失败，它们作为某些关系的后果出现。

因此，无时无刻不在的，是“结构性的真理”，它与视角、中
92 心和结构相关联着。当然，其它的结构也是可能的，形式化使目前的构造被超越，被看作个别的情况，但不是绝对的偏离、不偏不倚的平衡、问题的结局或智性的世界。知识的历史随着自身的进展在收缩着，但它从不穿破结构的秩序，知识之光从不会在当下呈现为全部的，它与建基（Fundierung[②]）有着双重的联系。这

---

① 参考柏格森：《思想与运动》（*La Pensée et le Mouvant*），“导论”。——法文编者注

② “fondation”. 参考“哲学家及其阴影”（Le philosophe et son ombre），in *Signes*, p.218. “逻辑的客观性与肉身的交互主体性之间的联系是胡塞尔在别处所谈到的双重意义的建基（Fundierung）关系的一种”。——法文编者注

种历史像螃蟹一样行进，回望过去，不直接注视观念的世界。人的知识的建制，“我认为”的建制，“对–象”（ob-jet）的建制，真理的建制、算法的建制、语言的建制与动物的不同。但仍然是一种建制，一种历史，尽管它有着不同于动物的伪–历史的另一种节奏、另一种与自身的关系。参考：艺术与生活。

仍然有待分析的是历史与其自身的关系。意识的“传统性”［意味着］对起源的遗忘，传递[①]［56］（43）一种传统性，为它建基。相应地，存在着接受的传统，即激活的可能性。在某种意义上，未来已经在第一步的目的中被预期到，“原初的创制”（*Urstiftung*）[②]与“最终的创制”（Endstiftung）。我们以一般化和整合的方式讨论认识过程把这种关系简化了。第一步与最后一步的内部关系。我们并没有考虑意义的光晕状态。它将确认我们与生活世界（Lebenswelt）[③]以及过去间的脐带联系。并由此将胡塞尔的结论与布伦施维奇的结论区分开来。并不是要让哲学加入到同一种哲学之中，成为智性创造的哲学，精神的哲学，而是文化的哲学。

---

① 参考胡塞尔：《几何学的起源》，“几何学把现成的东西传递给我们”（*L'origine de la géométrie*, traduction J. Derrida, PUF 1962, p.173; *Die Frage nach dem Ursprung der Geometrie*, p.365）. ——法文编者注

② 参考《几何学的起源》（*Die Frage nach dem Ursprung der Geometrie*, p.368; *L'origine de la géométrie*, p.179 ）。“depuis sa proto-fondation”; Endstiftung: “foundation finale”. ——法文编者注

③ “monde de la vie”，参考《欧洲科学危机与超越论的现象学》第三部分。——法文编者注

93 真理的建制［57］（44）

比较（动物的）实践问题与智性问题，从而强调智性问题、真理问题的特质。

共同之处在于：一种问题–处境［激发了］意义赋予（Sinngebung），后者通过使这个场域中的各个元素具有新的意义而填补了空隙。

智性问题之特质在于：**洞见**（insight），赋予意义的行为并不是一个纯粹的事件，［而是一种］结构的转变，这使得最初的结构被遗忘，而在这种境况的基础上，如同通常可能（发生）的那样，以逻辑的关系，以超现象的关系展开。在我想到之前，树枝已经是一根可能的小棍，且当我不再想它的时候它仍将是一根可能的小棍，也就是说，存在着一个自在的秩序，在此秩序中，树枝自身，就其范畴而言，乃是用于够东西的伸长的结实的东西。重组带来对那不会耗尽的、先行存在的、真实的、客观的属性的发现，持存。以此之故，有一种观念认为存在着一种本质之秩序，个体加入到这种秩序之中。**洞见**即回忆。

然而，这只是一种事后的展示的秩序，不是发明的秩序，是综合的秩序，不是分析的秩序。分析的秩序不仅仅关乎实存，不限于对另一种秩序、超越论的本质之秩序的揭示。在未来，如同在发现的时刻，为了使定理的必然性能够先行起作用，就总是需要将此刻的问题**看作**（定理的）运用的个例。而这一切只有在图形的基础上被看到（二阶方程式或三角结构）；或者，假如以一种非直观的表述来形式化或替代三角形的对象或方程式，人们将不得不展开一种从处境到意义的由低到高的运动，必然性不会置身于自身之中。必然性唯有借助对分析步骤的遗忘[①]才能达成，结果的积淀：三角形一下子呈现出所有角的总和 = 两个直角。但是积淀是原因，不是结果，是“自在”的序列。正是在此意义上，柏格森：真实的退步运动，即并非绵延朝向一个无时间的序列开放，94
而是真理的时间的呈现。

［58］（45）时间自身越出现在的连续性，现在让自身先行存在并以某种方式总是存在着。然而它不能仅作为意义而先行存在和始终延续着。［换言之］，这是一种曾经发生的真正的创造，它仅仅被保留“在实体中”，即人们并没有真正进入到无时间之中，而只是进入到一种不再仅仅是被夺去的、毁坏的时间中，主体在其中不会遇到厄运，而是以一种内在的方式变化着，是变化自身，由此出现真理同样的需求，它从一开始一直达至今天的表述。

当然，这种时间性完全是人的。这种象征（“文化”，工具的建设，这种工具并不是实用工具，也不是所有“被超越者”由以保持一种意义的累积的历史）是人所独有的。猴子只能发现一些神奇的联系（视觉上的接触），由身体操作者调节，仅有非常有限的积淀。相反，人的语言和算法则有一种丰富性，这表示积淀具

---

① 在“哲学家及其阴影”中，（梅洛-庞蒂）谈到“胡塞尔在《观念》第二卷中已经提及，并在后来的沉积论中重新处理‘自身遗忘’（Selbstvergessenheit）这一特殊关系”（*Signes*, p.218）。——法文编者注

此句译文参考“哲学家及其身影”，刘国英译，载《面对实事本身——现象学经典文选》，倪梁康主编，北京：东方出版社，2000 年，第 747 页。——中译者注

有另一种意义，人不只是操作者，身处某一境遇之中，而且也思考，创建各种“文化”。书以不同于动物附属品的方式存在着。意义机制是不同于符号体系的东西。

然而意义机制的系统并不是超越时间的，它的光与理智之域（τόπος νοητός）的光不同，这种光并不只是从原则下降到结果，它是具体之光的升华，是“观念化”（idéalisation），在重现中让自己提升，而不是毫无保留地越出自身。这就是为什么人们往往正是通过回到具体才得以追寻一种更丰满的真理，而不是从最初的发现中得出简单的结论。科学的匮乏将使之忘记自己的起源。意义的枯竭
95（Sinnentleerung）。[1] 实存的起点，图形的结构显然都被超越了。但是从这种结构这里所把握到的“普遍”意义仍是结构，只不过是更加形式化了（这正是它要越出自身，因而只是相对的本质的原因），它因此“在其活着的深度中”保留［59］（46）着最初的结构，不是因为独特的（einmalig）[2]、已完成的事实，而是作为观念化藉以实现的东西。［换言之］，意义机制显然并非建立在（作为实存的个体的事实的）感知的基础上，而是建立在一般意义上的被感知的世界上。它仍然处在由最初的观念化活动所开启的场域之中。

在此意义上，阐明韦特海默的看法及其“证据自身有其结构”的观点。[3] 在［第一个］图形中发现的［平行四边形的］面积

---

① 意义的“枯竭”、“匮乏”（Granel 语）；参考胡塞尔：《欧洲科学危机与超越论的现象学》第二部分第 9 小节，“伽利略将自然数学化”，第 52 页，“几何学的数学化使……其意义枯竭”，亦可参考《几何学的起源》，第 377 页，“数学抽空了意义……”。——法文编者注

② “unique”.——法文编者注

③ 参考《知觉现象学》（*Phénoménologie de la perception*）中对韦特海默观点的讨论，见第 440 页及以下。——法文编者注

的公式，在下面的条件下可以用于其它情况：人们将之归并于第一个（案例），预设了欧几里德式的空间，一个平行四边形独立于其（外观的）表现而存在，结构在构建中的变化（1）不是与这种（外观的）表现相联，而是［建构］平行四边形内在的可能性，成为这种“处境”的“内在的结构”。[①] 因此，没有本质的归类，反过来说，在理智世界中的表现，只有特殊案例从侧面扩展至全部。[②] 并且这种处境的特有之光不能被其它所取代，其历史将会由其所有后学重新开始。

在讨论（普遍化）的时候，可以在一种更具普遍性的明见性中为图形的特殊情况寻求解决方案（平面几何 = 零维空间中的几何学）（算术 = 代数关系的特殊情况），这并不是从结果到原则的联系：形式化的代数比算术有更多的意义，但从某种意义上说，它永远也不会超出算术，因为如果没有算术，它将毫无意义。它只是作为广义的算术而存在，总是从算术开始复现（对于那些有算术视 96
野的人来说），形式化、公理化排除了经验主义者从被感知的事实中借来的幻象。形式化的数学所指的普遍事物从被说出的存在中提取其意义，而算术则是从被感知的事物中提取其意义。建基（Fundierung）的双重联系。尽管发现的整个经验的历史不需在结果中呈现出来，却存在着以历史的方式发展的对本质做定义的可能性。

［60］（47）高斯：前 n 个整数之和 $Sn=(n+1)(\frac{n}{2})$[③]

---

① “structure interne”. ——法文编者注

② “通过它发现变化中不变的东西。”——页边注

③ 参考《世界的散文》（*La prose du monde*），“算法与语言的神秘”（L'algorithme et le mystère du langage），第 166-167 页。韦特海默曾经引用过这个例子，参考 *Productive Thinking*, 1945 年。——法文编者注

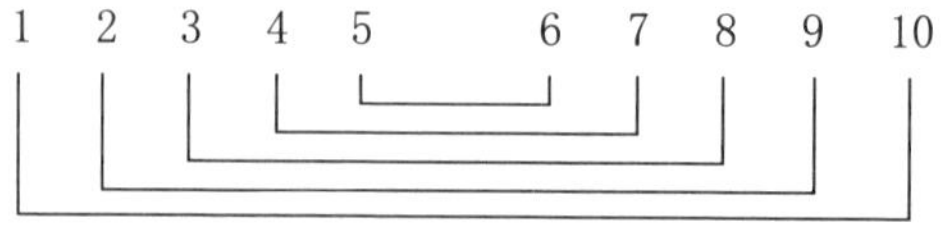

55

$(10+1)\left(\frac{10}{2}\right)=55$

为什么？因为这个总和由$\frac{n}{2}$个数组成，每个数都等于 n+1。然而这一事实唯有在这样的情况下才是可接受的，即当人们使用 n+1（$\frac{n}{2}$）时 n 的双重函项呈现出来：

n 标示出（数列）停止处的数。

n 标示出数值等于 n+1 的数的（数字集的）两倍。

人们无法凭借$\frac{n+1}{2}n$这个公式看到这一事实。

人们能够以逻辑的方式、形式的方式从一个公式到另一个公式，这些公式相互间是对等的、可转换的、互逆的，它们似乎表明其自身之中的必然性。然而指示第二个（公式）的光来自于第一个（公式）。

即使根据整数和逻辑计算的形式化定义，人们取消了公式（n+1）（$\frac{n}{2}$）的优先性，仍会在同样形式的形式存在中重新发现一种结构的优先性，及其在它处的重复出现。认为数学存在在人们
97 发现它有这些属性之前已有这些属性、有通向本质世界的通道的看法，是一种回溯性的幻象，是一种预先的实现，它在那些仅以观念化的方式存在的东西的支撑下发生。这种支撑实际上是自然的："树干在几何学之前已经有相等的半径"这说明不了什么，因为在被感知的世界中，严格说来，不存在相等的或不等的半径，只有在几何学中，也只有对几何学而言，才有（相等或不等的半径）。这意味着圆和相等的半径让我们领会到那些操作的结果本来

是错误的或成功的。然而在观念化之前不存在相等的半径。

[61]（48）这种实在论

1）对“自然”本身而言毫无意义。

2）更有理由认为它对距离自然更远的观念化也是没有意义的。是否应该说，我们的数学存在已经有了将来将会辨认出的属性？阿贝尔定理中早已存在于笛卡尔代数的失败之中？笛卡尔代数与之相抵触吗？不，应该说除了笛卡尔数学的存在是这种不可能的之外，笛卡尔之后的代数观念所构想的那种数学存在（那时）尚不存在。因此存在着各种视角的接合，但不存在全部视角在一种完全偏离了中心的、终极的、绝对的知识（即一种不包含任何未展开的意义的绝对的知识）中接合。知觉的朴实性保留了下来。从个别到普遍的过程从未结束。所有数学知识的范型、数学的必然性在局部的语境中保留了意义赋予的活动。“结构的真理”（韦特海默）。知识的历史预先建立着自身，缩短它的经验的进程，但总是瞩目于那些（事物间的）实现的关联，而不是直接面对“本质”。反之，可以说，第一步的示范会打开一个场域，随后的每一步始终归属其中，且将开创一项“无限的任务”[①]。

① 参考胡塞尔：《欧洲科学危机与超越论的现象学》（*La crise des sciences européennes et la phénoménologie transcendantale*），附录三，“欧洲人的危机与哲学”（维也纳演讲），第 359 页，“人性的无限任务”（l'humanité des taches infinies），Paris, Gallimard, 1976, p.359. ——法文编者注

五、文化的场域

98 [66](49*)① 存在着一种并不朝本质开放的超出现象之外的(transphénoménale)智性活动。

它朝向观念② 开放：观念并非是被占据的，而是话语（或算法）的使用法则。观念穿透话语，正如月光照进大海。

继而是观念的历史性：恰恰由于没有被包含在现象或语词中，它只能在言语链、各种视角、装备中存在，它们将它确定下来。因此之故，观念召唤着个体或个体间认识的生成。

并不存在一个理智的世界，而是存在着一种文化。[这是说]认识的装备（话语、图书、作品）打开了一个观念的场域。它既在文化外部，又在文化内部：装备和它们的场。在第一种联系中，只有一些断断续续的语词，一个接着一个，各种“文化对象”与“意识”

---

① 手稿包含了（[62-65]页）我们将在后面看到的若干主题的第一个版本，在（课程笔记中）我们仅保留了几个段落。

② 第一个版本进一步说明：“意义不是概念。那么它是什么呢？区分概念(conception)与观念(idée)。概念往往以意义的空乏(Sinnentleerung)为结局。比如，科学主义与客观主义从生活世界出发的观念化（伽利略）与建构导致的科学基础的意义的空乏。观念曾经是观念化的无限任务的目的。观念往往是康德哲学意义上的观念。科学的观念、哲学的观念亦是如此。至关重要的是，观念是设定的，而不是即刻的、现实的，即它唯有透过由同一个人或不同人轮流在不同时刻完成的一系列的步骤才能实现。”

激活了它们，延续的创作。在第二种联系中，相反，关于观念，我们可以说，过去中包含着现在（回溯性的幻象），或者说，现在在其现实性中，在其生命的深度中实际地保存着全部过去（同一种幻象的另一种形式）。［应当］从总体上来考虑这两种联系，即场的观念并不包含要在其中发展的东西，然而它开启了一种目的论。发展并 99
不是直线的，迂回曲折才是发展，因为直线是意义的抽空，而曲折迂回则以另一种方式重新回到和激活那已然奠立的东西。

胡塞尔：意识即传统性［tradionnalité］，［传统性］被视作对起源的遗忘（Vergessenheit[①]），即不是对观念的阐释，而是观念的呈现，观念迈出了一步，并且是过去所不曾包含的：问题不仅仅在于缩减过去以便在精神场域中为纯粹心理现象留出位置，[②]也不在于一种作为独特秩序的逻辑的价值，这种秩序实际上包含着全部过去；问题在于一种可比于知觉的扫视，在知觉的扫视中，我们可以在一记动作中知道在我胳膊下面有桌子，知道我们可以不借助任何确定的方法就到达那里。［同时存在着］积极的遗忘和消极的遗忘。赢获意义或排空意义，实现亦是毁坏。所有的建制都包含着这两个方面，终结与开端，终极的创制（Endstiftung）亦

---

① “oubli”，参考“哲学家及其阴影”：“逻辑的客观性衍生自肉身的交互主体性，条件是后者被遗忘，而这遗忘是肉身的交互主体性走向逻辑的客观性之际产生的”（第 218 页）。——法文编者注

中译文参考“哲学家及其身影”，刘国英译，《面对实事本身》，第 747 页。——中译者注

② ［删去］：这涉及到某物在没有解释、没有必然的再激活，却被“领会”的时刻。——参考第一个版本：“积淀是通向明见的通道。明见性作为直观。”——法文编者注

是源始的创制（Urstiftung）。积淀的意义即在于此，它是遗忘的痕迹［67］（50*），同时它召唤着一种思想，这种思想依赖于它但走得更远。明见性，真理的体验（das Erlebnis der Wahrheit）[1]，即是对此双重关系的体验。重新获得是衰退性的，而不是总体性的，这就是它缘何会开启知识的另一种生成的原因。“本质是已存在的东西。”[2] 但这是在不同于黑格尔的意义上，因为以知觉的术语来说
100（认识的土壤，视域[3]），这种生成真正是在预期；（与符号的装备关联在一起的创制［Stiftung］，创建出多过自身的东西；观念［要被理解］为一种生成的规范，对意义枯竭的补救常常（发生在）对有着丰富意义的本源的回归中——［在那里，有一］种伟大［作品］的实存的永恒性），并且［由于］反过来，在现在重新把握过去，使得过去保留在其源始性之中，并不真正“出离”这种源始性，所以也并不满意于将过去全部囊括，（而是需要）更多其它的东西。在这种带有逃避性的内部性中，在这种从去中心化到去中心化的通道中，没有绝对的去中心化，在这种并不阻止侵越的外部性中，每时每刻都有真正的外部性和内部性的结合，而黑格尔只是把它们统一起来，把它们推向绝对：真实的或绝对的事实，理性的或绝对的概念，被统一为绝对。经验的历史［成为］哲学的序曲。最终，［对］胡塞尔［而言］，超越论的起源只能是经验

---

① “l’expérience de la vérité”. ——法文编者注

② “本质是已存在的东西”；参见黑格尔《逻辑学》，“本质论”（trad. Labarrière-Jarczyk, éd. Aubier），第 1 页：“语言以动词 sein 将 Wesen 保留在了过去分词 Gewesen 中；因为本质是过去的存在，但非时间上过去的存在。”——法文编者注

③ 传统性、土壤、视域的概念皆参考胡塞尔：《几何学的起源》，同上，特别是第 175 页以下，第 199 页以下，以及 203 页。——法文编者注

的起源：在经验的起源中有一种内在性，一种被设想为有待解释的历史，它以场（champ）[①] 的形式存在着。

我们来反思这种观念的条件，它不再是一个理智世界的观念。

倘若不存在各种本质的系统，或个体的超越论的主体性，我们是否还能凭借意识的与其“行为”相关的“意向对象”回到意识？这个“场”所代表的剩余的意义在哪里？如果它是对正在思考的那个人而言的，它就是他的意向对象之一。如果它不是对他 101
而言的，那么它就是对回溯性的幻象的纯粹建构：我将其它意识产生的关于泰勒斯的发现的东西当作意向对象投射在泰勒斯身上。当然，我相信借助可追溯性（Nachvollzug）[②] 与可激活性（可以）理解其它意识的意向对象。然而这只是我的一种建构，在这种交织中并没有出现越出一个意识之内在综和的问题与现象。[68]（51*）没有真理的问题，没有意义的历史，因而，只有一个挨一个的人，每个人都在综合，建构出不可能客观的意义。包含与不包含认识的变化发展的场，以及延续着并创造着的可追溯性，都是含混的思想。场既不应该说是对泰勒斯而言的，也不是对他的后继者而言的，在一个交互的世界中，是谁在思考？

---

① 参见胡塞尔：《几何学的起源》第 201 页：“认识论阐释和历史阐释之间，[……] 认识论起源和发生起源之间原则上的断裂这一全能的学说被完全推翻了。或者说，被推翻的是封闭，正是由于这种封闭，历史上最原始、最深层的问题始终被隐藏着。深思我们所提出的分析 [……]，它们清楚地表明，我们 [定义] 几何学的知识，这是目前还活着的文化形式，是一种传统，[……] 不是类似于关于外部因果关系的知识，这种知识使历史的形式连锁地延续下去，[……] 而是理解几何学和一般文化的事实。它已经意识到其历史性，尽管是以一种‘隐含’的方式。”——法文编者注

② “ré-effectuation”. ——法文编者注

回应：这种哲学并不能使我们明白诸意识为什么要求相互理解。比如说，它们为什么希望了解某个人的历史以便对他/她做出判断。这并不包含普遍的真理，而只包含对个别（人）的非-真理的意识。当然，历史并不给予我它已完成的意义，我应重新制造它，然而历史的频繁呈现赋予我了形式，促成了一种工作的进行，在此工作完成后我并不能说是我给出了意义：因为我的标准在此已受到质疑。外部的历史不能给予我们任何东西，但却可以用来反对我们的东西。在此，接受即是给予，而事实上，给予也即是接受。场的概念与建制概念［的意义就是］：它们给出它们并不具有的东西，我们从它们那里得到的，是我们带给它们的东西[①]。

102　关于理智的哲学避不开真理的问题。它是一种非哲学，因为它接纳意识的多元性，而意识有着各自对应的并且平行运行的各种意义，（它们彼此间）没有中介调节，没有相互作用。这仍然是在我思的自身领会（Selbstverständlichkeit）[②]之中，而我思是有待

① 第一个版本："建制［……］不是一个概念的位置，而是一个存在的位置，或一个领域的开启。即（1）它把自己没有的东西给了未来；（2）未来只接受它会带来的东西。——泰勒士打开了几何学的领域：从某种意义上说，他通过创造符号和使用这些符号开创了一项工作，一项反复出现、不会停止的工作，从原则上说，也是他不可能完成的一项工作：我们在他所做的事情中发现了［不同的和相同的研究的］原则。……反过来，未来只接受它带来的东西。通过之前的研究，创作者感觉到了自己研究的动向。他的创造被重新激活。传统是对起源的遗忘和占据。"——法文编者注

② "自身的领会"：参见第一版［64］："不要停留在对真理的确认上：有多种意识和一些共同的意义。应该研究这是如何可能的？如果我们采取前者，诸意识，那么我们仍然在哲学下面，在真理问题下面。我们就仍然只是熟知我思，熟知我思的意向对象、我思与被思者的相关、以及经过心理学还原的被思者：它是自在的，不可分割地与自为相互联系在一起。"——法文编者注

奠基的：我是如何认为自己能够触及到一普遍的被思及物（cogitatum）的？尤其是，如何能够理解他人，理解历史？我们应该把自身看作是可通过交换的方式被替代的，我的对象必须以这样的方式来奠基：我的对象要求他人的同意，他人的对象也要求我的同意。我们应当加入到同一个世界中，而不是加入到同源的意向对象的持有者之中。

以此之故，并非只有两种实存的模式：自为的主体及其意向对象；为他，即这同一个主体，但被悖论地视作对象。并非只有自为的存在和“为……”的存在。

有人说［69］（52*）：这个场并不是泰勒斯的对象，它属于那些重拾他的工作的后继者的，是回溯性地投射到他身上的。场要么是如此，要么便什么都不是。它应该是泰勒斯的对象，或另一个人的对象。并非如此：它在两种意向的交汇处、连接点或枢纽处，这使得泰勒斯与其他人谈论同一个真理，正如被感知的世界从数量上说与我们大家所感知到的是同一个，而不仅仅是每个人的内在意向对象。无论是世界，还是在我背后的对象，还是事物的隐蔽面，都不只为我而存在，它们有待被感知（Wahrnehmungsbereit）[①]，它们不是作为对象存在的。唯有在我将他人补充给我自己的情况下，它们才成为对象，事物朝向他人展示或可能展示出其隐蔽的面，这就是说，关于理智的哲学恰恰是借助着视域结构在试图还原。

存在着一种交互主体性，而不仅仅是一些互不相容的、通过 103

① “prêt à être perçus”. ——法文编者注

对抗和相互毁灭而联系起来的观点的多元性。交互主体性：并不只是我为我自己存在，他人为他们自己存在并否定我的为我存在，这种否定向我表明他们的存在，以及我是他们所思及者，而是我们同样地作为主体为着彼此（füreinander）[①] 而存在着，因为我们的对象也为他人所研究，对象凭借着它的厚度，既是对他而言的，也是对我而言的。它们并不被归结为它们“对象化的”表皮。

“场”的概念，建制的概念，真理的概念要求主体性不是首先作为自为而存在，而是作为一种体验的持有者 =X 而存在，要求意义的赋予（Sinngebung）不是在本质之下领会这个或那个，而是一种从一个原型出发、凭借着重现而实现的观念化或横向的普遍化（这就是开放的“感知为……”），所以对象并非仅是我的行动的相关物，而是有着双重的场域，在这样的双重场域中，对象能够成为对他人而言的对象，而不仅仅是对我而言的对象。主体给出比自己所拥有的更多的东西，因为（比如在瓦莱里处）他向他人提出他们都（可以）解开的谜，让他们去解谜，而主体所接收到的，他也以同样的理由来处理：因为人们只以追溯（Nachvollzug）的方式接受激发。场不属于本质的秩序，而属于文化的内核（思想的各阶段和时刻），追溯正是围绕着这个内核来转动。存在［不是］［70］（53）自在（en soi）的或为某人存在的，而是在为某人的同时有待根据另一种认识的生成而发展的存在，如同一个星座，其形状会依据着一种尽可能规定着这种变化的计划而持续地改动。

还应当对不变者、枢纽加以说明——在何种意义上未来为建

① “l’un pour l’autre”. ——法文编者注

制及通过建制所真正整合的过去所蕴含？因为我们的描述：一部作品推动着不同的或相同的工作，认识的历史与绘画的历史看起来是相似的。不过也存在着［一点］不同：尽管这样的整合不会是完全的，语言中的整合总是要更理想一些。这造成了一种印象，即语言不仅仅像绘画一样建构一系列准失语症的、沉默的意指的
机器，而且赢获一种自由的意义机制，矿藏被开采出来，语言在 104
矿藏面前隐匿无踪。我们不这么看：因为这并不是我们的主体。我们只要知道，甚至这种（追溯性的）对真理的占有也是建制的，因而我们应该回到建制，而不是深化知识本身。

我们的问题：这种真理的观念在认识的历史之外的其它历史中是否起作用？个人的（与主体）历史和整全的历史［间的关系是怎样的］？是否包含这种可感知的内在性–外在性？是否可以用创制（Stiftung）、源始的创制（Urstiftung）和终极的创制（Endstiftung）来说明？

六、历史的建制：个别性与普遍性

105 ## 普遍的历史与建制［71］(54)

上述意义上的建制，内在性-外在性，交互主体性与社会-历史的场，是否可在认识的历史——亦即真理的历史——之外存在呢?

认识的历史产生出的并不是它想要做的事情，这是无法预料的。然而代数还是实现了算术的愿望。——在［其它领域］是否还有这种原初创制-终极创制的联系呢?难道不更应该说：历史的喜剧、社会总是成为它们所想要的和它们的座右铭之外的东西?

在认识中，这样的存在开启了更广阔的场域，而在普遍的历史中，如此的存在却是绝对晦涩的。在认识中，境况是认识的手段(现在的绝对性)，而在历史中，境况却是孤立隔绝的。没有目的(telos)。在历史中，一切建制都被抽空了意义，在人们的“背后”，不会被人们当作支配或至少是占有时间的手段，更不会被别人当作一个完整意义的段落，而是一个有待被认识的事物或晦涩的结构，它在各个个体头顶上发生着。

对黑格尔的反动。人们反对实在的综合观念，它真地将一切聚集在一起；反对系统的观念，反对实际地占有分布在每一个人之中的存在之整体。马克思已经在某种意义上说过：历史本身只提供了“机械的辩证法”。只有实践能解决问题，而不是沉思。这种解决自身是思辩性的，因为实践并不是纯粹的创造，而是遵循历史的运动，实现对否定之否定、普遍的阶级、自我批判的支持。我们的许多同代人走得更远[①]：不存在否定性的建制，只有一 106
种建立在对我们社会的批判基础上的暴力的实践，重新创造的行动。没有**真正的**社会、**真正的**生产，不存在一个社会比另一个社会更加现实、更加社会的合理的辩护。它们是［72］（55）无从比较的——就此而言，人们既可以建基于完全的不可知论，也可以建基于纯粹道德的选择。这样一来，奇怪的是，我们加入了另一个黑格尔（的阵营），它使得国家与建制超越于个体之上，因为在非-知识中，没有理由不把无意义视作意义。

问题：从一个建制的世界到另一个建制的世界、从哲学家到他所思考的社会——从个体到建制的联系。

I. 举例说明“多种观念”的历史（［更］容易的例子：这已不再是科学的问题，但人们还没有透过社会的晦暗不明提出社会问题）。

II. 举例说明看似没有“真理”的建制，这只能借助“社会学”来完成（列维-斯特劳斯）。

---

① “也与萨特和列维-斯特劳斯（《自然与文明》）的研究不一样：不通透的、晦暗的和［过度符号化的］（萨特）社会。列维-斯特劳斯：文化世界严格的外在性。”——页边注

III. 举例说明历史的建制，即在普遍历史视野中发生和起作用，地中海[①]。

[74]（对第 55 页[②]的补充）

对黑格尔的反动——重返黑格尔。怎么重返？

反对黑格尔的历史的逻辑——赞同黑格尔的历史的反讽。黑格尔是否因而包含着两个对立的主题？

在黑格尔那里，历史的逻辑与历史的反讽并不对立，因为他有绝对的知识的、哲学的或体系的概念。

[换言之] 在哲学的意识中，历史有着丰富的意义，严格的逻辑。但非-哲学家并不这么看。他们因而并不知道自己正在做的事情（历史的反讽）。不过他们并不是哲学家。哲学家比他们更了解
107 他们在做什么。他们是大钻石上的一点瑕疵。正是哲学的绝对知识、封闭性和穷尽性的观念在黑格尔那里将历史的逻辑与历史的反讽连接了起来。

我们的同代人否认“历史哲学”，否认绝对知识，并因而赞同偶然性和纯粹事实。

然而这种相对主义（列维-斯特劳斯说：不可能客观地面对社会，所有社会从内里看，都是积聚和历史，从外面看都是非历史的）[88][74 背面]，假如推至极致，则会导致实用主义：纯粹的创

---

① 布罗代尔：《菲利普二世时期的地中海和地中海地区》（*La Méditerranée et le monde méditerranéen à l'époque de Philippe II*），Paris, Armand Colin, 1949。梅洛-庞蒂最后在一旁写下了这一参考文献。——法文编者注

② 此页码为本书页边码。——中译者注

作是有道理的。此时在非知识中恢复的，是哲学家的全能（性）：正是他对历史哲学——亦即另一种哲学——之不可能性的认识，帮助他为所有已经出现的“文化事物”辩护。非哲学家则倾向于相信有一种调节，一种建立等级制度的合理方式。

注意，在这里，列维-斯特劳斯的思想标志着一个节点（《现代》杂志，第110期，第1213页）①[89]

在（绝对的）知识中或在非知识中，总是哲学的——亦即封闭的——意识会看重历史的反讽。由此而有一种与黑格尔的亲近关系，以及在批评黑格尔的两个面向中的一个时重返黑格尔。历史绝对的不通透性，如同其绝对的光一样，仍然是一种被视作封闭知识的哲学：谁在历史之外观察它，谁就成为一个普遍的观察者。②

我们的进路由此而来。假如有场的意义上的建制，那么我们既不赞同不通透性也不赞同系统。哲学家与其说是宇宙论的（因为他仍然是相对主义的）、彻底的孤独、穷尽的思想，不如说恰恰相反，是对各种特殊性的认识为之联合起来的那个人。无论是批 108
判自己还是相对化自己，相对主义或［75］（sup.3）历史怀疑论都超越了自身。处境［指的］不是孤独，也不是观念的历史，而是告诉我们其它的文化。参考胡塞尔：在某种意义上，对知觉的怀

① “对列维-斯特劳斯的解决方案有所保留：［不是］‘客观的’，这又重新回到绝对的知识。只有关于意义生成的折衷的、历史的认识，作为两种看到的东西的对照。”——页边注

② “两个黑格尔之间并无矛盾；黑格尔［提出］一种对人来说不可见的历史的逻辑，［和］哲学意识中意义与无意义的统一。对黑格尔真正的回应应当反对其哲学家的概念，而不仅仅是反对他的历史哲学或历史的不透明的概念，二者是等同的。在现象这边［寻找］意义。”——页边注

疑是没有意义的，因为唯有当我知道（判定的）标准时我才会知道（什么是）错误。问题将不会被提出来，假如它还不是个问题的话，当然，问题不能被预先解决，但至少在一个不允许晦涩不明的与毫无意义的东西是不可认知的普遍的界域之中被问到。

以建制作为外在-内在概念，我们所提出的恰恰在于摆脱哲学上的孤独。这看起来似乎是激进的和逻辑的多元主义间的中间路线，但这只是一种表面现象，（只是）出自外部的视角。假如我们好好完成阐明感知意义的哲学任务，就会看到，这是一种完全正面的看法，其它看法与之相比都是失败的。

无论如何，让我们举一些例子来说明这种方法。

I. 吕西安・费弗尔①［76］（55 bis）

一段时间可以通向另一段时间吗?

问题“……并不是……将一个人，一位十六世纪的作家，与其同代的人隔绝开来，不能借口说他的作品中某个段落，与我们今天特殊的感觉方式相吻合，便武断地按照今天的标准做出评判，不能根据某人对待宗教问题的想法是否与我们一致来对这个人分类，并以此作为办法，把拉伯雷归在某一类里。……问题是要知

① 吕西安・费弗尔：《十六世纪的无信仰问题》（*Le Problème de l'incroyance au XVI e siècle, la religion de Rabelais*），Paris, Albin Michel, Collection « L'Évolution de l'humanité », 1942, réédité en 1962。在课程的这一部分，梅洛-庞蒂多次引用费弗尔的作品来说明他的研究。在这种情况下，我们在注释中给出此文献新版本的页码。在其它情况下，梅洛-庞蒂在写作中充满着暗示，这些暗示一般是可以准确识别出来的，对于这种情况，我们给出相应的引文。见第 187-191 页（译按：此页码为本书页边码）。——法文编者注

道，1532 年的人是如何理解和能够如何理解《庞塔固埃》（*Pantagruel*）和《世界钟声》（*Cymbalum Mundi*）的？……另外，问题是要知道，为什么同样的人既听不得、又听不懂这些作品？我们本 109
能地以我们的思想，我们的感情，我们科学研究的成果，以我们的政治经验以及社会实践去理解这些作品。可是，这些书刚出版的时候，那些在里昂的梅西埃街、在巴黎的圣雅克街书店的廊檐下翻看它们的人们，他们从字里行间看出的是什么呢？至少在我看来，他们的联想方式使他们确信，这些作品是永恒的。我们能不能由此而得出结论说，在各个时代，各种智性的态度都是有可能的呢？——都是同等可能的？”①

为了理解拉伯雷，不要使用孤立的（关于拉伯雷或对他的判断的）文献，而是进入其各种视域的整体中。

1）有些拉伯雷的同代人称他是不信神的。

根据（洛桑的宗教改革者）维勒特②的看法，不通过基督来领会神即是不信神。“因为当圣保罗在《以弗所书》中称外邦人为无神论者时，他明确称不仅那些否认任何神性的人是没有上帝的，而且那些不认识真正的神的人和跟随别的神而非上帝的人（也是无神的）”（费弗尔，第 139 页）。③ 所以，拉伯雷的无神指的是他

---

① 吕西安·费弗尔：《十六世纪的无信仰问题》，第 6–7 页，新版，第 15–16 页。——法文编者注

此段文字中译文参考吕西安·费弗尔：《十六世纪的无信仰问题》，闫素伟译，北京：商务印书馆，2019 年，第 31–32 页。——中译者注

② 皮埃尔·维勒特，（Pierre Viret，1511–1571），洛桑的改革家。——中译者注

③ 同上，第 139 页，新版，第 127 页。——法文编者注

神（Dieu *autre*）。无神论者：想法与众不同的人。无神论这个词属于“客观的”思维，即“主观的”。维勒特认为那些不相信他所相信的神的人，即是客观的无神论者，亦即，对他而言的无神论者。这个词自身与他者相重叠。所以拉伯雷的“无神”证明了他的“他性”，而不是他的信仰。

但是，杜贝莱（du Perron）指责路德否认了灵魂的不朽。[77]（56）他是在说谎吗？“所以杜贝莱是在玩世不恭地扯谎？——不是，他是有理由的。在他看来，他是正确的。他在推断，有规律地做联系，并因此使一系列推论变得合理”（费弗尔，第150页）。①

110 法雷尔②、加尔文指责塞尔维是无神论者，则是由于他们做推论。因为他们是演绎的。实际上，出于原则上的原因，塞尔维并不坚持推论的结果：他是想让思想与自己对话。从演绎思维的角度看，这是无神论。从现代新教的角度看，这就是正统（费弗尔，第151–152页）。[90] 参考共产主义：1）“共产主义”对一切“好的推理”的指责：[人们揭发]“布尔什维克”；2）在共产主义内部，存在着同样的另类，据说弗里德曼承认布哈林被“斗争的逻辑”所拖累，客观上为希特勒辩护。③ 关于思想没有边界、没有范围，思想本身即是普遍历史的看法。这正是法雷尔对塞尔维的批判所要表达的。

---

① 吕西安·费弗尔：《十六世纪的无信仰问题》，第150页，新版，第135页。——法文编者注

② 纪尧姆·法雷尔（Guillaume Farel，1489–1565），法国宗教改革家。——中译者注

③ Georges Friedmann, *De la sainte Russie à l'URSS*, Paris, Gallimard, 1938. ——法文编者注

2）拉伯雷自己的文本

阿贝尔·勒弗朗①：拉伯雷在谈到《巨人传》时说：“书商在两个月内卖出的比过去九年卖出去的《圣经》还多。”为了证明其真实性，他说：“我像圣约翰谈论《启示录》那样谈论它：我们所见的，我们见证（quod vidimus, testamur）。”[91]在拉伯雷那里，对圣迹的模仿等。

费弗尔：应当将同时代的其它文本放在一起来判断：“高高兴兴地布道”，说着“喝呀，吃呀”在饮宴中布道[92]。正如第三书中所说，“一切都完了”：“他在里面点着火，把七鳃鳗都吃完之后说，‘一切都完了’，正像托马斯·阿奎那说这话时一样”；又如对饮者们说“喝吧”（拉伯雷：“我说的是上帝的话，喝吧！”）这让阿贝尔·勒弗朗感到反感，而在教士笑话的年代，这并不令人反感。“帕西奥内红衣主教是以作风刻板出名的，博卡日夫人让他产生了一种想讨人喜欢的感觉，本笃十四世说了这么一句话：‘他是人’（Et homo factus est）。没有任何人说这话是‘反基督’的”（费弗尔，第162页）。②我们的时代：在信仰问题上，更严格的信仰（贝吕林式的信仰）[93]或无信仰，这恰恰是因为我们的时代是无信仰的。比方说，旧日和今日在教堂中的狗（第178页）。[94] 111
“不信教的人（根据他们自己的原则）要求信教的人要有超人的心性。

---

① 阿贝尔·勒弗朗（Abel Lefranc，1893-1952），法国文学史家。——中译者注

② 吕西安·费弗尔：《十六世纪的无信仰问题》，第162页，注3；新版，注155.——法文编者注

中译文参考吕西安·费弗尔：《十六世纪的无信仰问题》，闫素伟译，第232页，注4。——中译者注

我们不要急着说［78］(57)，几乎没有基督徒”(第211页)。①[95] 在现代人吹毛求疵的态度下，不会有［更多］基督徒，而只会更少。信仰的“纯粹性”与无信仰相关联，与之形成系统。比如说，恰恰是因为有不信，才会有专断的、精细的神学。“灵魂永生不死的信念，‘在古时候某些神父们心中是极其模糊的，几乎是不存在的’……‘不相信灵魂永生不死的基督教并不是完全不可以想象的。曾经有人这样想过’”(费弗尔引用吉尔松的话，第224页)。②［所以］信念(opinion)的问题并不是历史的问题。一个具有历史意义的学说并不是信念的对象。(考察天主教中客观思想的态度——后者指责推论——，它是一种反作用，对立面：辩护紧随指责之后。③人们正是借此立足于历史的领地上。将超自由主义定义为对幼稚的自由主义和独裁主义的超越。)(真正的真理既不会是“客观的”思想，也不是随后的辩护，不过：信念的问题是无关利害的。)

拉伯雷与伊拉斯谟的接近。也曾经有人说伊拉斯谟不再是基督徒。但是唯有对我们来说伊拉斯谟的有些文字是反基督的。以圣方济各-德-塞勒斯(Saint Francis de Sales)以来的圣餐仪式为例。伊拉斯谟谈论圣餐的一句话，根据翻译，要么是正统的，要么是反对圣事的。这是因为天主教信仰既假定了内在性又假定了

---

① 中译文参考吕西安·费弗尔:《十六世纪的无信仰问题》，闫素伟译，第287页。——中译者注

② 吕西安·费弗尔:《十六世纪的无信仰问题》，第224页，注1；新版，第194页，注248。——法文编者注

中译文参考吕西安·费弗尔:《十六世纪的无信仰问题》，闫素伟译，第302页，注1。——中译者注

③ “比如现代主义和现实的压抑”。——页边注

外在性，它希望二者兼得，因此既要真诚，又要忠贞，——人们可以总是朝一个方向使劲儿：历史即选择（第 349-350 页）。[96]

拉伯雷与伊拉斯谟的共同之处：[一个]未做选择的基督教。正是我们做选择的意识形态歪曲了我们对十六世纪的看法：它是错时的（而且甚至可能使我们误解我们的时代）（费弗尔，第 363 页）。[97]

宗教对生活的操控①：即使是在日内瓦（第 376 页）。[98]非宗 112
教是得不到支持的②：精神工具、文字的缺失[99]，没有视角、没有句法[100]，也没有语汇（语言筑起一道堤坝，而且"储满了水"）（393）。[101]——信仰与哲学当然是不可重叠的，而是有一种交换的关系③。——道听途说和汇编的知识[102]，"漂浮的时间，沉睡的时间。"伊拉斯谟并不知道自己的年龄，[103]因而也没有生成和错时的观念，人们处于原始时间（Urzeit）④或神话历史中。真实性有意义吗？先驱的世纪，没有祖先的人们[79]（58），他们只在两个世纪之后才会有思想上的后代（第 460 页）。[104]

费弗尔的研究的真正意义[81]（58*⑤）

对错时论和书面文本表面的"永恒性"[的申辩]，但不要落

---

① 吕西安·费弗尔：《十六世纪的无信仰问题》，第 361 页（新版，第 307 页）：第二卷（"十六世纪无宗教信仰的局限"）第一章的标题（"宗教对生活的影响"）。

② 同上，"非宗教的支持：哲学？"第二部分第二章的标题。——法文编者注

③ 同上，第 408 页，标题："古希腊哲学，基督教信仰：各种变化"。——法文编者注

④ "temps originaire". ——法文编者注

⑤ 第 79-80 页与第二稿没有明显变化，我们将在下面展示。——法文编者注

入怀疑论和历史的不可知论（今天的“信徒”与十六世纪信徒的意义是不同的），（一种）时代的孤立［的观念］。

假如它们每一个都是孤立的，我将甚至看不到它们之间的差别。

费弗尔的书通过我们能够读它这一事实表明：从整体出发，通过对文件的解释，人们激活了视域（例如漂浮的时间，沉睡的时间）。

作家（作为）先驱，并非仅仅是他人之写照，他的“时代”并非是他封闭于其中的一个孤岛。他能够穿透到自身之外。要评价他先行获得的东西（不然他的时代就不会“变化”了），只需将他置于历史的视域中。

113 历史的“客观性”的工作：［因此］，对于历史学家来说，就是要对现象进行追问，在与各种轨迹的联系中认识它的原则，相应地确定另一个时间，以及最终，确定先驱者与其时代的联系。

同时发生的对自身、对时代、对作家的认识相互制约着，或、构成（一个）系统。

举例来说，对拉伯雷同代人给予“无神论”的意义的重建，将这个词在十六世纪的意义与我们时代的意义区分开来。然而这仍然标记出拉伯雷与使用这个词的人之间的一种距离和相异性。费弗尔说：这实际上是辩证思想与三段论思想在基督教视域中的差异。——是的，但这种差异也许会破坏基督教的视角。假如基督教的视域只是一个心理学的视域，那么其重建并不能证明拉伯雷与其同代人有所不同。必须指出这是一个存在论的视域。亦即是说，［它］意味着一个融贯一致的基督教的概念。心理学的视域将会以拉伯雷所想和所信的来定义拉伯雷。

教士的笑话证明同样的笑话曾经是无害的，而在今天它们是大逆不道的。的确如此。然而它们或许证明了我们的纯粹性——同时证明了十六世纪的非纯粹性，或许基督教在十六世纪为了存在（历验）而被过度建制了，或许真正的基督教假定了不-建制（non-institution），而相对的无信仰，则是不证自明的。

费弗尔的看法：历史的结构是相对松散的［82］（59*），所有意识形态都具有一定的"包容性"，其在历史中的存在并不是纯粹"意见"的存在。这些作品在世界所给予的结构上形成结晶。所有历史的"意向"都是沉重的。唯有在某些环节人们才有决定、抉择、取舍，而不是在每时每刻。要求意识形态上的绝对纯粹（比如说，今天的共产主义）仅为他者存在，这有些不真实。①

不存在基督徒与非基督徒、共产主义者与非共产主义者间的 114
隔阂。

这同时并不意味着没有断裂、没有变化、没有差距。只不过这些并不是表露得最明确的。它们是辩证的转变、转向和变化，有待在语境中进一步说明。那里有所有的重量，被语言这种精神装备默默接受和固定下来。但这并不妨碍被推动的存在，不妨碍为装备的变化提供准备的东西存在：语言的"栏杆"，然而也以这种方式准备了活跃的大众。这样的言词的缺失并不是决定性的，而是有什么存在于它们之间。

---

① "从带有攻击性的不信到最传统的信，人们太随意地让他们（十六世纪的作家）随性而为了。难道我们往往宣称无法解决的这些意见的问题是由我们且只由我们产生的吗？"（11）[105]——页边注

他性与同一性一样，要由时间的可追溯性（Nachvollzug）来确定，通过抵至我们的和他们的意见下面，直到土壤中去，进入到它们的界域中。交流通过共同存在而不是通过不可理解的或模糊的赋意（Sinngebung）来实现。[①] 正是在想象中，从外部穿透各种概念看到各种文化间的相互排斥或互不理解。但是相比于这种假的为他，还有一种凭借着相互间的作用并不排斥理解的真的为他。

II. 不过这是一个相对具有优先性的情况

如果抛开各种制度，是否存在着对制度完全的超越？

例如，我们带有乱伦禁忌的自由婚姻——我们应如何理解赞
115 同与母系交叉表亲结婚，而不赞同与父系交叉表亲结婚，或相反？禁止与平行表亲结婚是明显荒谬的。[②][106]

那里存在着其它联姻的结构，有待［83］（60）如其所是地解读。[107]

---

① 第一版是："变化仍然在时间范围内。因此一个时间的建制的集合：它是可以重新激活的，条件是人们可以对文献进行重新解读。我们的时代（贝鲁尔的时代）与已建立的基督教时代是相通的，不是从我们的意见和选择出发，而是以下面这样为条件；不是从 16 世纪的信仰出发，而是以我们走到下面，直到'地面'为条件。这不是概念层面的相通，而是实存层面的相通。在这种相通之中，在每一刻作为一种界域具体地获得的建制同时是理解其它时刻的手段：在某种意义上，首要条件在于知道它们并不是完全不一样的［……］，在于置身于正在运行着的、被建立的各种回应的领域［……］。具体的普遍性。"——法文编者注

② Lévi-Strauss, *Les Structures élémentaires de la parenté*, Paris, PUF, 1947; réédition: Paris, Mouton et Maison des Sciences de l'Homme, 1967。梅洛-庞蒂显然指的是第一版，这一版已经几乎找不到了；我们给出第二版中他参考的段落。——法文编者注

直接交换[108]：双向的婚姻与社会结构关联在一起：它必然是不和谐的，[109]亦即，居住处和亲子关系一方面根据着父亲一线，另一方面跟随母亲一线。①婚姻关系的阶级存在。短周期促成了相互交换关系下的安全性："安全"精神[110]。

间接的或普遍的交换[111]，与舅舅的女儿缔结母系的婚姻；②和谐的制度（居住处与血缘一致）——透过每个人对全体的依赖形成更大的有机联系。亲缘等级具有决定性的重要性。开放的循环。社会学的"历险"精神。

这是通过对事实的解读获得的。[人们]从事实出发来阐发理论的构造，就像在物理学中那样，但这种意义赋予（Sinngebung）是贴近生活经验的，因为从构造的视角看，它由社会联系构成，这种联系总是在每个人身上重新开始并因而重新加入到原始人所说出的东西（比如，米德所描述的印第安人，当他被逼迫娶了自己的姐妹时，这将意味着不想要有一个姐夫/妹夫[112]）；社会性的为他的不言自明的证据。乱伦禁忌的意义：交换。

然而，社会学对生活经验的这种辨认、"理解"，对列维-斯特劳斯来说，只是关于我们的秩序。就其本身而言，即使关于社会的知识与社会的存在是统一的，也不是因为它们之间存在着相互参与的关系（参见前面关于费弗尔的讨论），而是因为关于社会的知识乃是社会存在的产品或反映。

我们归纳地得到交换的可能性的简单图式：三种基本的可能 116
性：双向的、母系的和父系的婚姻[113]。由这些可能性中产生出建

① "精细分工下的社会。"——页边注

② "A → B → C → D"。——页边注

立在这些原则上的各种系统。[由此]：社会的本质，[以及] 这些本质的数学表达。现存的社会都接受这种逻辑。

复杂的形式是“发展”[114] 的结果或这些本质的结果的反应。这是辩证的过程，因为 1）存在着反应（réaction）（例如向自由婚姻的过渡[115]）；2）在一个特定的社会中，总是存在着两极性：例如一般的交换的风险总是引起对直接的和受限制的交换的困扰（因此有时化解乱伦婚姻的药方 = 危机）[116]。

但在恩格斯意义上，辩证法被理解为自然辩证法。第 561 页[117]。

因此，在现有的历史的系统中，各种社会本质的实在论是相同的。

一般的交换系统在哪里？有时是 [84]（61）某人想出来的（澳大利亚的“计划的社会学”[118]）。但大部分时间里不是。在社会结构中，它正是那有待作为事实被认识的东西（第 598–599 页）。[119]

故而，系统的社会学是独立于历史的，因此它的规律并不处在历史事实的层面上，也不是实存模式的简单表达，而是与实存模式有着先天的联系。[120]

故而：绝对的知识和绝对的相对主义：如果我们身处其中，我们就能够看到秩序，如果身在其外，则不能。[因此] 相对主义。生活经验是不可替代的，是必要的。不过我们通过生活经验重新发现了各种结构自身的功能。由于触及到这些结构，社会学既是在内的，也是在外的。现象学 [只是] 一种隐喻（“历险的精神”，“安全的精神”），对不依赖我们而能起作用的规则的“无意识”的预知，正如在物理学中，原子并不需要知道规律从而遵循它一样。

这正是格式塔理论已经提出的问题：应当考虑并非在所有思

想之外，而是在所有生活之外的社会“引力”[121]意味着什么。

与爱因斯坦的问题有些类似：对爱因斯坦来说，存在着时间 117
的多重性：通过在皮埃尔处觉察到保罗的时间与他的参照系相关联，爱因斯坦说：他的时间延长了或缩短了。然而这种“相对论”假定了人们在保罗身上投射了皮埃尔具有而保罗没有的时间的影像。[换言之]，与皮埃尔相互关联的物理学家爱因斯坦自认为是一普遍的观察者。一种更彻底的相对论将使他认识到，保罗感受到他的时间正如皮埃尔感受到自己的时间一样，重建普遍的时间，这不是通过两种实际上不可比较的时间的比较与巧合，而是因为，对任何人而言，时间都是普遍的，并且他不能知道一种并非普遍时间的时间。例如，不能说我的现在就是对一个身处它处的同代观察者而言的将来，因为依据假设，他并不是同代的，我们也不能将我的现在视作他的未来的具体化。只要有人想要用[85]（62）实在论的知识理论来解释相对论就会面临悖论（爱因斯坦）。

在列维-斯特劳斯这里也是如此：其彻底的相对主义（文化的隔绝性）与绝对知识的观念或与社会存在或社会学的巧合一致是相互关联的，后者与之是背道而驰的，且对之而言是必要的。

有必要比爱因斯坦更爱因斯坦，并以其“同时性”重建知觉的世界——同样，有必要比列维-斯特劳斯更相对主义，并以“理解”①

① “从这方面看，缺乏自我批判使列维-斯特劳斯没有看到采取交换的观点是对宇宙观视角的一种建构，没有看到他的自在的真理观念是他本身所从属的那个社会的一种模式：通过交换进行解释的假设[意味着]男性主义。精神分析对弗洛伊德男性主义的看法。它也许适合于现有的社会，而不适合于可能的社会。‘女人’和‘男人’（的区分）先验地（采用了）列维-斯特劳斯的图式，而精神分析则无疑将之视作自然的设定。”——页边注

的活动来将知识重新放回到历史的知觉世界中。

社会“重力”的场域，结构的场域，社会存在［并不］走向整个社会的反面，并不是莱布尼茨的上帝的理智。

118 这种辩证的环境［并不是］现实的。这个各种危机、问题、解决方案、逆转、变形产生于其中的环境，并不是一种自在。确保着某种（对我们而言的）“目的”（finalité）的自在的困难，在于引起反响。

例如，理解向这样的复杂形式转变的困难，这种困难是作为对一般交换的危机的解决方案产生出来的。在此出现了别的东西。

［必须］把社会和社会学当作社会感知的观念化，［一个］社会，［一个］作为符号体系或社会事务的婚姻体系，亦即，根据一种感知的风格而不是根据本质而来的秩序的原则。比如说，列维-斯特劳斯关于一般交换的社会感知之取向［的讨论］。从字面上来理解。当然，存在着关于意义内核之呈现的问题。我们何以能够思考社会？存在着一个感知秩序的问题。不过［这个秩序］在变化，而社会学恰恰是对这种变化的表达，［社会学并非］与感知的秩序刚好一致。历史即是其现实，此外，历史不是各种事件，它从一开始就是交互主体性（超越论的历史）。

借着这个感知的基础（＝列维-斯特劳斯的无意识），我们回到自然-文化、［或］家族-姻亲的区别的问题上。［通过］精神分析（而不仅仅是《图腾与禁忌》）[122]，通过［对］术语表与分类范畴的性的意义的领会，我们将会发现［一个］有效的基础。普遍性恰恰就是这个层面上的普遍性。

［86］（63）问题：是否存在着一个全世界的或普遍的历史场

域？是否存在着目标的达成？自身的封闭？真正的社会？

如同在认识的历史中一样，问题仍然在于历史的诘问。

不过，[它关乎] 实存的普遍性，而不是概念的普遍性，[它是] 由这种诘问自身引出的。如果说没有真正的社会（现有的社会没有一个是真正的，不过即使是在法律上也无法确认），至少有提出真正社会这个问题的社会，以一种不同于柏格森的意义“开放着”：[设想] 一种让历史重返自身的思想。而相对于此，还有一些社会被人们称为假的社会。这并不意味着它们在某些关系下会更不好。而是它们没有加入那个让所有人都参与其中、尝试 119
（让它们）融为真正普遍性的神秘游戏，它们是根据文字而不是根据建制的精神获得建制的，建制的精神并不在于限制、禁止、封闭在积习的孤岛上，而是在于开启一项无限的历史工作。

[87]（《建制》结论第 1 页）

列维-斯特劳斯：存在着所有系统的逻辑，在其自身中和在其后续（事件）中“发展着”的逻辑。

只要能构建可能的关系系统——例如，狭义的交换（父系婚姻），广义的交换（母系婚姻），双向的婚姻——这种逻辑 [就是] 可以理解的。

这种逻辑决定和限制着他人的社会实存，通过作为乱伦禁忌的推动力的他者（和未知的他者），这种禁忌积极的一面（呈现出来）。

这种逻辑可以被社会学家理解，他构建了一种系统的社会学，这种社会学被限制着不可违背历史事实，但也不对历史事实加以说明。系统秩序与历史地理秩序 [间的区别]。

数学的表达和理论在转译一种现实的逻辑或自然的辩证法。

实在论：人们触及社会的本质，这些社会的本质在现有的历史体系中是一样的，不需要归纳辩护。

思想和存在的同一性：澳大利亚人都是社会学家，在此意义上他们为本质驱使，即使他们不知道那些本质的真相，对本质仍有一种无意识的认识，这种认识明确地引导着他们。

困难：

然而诸社会的这种真相在哪里？它并不在个体之中，也不在这些个体的总和之中，——它在社会重力的场域中。这个场域能够提出和解决（上述）这些“问题”，它是辩证法的实在之所。格式塔的哲学。

[88]（结论第2页）

因此，对结构进行现象学解读的可能性，——然而结构并不是意向对象（νοήματα）；而是社会现实。

120 至于历史的观点，系统社会学对之持中立的态度：从历史的观点看，不同的结构共存于同一个经验系统中（例如，狭义的交换困扰着各种一般的交换的系统；又如，“古代”与“现代”的同质性）。

这意味着，列维-斯特劳斯给出了一个绝对的观察者，宇宙论，凭借着后者，他得以认定自身，在它面前，社会成为对象。他自己不是这个绝对的观察者。他的知识是一种反映或观念，并非得自于社会。比如说，爱因斯坦：时间的多重性，这缘于爱因斯坦在置身于皮埃尔时将时间的延长或缩短归因于保罗，而这是从皮埃尔的角度看到的保罗的时间。因此，有多重时间及我的现在和其他观察者的未来同时存在的吊诡关系：这唯有当人们将其他观察者预设为“与我同时出生”才是可能的，而根据假设，这是不可能的。如果真的坚持假设，则不可能确认时间的多重性。实存的时间只有一个，即位置不同的观察者不能把他们的时间普遍化。事实上，不同主体的时间向来没有什么可比性，这也是为什么不能说他们既不是许多个也不是一个的原因。我们所说的唯一的时间是一种推定的时间。在爱因斯坦那里，理性主义和悖论是共存的，当理性主义同时是实在论时，这种悖论是不可避免的。

辩证法是现实化的时，就成为一种悖论。不存在自然的辩证法。

因此列维–斯特劳斯的困难立场：[他]肯定有绝对的知识，同时又肯定绝对的相对主义。矛盾的双方相互支持。辩证法必须包含主体性与对象、社会。列维–斯特劳斯常常[89]（结论第3页）肯定生活经验的不可理解性，或者说，在任何情况下它都是绝对不可替代的。但这决不会导致一种现象学的社会学：每当说到经验的语言，列维–斯特劳斯都会补充说，这些都是隐喻。现实与物理定律是同一类型的。[①]

解决方案：系统并非建立在（对列维–斯特劳斯和恩格斯而言 121
是）“现实的”神奇的理智之上，也不是建立在在我们背后起作用的本质的“目的”上，而是建立在作为交互主体性之符号装置的社会构型上。从字面来看的列维–斯特劳斯对隐喻的看法：社会

① “列维–斯特劳斯最近承认，这种凭借规律的知识可以走近历史，并导致一个社会与所有社会间的平衡。”参考列维–斯特劳斯：“躺着的狄奥根尼”（Diogène couché），《现代》杂志，1955年3月号。——页边注

空间的知觉定向。正如被感知的事物是实际经验聚合的原则，而不是本质、符号的系统、范型（pattern），是社会的事物。一个社会被感知为一个事物——且作为一个事物，它从来就不是“纯粹的”。从身体的角度说，我们都是历史事件的，是一种意义的生成，是马克思和恩格斯意义上的辩证法。逻辑、数学和（本质之存在意义上的）现象学发展着这些意涵，这些“内核”。但这只是“……的表达”[①]或一种理想化，后者的意义与所表达出来的（意义）并不相同。

特别是在以性为系统的感知基础（的情况下）：系统作为一个朝向多态的世界的性的存在的变体。交换的概念本身［确实］预设了女人只是男人与男人之间的中介（就像食品或货物一样）。事实亦是如此。这难道不是历史事实吗？[②]为了充分地思考社会，是不是应该有一个比交换、共存、比他人的社会实存更普遍的概念？当然，共存与交互主体性只出现在具体社会中，只出现在历史处境中，但它们却是在其中相互理解的基础。

列维-斯特劳斯转入分析复杂形式时［90］（结论第4页），其弱点在于：除了某些消极的规定外，自由婚姻不能被看作一般交换的基本形式。这里存在着一种危机，但也是借着这一危机，而有了其它事物的呈现。

系统总是人为的：亲情关系的本质在于共存的样式。如果不把亲情关系与其它部分拉近，就不可能正确理解上述这种呈现。

---

① 为了表意更加清楚，此处引号为中译者所加。——中译者注

② “宇宙论是男性化的。”——页边注

因此，问题是要知道是否有一种包含着场域、实现了目标并且自身封闭的普遍的历史。即使是在相对意义上，就像在认识史中，问题是要知道是否有一个真实的社会。至少，存在着与柏格森完全不同意义上的开放的社会和封闭的社会。有的社会自己发展出复归自身历史的观念，而另外一些则没有（比如中国放弃了其一部分书写体系），即便是不将前者称作是真的，也可以将后者称作是假的。这并不意味着它们在某些关系下会更不好。而是它们没有进行所有人在其中都有自己的角色的神秘游戏。它们没有先天地相信制度或其精神，而是紧缩在文字上。它们意在普遍的融合，而不是相互一起（Miteinander）[①] 或为了彼此（füreinander）。 122

① “l’un avec l’autre”. ——法文编者注

周四的课程

（提要）

个人的与公众的历史中的“建制”

123 在这里，建制的概念是对意识哲学的困难的解救。在意识面前，只有由意识构成的对象。即使我们承认其中有一些是“从未完成的”（胡塞尔），它们时时刻刻仍是意识行为及其力量的确切反映，它们中没有任何东西可以让意识再走向其它视角，从意识到对象没有交换，没有运动。假如意识思考自己的过去，它所知道的一切就在于，在那里曾经有一个他者，他神秘地自称是我，但他与我只有一个共同点，即绝对普遍的自我性（ipséité），我与所有我能对之形成概念的“他者”共享这种“自我性”。我的过去是通过一连串持续的裂变让位给我的现在的。最终，假如意识考虑他者，那么他者自身的实存对意识而言就只是意识纯粹的否定，意识不知道他们在看它，只知道它被看。不同的时间与不同的时间性是不兼容的，它们只形成了一个相互排斥的系统。

如果主体是进行建制的（instituant），而不是进行构建的（con-

stituant），我们就会反过来理解主体不会是瞬刻的，他者也不只是对我自己的否定。我在某些决定性时刻开始的，既不在遥远的过去，作为一种客观的回忆，也不在当下，作为一种被接受的回忆，而是真正存在于二者之间，作为我在此期间的生成的场域。我与他人的关系也不会还原为一种二者择一：一个进行建制的主体能够与一个他者共存，因为被建制并不是进行建制的主体的行动的直接反映，它能够随后由进行建制的主体或他者重新建制而无需整体重建，所以在他者与我之间，在我与我自己之间，主体就是 124
一个铰链，是我们同属于一个世界的结果与保证。

由此，我们凭借着建制理解那些赋予经验各种持久维度的事件，凭借着与这些事件的关系理解所有其它有意义的、形成了可以想象的序列或一段历史的经验，——又或者说，这些事件在我身上放置了一种意义，不是作为遗存和剩余物，而是作为对后续的召唤、对一段未来的要求。

这一概念是通过四种现象的序列来处理的，其中前三个与个人或交互主体性的历史有关，最后一个与公众的历史有关。

在动物性中也有类似建制的东西（动物有一种由自其生命之初就包围着它们的有生命的东西造成的印记），甚至在人的各种被认为是纯粹“生物的”功能中也是如此（青春期呈现出保存、恢复和超出各种过去的事件的节奏——在此有俄狄浦斯的冲突——正是建制的特质）。然而在人身上，过去不仅能为未来指引方向或为成年的问题提供语词，还能够引起卡夫卡意义上的*研究*，或一种不明确的阐发：保存与超越是更深刻的，这使得用过去或用未来来解释行为变得不可能，过去和未来是相互呼应的。普鲁斯特对爱情的分析显示出这种“同时性”，这种过去在未来之中与未来在过去之中的、主体在“对象”中、肯定性在否定性之中的结晶。初看起来，感情是一种幻觉，建制是一种习惯，因为从别处或在童年获得的爱的方式发生了转移，因为爱永远只有“对象”的内在图像，并且为了真实存在和达到他者，爱必须不曾被任一方所体验。一旦认识到纯粹的爱是不可能的，认识到它是纯粹的否定，那么就要去确定这种否定是一个事实，这种不可能已经发生。普鲁斯特在忧伤中瞥见了一种不可否认的爱的否定之路（via negativa），尽管忧伤是分离与嫉妒的现实。在异化的最高点上，嫉妒变成了无偏私，那便不能说现在的爱只是过去的回声：相反，过去成为了比过去更有意义的现在的准备或预演，虽然它能在其中认出自己。

125 画家作品的建制，绘画史中风格的建制给出了同样的隐藏的逻辑。画家通过模仿前人学习以不同的方式作画。他的每一幅作品都预示着后来的作品——并使它们不能是相似的。一切都进展着，但他却说不出他将走到哪里。同样，在绘画史中，各种问题（比如透视法的问题）很少被直接解决。研究总是陷入僵局，其它研究似乎在分散它，然而这种新的推动力能够以其它迂回的方式克服障碍。与其说这里存在着一个*问题*，不如说存在着对绘画的“诘问”，它足以为所有尝试提供一种共同的意义，并使其成为一部历史，而不允许（人们）凭借概念去预见它。

仅仅是个人生活与艺术的前对象领域中如此吗？知识的发展是否服从于一个显明的逻辑？如果必须有真理，那么这些真理是否必须在一个仅一点一点显现自身，其整体则维系在自身之中而外在于时间的系统中关联在一起？为了更加精妙，并且显得更加严谨，知识的运动提供的过去与未来间的内部流动并不比我们在其它建制中注意到的少。一系列的“观念化”（进程）使得整数作为一个更基本的数的特殊情况呈现出来，这并没有将我们安置在一个能将之推导出来的智性的世界中，而是回到了整数的明证，这种明证仍然是暗示的。知识的历史性不是知识的“表面”特征，让我们自由地以分析的方式界定“自在的”真理。即使在精确的知识的秩序中，也必须倾向于真理的“结构性”概念（韦特海默）。存在着多种知识领域的公共场域意义上的真理。

如果理论的意识在其最确定的形式下并不外在于历史性，人们可能会认为历史会反过来从这种关联中受益，并在前面对系统概念的主体所做的保留的前提下，让自己为思想所支配。这是忘记了，思想只能通过对其范畴的自我批判、通过横向的渗透进入另一个历史视域，进入另一套“精神装备”（费弗尔），而不能通过原则的普遍存在。我们生活的元素同时存在着去中心化与再中心化，存在着从我们到过去、从重现的过去到我们的运动，这种过去的工作与现在的对抗并不导致一段封闭的普遍历史，一个相对于这种建制的所有可能的人类组合的完整的系统，比如说亲属关系，而是导致一个各种复杂的可能性组成的图画，它总是关联于当下的各种实况，承载着事实性的共同因素，我们不能说其中 126
一个比另一个更真实，尽管我们可以说一个比另一个更错误、更虚假，对一个不那么丰富的未来的开放度更低。

这些分析的片段倾向于修正黑格尔主义，这是现象学的发现，是世界的各种元素之间活生生的、现实的、本源的联系的发现，这种修正将这一联系置于过去，置于哲学家体系的视野。现在，现象学要么只是对真正知识的引入，它仍然在经验的历险之外，要么它完全停留在哲学范围内，不能以“存在存在”（L’Être est）这种前辩证法的表述来做结论，它必须承担起对存在的沉思。我们在此想要做的正是现象学向历史形上学的发展。

梅洛-庞蒂在建制课程中所使用的参考文献

雷蒙·鲁耶："本能的诸新概念"

1. 第 825 页："当然，本能不再呈现为个别动物的一种神奇的、不可思议的禀赋。在主题性的行动中它表现为碎片化的，由多种刺激-信号引起、调整或'辨认'，依赖于内在感知的层次。"

2. 同上。

3. 同上，第 833 页。

4. 同上，第 854 页："生命的目的从来都不是纯粹的，它由于给甚至扰乱了它的偶然的或意外的（事件）赋予意义而完成。"

5. 同上，第 853 页："从很多方面看，胚胎或动物本能最初的意识应当被视作类似于人们对梦的意识。在梦中，记忆的主题通过共鸣被唤起，并通过半因果-半逻辑的影响被把握。关于本能的很多法则可以用精神分析关于梦的（研究所使用的）概念来说明：凝缩、复因决定以及移置等。"

6. 同上，第 835 页。

7. 见 1957-1958 年关于"自然的概念"的课程（"Le concept de Nature", in *La Nature*, Paris, Seuil，1995 年，第 197 页）："如

果人们移植一个组织到胚胎上，由此产生的器官依赖于三个因素：移植物中的基因，移植物的应用点和移植发生（时间基因的局部化）时的成长期。同样的情况发生在所有创造行为中，总是有三种因素在当下决定某件事。”梅洛-庞蒂是依据格塞尔谈论这些的。

8. 同上，第 825-826 页：“机体发展的和行为法则间的平行是令人吃惊的。或不如说，机体的发展、身体结构的发展、行为结构的发展是一致的。可以说胚胎的生长是一种行为，也可以说行为以机体胚胎的方式发展着。这使得对发展和对本能的完整认定成为可能。”

128 9. 同上，第 826 页：“‘结构与机能’、‘结构与行为’并不完全与‘机器与功能’相同，结构为功能的充分条件。它们几乎是同步发展的，其中略前面一点的一方依据生存者的要求召唤另一方。结构相对于功能的大幅先行由这样的事实体现出来：在子宫里的胚胎形成了自由呼吸的生命的器官，这（结构的先行）比现实更加明显。胚胎自由地漂浮着，有可能是它自身让自己保持了平衡，在它们的成长中，很少（体现出）半规管（的作用）……甚至呼吸的运动在子宫里都还只是雏形，胚胎吸收和排出羊水。”这里和下面的注释所引的段落中，鲁耶都指向格塞尔的《行为胚胎学》，法国大学出版社。

10. 鲁耶引述的格塞尔的试验，同上，第 829 页。

11. 同上，第 831 页：“机体的成熟在行为的成熟中是难以察觉的。就像行为的成熟那样，机体的成熟包含着一种真正的学习。也就是说，为了正常地进展，它应当在内部环境中发现一种已经在别处致力于建构各种‘复兴’或刺激-信号（stimuli-signaux）

的最初的成熟，这对于寻求其独特的旋律而言是必不可少的。并且，它应当在限定时间内发现这一切。”

12. 同上，第 846-847 页：“自动化的机器像普通机器一样地运作，唯一的差别在于，（它）借助于反馈、运作的效果，或不如说，实际效果与为此机器所设定的理想效果间的差异，控制着后来的运作。而这一切皆发生在空间中，发生在现实中。机体在跨空间的反馈的调控下被引向没有被物质化的理想。”

13. 同上，第 834 页：“小鹅在孵化后最初跟随着父母，但假如它们是在人造的孵化器中孵化的，它们不但与它们最初遇到的人建立感情，而且它们一旦接受了伪-父母，就不再接受自己的同类了，包括自己真正的父母：‘这样的条件制约模式，或印记模式（铭印［Prägung］，洛伦兹语），发生在片刻之间，其效果是不可挽回的’。”鲁耶在此引用了廷伯根［Tinbergen］的著作《本能研究》（*L’Étude de l’instinct*）。

14. 同上，第 837 页：“有效的刺激是行为的原因吗？显然，它只是触发信号的原因。但是它涉及到什么样的触发呢？是否可以想象，在动物的神经系统中，有一种天生的机制，有一种可以被有效的记忆钥匙打开的锁？当然不是。刺激不仅仅是‘配置的’，129
而且也难以独立界定为一种‘意义’、一种状态的‘类型’，它不能以几何学的和机械的术语完全转译。触发是主题性的：触发者是‘有所表达的’，否则不能说是对动物‘有意义的’，它对‘进度’是敏感的，这有时是不可能确切说明的，它在这方面特殊的辨别力仅仅是各种信号的专业化。”在此，鲁耶再次参考了廷伯根（如上）。

15. 同上，第 838-839 页："超正常的刺激根据类似的法则，譬如说，让记忆中的图像朝向'最典型'的演进（在人们有意使用'柏拉图主义'这个词的意义上）的法则，强调了正常刺激的表达性特征。……超正常刺激的存在是反对机械论对正常刺激行为的解释的有力证据。它为认为刺激对动物意识而言实际上是一种'辨别力'、一种表达性的信号的观点提供了支持。超正常的之所以有效，是因为它呈现出意义，内在于信号的最纯粹的意义。……这样模拟的方法、对超正常刺激的研究赞认同了一种柏拉图主义的实验。由此，在有机生物类型之外，类型这个词的哲学意义呈现出来；在拉马克与功利主义的适应之外，有一种对本质世界的'适应'。超正常触发的有效性，尤其是社会触发的有效性，非常有可能解释人们归因于性的或种内选择的效果。"

16. 同上，第 855 页："比较人类社会与巢穴这种怪癖……只是一种'习见'……。相反，人的一系列习惯或习俗真正展示出在很多其它哺乳动物及候鸟那里发现的对同一本能背景。……一个女人在男人面前'学娃娃音'，乞求一个象征性的小礼物作为她的权力的证明，她重新发现了一个已经在候鸟那儿建立起来的主题，即要求象征性的喂养。"梅洛-庞蒂在［18］（14*）引用了这段话。

17. 同上，第 835 页："人们不能不根据大量人类经验的事实去做解释。人，特别是在年轻的时候，也认识到当下的条件作用、'才华'（显露）的短暂瞬间、生物学的决定作用，在这些作用中他们的行为与印象似乎由在下面的机体力量保持着或加深着。存在着'心神转向女孩'的时刻，坠入爱河的时刻，或步入婚姻的时刻，在其中总是会有多过结婚礼仪的东西，以及与一个永远都不会成为如《传道书》所说的‘年轻时的那个女人’的女子迟迟的结局。很多艺术家，毫无疑问大多数艺术家都经历过若干（重要的）时刻，不是狂热的灵感的时刻，而是‘加速的条件作用’的时刻或‘铭印’的时刻。为了描述这种经验，雷诺曼（H. R. 130
Lenormand）在其《一个剧作家的忏悔……》中自发地用了与洛伦兹相同的说法：‘对于即将成为（其自身）的作品而言，不仅有一种出生前的生活，而且有一种不曾觉察的铭印的生活……这些概念阶段的短暂常常令我惊异。我只在（阿尔及利亚的）姆扎布（Mzab）待了三个小时。当约瑟夫·康拉德同我谈起他在西印度群岛只待了几个星期的时候，我笑到颤抖，这是他无法理解的。’”

18. 同上，第 840-841 页（对格塞尔的评论）：“比如说，一个成年人会说：‘我在呼吸吗？’……然而不为人觉察的呼吸并不是一个纯粹的生理功能。其自发运行是由半异于‘我’的意识引导的。这些意识，或呼吸的主题，正如（班克罗夫特［Sir J. Bancroft］）对哺乳动物胎儿呼吸行为的各个阶段的分析所展示的，是多种多样的。每一个阶段都在发展着，加诸前一阶段之上，而不是替代前一阶段，正如有意的呼吸加之于无意的呼吸之上一样。”

19. 卡夫卡：《一条狗的研究》，见《万里长城及其它随笔集》，巴黎，伽利玛出版社，1950 年（Kafka, *Recherches d'un chien* in *La Muraille de Chine et autres écrits*, trad. fr. J. Carrive et A. Vialatte, Paris, Gallimard, 1950）。

20. 鲁耶在接下来的一页提到了这个“移置”的例子，见前文注 5（第 853 页的引文）。

21. 同上书，第 855 页。

马塞尔·普鲁斯特:《追忆似水年华》

22. 关于《追忆似水年华》(*À La Recherche du temps perdu*)的笔记，我们主要参考 1954 年伽利玛出版社七星文库的三卷本，有方括号标注第二个页码的情况，参考七星文库 1988 年版的四卷本新版。梅洛-庞蒂在笔记中摘录的普鲁斯特的文字,(我们)以粗体字(**梅洛-庞蒂**)的形式标注，参考第 75 页注②，他的评论则以斜体标出(译按：中文以仿宋体标出，中译文主要参考《追忆似水年华》(七卷本)，李恒基、徐继曾等译，南京：译林出版社，2012 年)。

23. 同上，第一卷，第 196 页［第一卷，第 193 页］:“他(斯万)已经接近看破一切的岁数……”中译文参考:《追忆似水年华》，第一卷,《在斯万家那边》，李恒基、徐继曾译，南京：译林出版社，2012 年，第 197 页。

24. 同上，第 267 页［第 263 页］:“有一天，正当他陷入这样的沉思的时候，忽然想起了从前曾经有人说奥黛特是一个由情人供养的女人，那时他在此把‘有情人供养的女人’这个奇怪的修辞学上的拟人表达法，这个像居斯塔夫·莫罗画的幻觉那样，镶嵌有同宝石缠绕在一起的毒花，由难以识别的、恶魔般的成分构
131 成的闪闪发光的混合物跟奥黛特加以对比了：奥黛特，在她的脸上他可是亲眼目睹那对不幸者的怜悯之情，对不公正的事情的愤慨，对施恩者的感谢，就如同他从前在他自己的母亲、在他的朋友们的脸上看到的表情一样；……这时，银行家这个形象忽然提醒他该上他那里取点钱了。……想到这里，他突然自问，这是否正是‘供养’她呢？(……)他也自问，自从他认识奥黛特以来，

在他看来跟她毫不相容的‘由情人供养的女人’这个词能否用到奥黛特身上（因为他一刻也不曾设想在他之前她会接受任何人的金钱）。但他不能再顺着这个思路想下去，因为他生来就是懒于思维，这股懒劲也是一阵阵的，说来就来，这会儿正是来到的时候，于是就马上把他的智慧之火全部熄灭……”中译文参考：《追忆似水年华》，第一卷，《在斯万家那边》，第 266-267 页。

25.（**梅洛-庞蒂**）“爱情这个现象具有纯粹的主观性，它是一种创造，它将我们本身的许多因素附加在社会中某人身上，从而创造一个与这同名人毫不相似的人。人们往往感到不可理解：某人竟然在我们眼中如此举足轻重，其实他们和我们所见到的并非同一个人”（《在少女身旁》，I 58 [Gallimard, “collection blanche”, 1926]）（七星文库，1954, vol. I，第 468 页）。中译文参考：《追忆似水年华》，第二卷，《在少女们身旁》，桂裕芳译，南京：译林出版社，2012 年，第 35 页。

26. 同上，第 229 页：“也就是说找出个什么借口来把跟这个可接近而不敢拥抱的女子的不能开花结果的聚首而激起的失望与折磨在当时持续下去，并在第二天重新品尝。”中译文参考：《追忆似水年华》，第一卷，《在斯万家那边》，第 228 页。

27. 同上，第 230 页 [vol. I，第 227 页]：“在产生爱情的种种方式中，在传播大恶的种种媒介中，有一种是再有效不过的，那就是有时掠过我们体内的强烈的激动之流。我们这会儿乐于与之相处的那个人，她的命运就算是定了，我们从此爱的就是她了。在这以前，她是否比别人更合我们的心意，甚至仅仅是跟别人同等程度地合我们的心意，这都无关紧要。重要的是我们对她的兴趣应该专一。假如她不在我们身边，而我们对跟她相处的种种乐趣的追求，在我们身上突然由一种急迫的需要取而代之时，这个条件就实现了。这个需要以她本人为对象，这是一种荒谬的需要，是这个社会的法律所不允许实现、所难以宽解的一种需要——这就是要占有她的那种荒唐的、痛苦的需要。”中译文参考:《追忆似水年华》，第一卷,《在斯万家那边》，第230页。

28.(**梅洛-庞蒂**):“他时常把她久久凝视，想捕捉过去在她身上看到的妩媚，但是枉然。但他知道，在这新的蛹壳下跳动着的还是奥黛特那颗心，她那变化不定、难以猜透、遮遮掩掩的天性依然如故，这就足以使他继续以同样的激情来力图把她征服。”(II 109);(七星文库，1954，vol. I，第292页。中译文参考:《追忆似水年华》，第一卷,《在斯万家那边》，第288页。

(**梅洛-庞蒂**)评论:“人的身份即是不在者(absence)，而其历史不过是这‘不在’的重现。”中译者按：此处径以“不在”译absence，或许有些拗口，但为的是凸显其与通常人们认为人即是“存在”这种观点的差异。

132 29.(**梅洛-庞蒂**的评论和引文):“然而，此刻，并非怜惜自己”，“他还是爱着奥黛特的，脑子里时时刻刻都在想着她，对她的怜悯之心油然而生，喃喃地说：‘可怜的小宝贝！’”(同上，II 95，或I，281)(中译文参考:《追忆似水年华》，第一卷,《在斯万家那边》，第278页)[**梅洛-庞蒂**继续评论]:“此处，不容置疑的爱情。”

30.(**梅洛-庞蒂**):“他试图弄清楚这到底是什么东西；那是有点像爱情、像死亡的东西，而不是跟疾病的概念依稀相似的东西；那是我们经常对之表示怀疑，经常予以深究，唯恐掌握不了它的实质的东西——那是人的品格之谜。而斯万的爱情这个病已经大大扩散，已经跟他的一切习惯、一切行动，跟他的思想、健康、睡眠、生活，甚至是身后的遗愿如此紧密相连，它已经跟他合而为一，不可能从他身上剥离而不把他自身整个毁坏，用句外科大夫的话，他的爱情已经无法再动手术了。”（133）（七星文库，1954，vol. I，第 308 页）（中译文参考:《追忆似水年华，》第一卷，《在斯万家那边》，第 303 页。）

31.（**梅洛-庞蒂**）“现在奥黛特的魅力跟那个像一个模糊的光晕那样笼罩着他的可怕的恐惧相比，已经微不足道了，而这光晕就是不能每时每刻都知道她在干些什么，不能随时随地占有她的那种焦躁不安。”（同上，第 346 页）（中译文参考:《追忆似水年华》，第一卷，《在斯万家那边》，第 339 页。）

32.（**梅洛-庞蒂**的评论和引文）浑身疲倦地回到家里，他对自己说，或许她骗了他，并又重新回到窗下。此时，触动他的是:“真实的激情”，至少是触动奥黛特的那种真实的激情。“由她的光辉所照亮的真情实况，一种完全是与个人有关的真情实况，一种完全是与个人有关的真情实况。……在这奇怪的恋爱期间，别的一个人竟在他身上产生如此深刻的影响，他感到在他心头出现的对一个女人的最微不足道的事情的好奇之心，竟跟他以往读历史的时候一样强烈……他对这以如此温暖、如此美丽的半透明物质制成的独一无二、稍纵即逝、宝贵异常的稿本的真情实况，急切地渴望着要了解。”（II，84-86）（七星文库，vol. I，第 273-274 页）（中译文参考:《追忆似水年华》，第一卷，《在斯万家那边》，第 271-272 页。)[**梅洛-庞蒂**继续评论]:真情实况(vérité)=性(sexualité)=触及存在自身=嫉妒=同性恋,具体的普遍,多性恋。爱情(让人)对以往曾经使之动情的所有事物重新有了兴趣,特别是对那些真情实况。在此很明显,是最初的爱情,如果说它看起来由种种先行于它而存在的趣味组成,那只是因为在第一眼,(爱情)实际上重新创造了所有那些趣味。[**又评论**]:正是因为爱情是真情实况的爱情,才会有爱情的真实性。

33. 七星文库,1954,vol. I,第 348 页[1988,第 342-343 页]:
133 "当这小乐句对他谈起他的痛苦的虚妄时,斯万体味到这箴言的甘美,但就在片刻之前,当他从把他的爱情看作是无关紧要的闲事的那些不相干的人的脸上窥出这种意思的时候,他却觉得这条箴言难以容忍。那是因为这个小乐句,与此相反,不管它对心灵的这些状态的短暂易逝表示了什么见解,它从中所看到的却跟这些人不一样,并不是没有实际生活那么严肃的东西,相反却是远远高出于生活的东西,是唯一值得表现的东西。这个小乐句试图模仿,试图再创造的是内心哀伤的魅力,而且要再现这种魅力的精髓;除了亲身感受这种魅力的人之外,任何别人都认为它是不能传达,也是毫无价值的;这个小乐句却把它的精髓抓住了,把它化为可以看见的东西。"(中译文参考:《追忆似水年华》,第一卷,《在斯万家那边》,第 341 页。)

34.《在少女们身边》,同上,第 796 页[vol. II,第 154 页]:"甚至她们给我带来的快乐,也来自她们有路上行人飞快离去的味道。我们不认识的人,迫使我们从惯常生活中启碇的人,具有一种转瞬即逝性。这种转瞬即逝性使我们处于一种追逐状态中,再没有任何东西阻挡我们的想象。……将我们的快乐剥去想象这层皮，等于将快乐压缩至其本身，就空无一物了。……必须叫想象创造一个目的，这个目的遮掩住另一个目的；必须叫想象进入一个人的生活之中这种想法代替感官的快乐，以阻止我们去分辨这种快乐，阻止我们去品尝其真正的味道，阻止我们将其限制在本身范围之内。"（中译文参考：《追忆似水年华》，第二卷，《在少女们身旁》，桂裕芳译，第 348 页。）

35.（**梅洛-庞蒂**），第 830 页［vol. II，第 186 页］："如果我成了其中一个的男友，我大概就能进入——就像一个细腻的异教徒或一个小心谨慎的基督徒到了蛮夷之中——一个令人更加年轻的圈子里去。这个圈子洋溢着健康、无意识、肉欲、狠毒、非智性和快乐。"（中译文参考：《追忆似水年华》，第二卷《在少女们身旁》，桂裕芳译，第 381 页。）

36.（**梅洛-庞蒂**的评论和引文）：爱的是她全部残酷的、难以接近的、阴郁的生活。幸福应该就是为她而存在（《在少女身旁》，III，第 43-44 页），为了"她那朦朦胧胧、断断续续的意愿"。［vol.，第 794 页］（中译文参考：《追忆似水年华》，第二卷，《在少女们身旁》，桂裕芳译，第 346 页）感性的快乐与"进入一个人的生活"并不是同样的快乐，与想象也不是同样的快乐（《在少女身旁》，III，第 46 页）（参考注 34）。

37.（**梅洛-庞蒂**的评论和引文）：他以为她们是"自行车运动员、拳击冠军的情妇"（《在少女身旁》，III，第 91 页）［vol. I，第 845 页］。她们是批发商的女儿。

38. 七星文库，1954，vol. I，第 875 页："何况我本来可以事先预料到这一点，因为海滨少女本是我杜撰出来的。虽然如此，因为我在与埃尔斯蒂尔的交谈中，已将那个少女认作阿尔贝蒂娜，我便感到对阿尔贝蒂娜负有一种道德义务，要实践自己向想象中的阿尔贝蒂娜许下的爱情诺言。由别人代理订了婚，就自以为此后必须娶这个插进来的人为妻不可了。”（中译文参考:《追忆似水年华》，第二卷,《在少女们身旁》，桂裕芳译，第 425-426 页。）

134 39. 同上，vol. II，第 354 页［vol. II，第 648 页］:“当然，我一点都不爱阿尔贝蒂娜：她是外面雾的女儿，只能满足我那被季节变更所唤醒的富有想象力的情欲。”（中译文参考:《追忆似水年华》，第三卷,《盖尔芒特家那边》，第 350 页。）

40.《索多姆和戈摩尔》，同上，vol. II，第 798 页［vol. III，第 194 页］:“我再一次被痛苦的好奇心扰得心神不定，急于了解清楚她究竟干了些什么，同时，内心始终怀有的潜在的情爱扰得我心潮难平；我一时险些以为这一爱心将把我和阿尔贝蒂娜联结在一起，然而它只满足于在原地震荡，直到震荡彻底消失，都未启动。”（中译文参考:《追忆似水年华》，第四卷,《索多姆和戈摩尔》，许钧、杨松河译，第 188 页。）

41.（**梅洛-庞蒂**）:“在那等待的夜晚，焦急的心情有时实际上是由服药引起的，然而，经受痛苦的人却误以为心绪不宁是因为她迟迟不来。在这种情况下，情爱的萌生恰如某些神经疾病，往往由对某人病痛的错误解释而造成。既然解释出了差距，纠正就无济于事，至少对爱情来说是如此，因为这一情感（不管什么原因）永远都是错误的。”（中译文参考:《追忆似水年华》，第四卷,《索多姆和戈摩尔》，许钧、杨松河译，第 188 页。）

42. 同上，vol. II，第 795 页［vol. III，第 191 页］："'噢，瞧，'他向我指着紧紧搂抱在一起，翩翩跳着华尔兹舞的阿尔贝蒂娜和安德烈，继续说道：'我忘了戴眼镜，看不太清楚，可她俩肯定兴致勃勃。人们都不太了解，女人们主要是通过乳房感受快乐的。瞧，她俩的乳房整个儿都碰在一起了。'"（中译文参考：《追忆似水年华》，第四卷，《索多姆和戈摩尔》，许钧、杨松河译，第 186 页。）

43. 同上，vol. II，第 828-829 页［vol. III，第 223 页］："我当着阿尔贝蒂娜的面，故意对她冷酷无情，……恰恰突出了这种二拍节奏，表现得更为铿锵有力。……他们本身那摇摆不定的情感又陡添了满腹狐疑，疑心那位女人并不爱他们，而他们却是多么希望得到她的爱。"（中译文参考：《追忆似水年华》，第四卷，《索多姆和戈摩尔》，许钧、杨松河译，第 217 页。）

44. 参考梅洛-庞蒂在第 67 页（［34］（26））对《索多姆和戈摩尔》的引述："在并非相互的爱情中"梅洛-庞蒂的评论："太清醒，以至于不相信他在爱，所以不相信自己被爱，所以不能有相互的爱情。"

45. 同上，vol，II，第 1015 页［vol. III，第 403-404 页］："我对阿尔贝蒂娜也许有了爱慕之情，但又不敢让她有所觉察，我不露神色，即使我心里产生了这种爱，也不过是一种无价值的真实，可以在实际行动中严加限制；我总觉得，这种爱是无法实现的。"（中译文参考：《追忆似水年华》，第四卷，《索多姆和戈摩尔》，许钧、杨松河译，第 395 页。）

46. 同上，vol. II，第 1018 页［vol. III，第 407 页］。

47.（**梅洛-庞蒂**）参考（27）"对主张根据真人真事再创造的艺术家来说，现在无论如何不该让阿尔贝蒂娜与我保持一定的距离，非把她画到我身上来不可。"（同注 52，参考 vol II，第 1116 页）（中译文参考：《追忆似水年华》，第四卷《索多姆和戈摩尔》，许钧、杨松河译，第 489 页。）

135 48. 参考注 53［vol. II，第 1118 页］。

49. 同上，vol. II，第 829 页［vol. III，第 223 页］（紧接着注 43 引用的段落）："这种男人颇有自知之明，他们了解自己，即使对那些趣味迥异的女人，也会燃起同样的希望，产生同样的焦虑，编造同样离奇的故事……最终意识到自己的情感及行为与那位心爱的女性并无密切、必然的联系，……他们本身那摇摆不定的情感又陡添了满腹狐疑，疑心那位女人并不爱他们，而他们却是多么希望得到她的爱。"（中译文参考：《追忆似水年华》，第四卷《索多姆和戈摩尔》，许钧、杨松河译，第 217 页。）

50. 同上，vol. II, p.835［vol. III, p.229］；同注 44。

51.《索多姆和戈摩尔》，同上，vol. II，第 751 页［vol. III，第 148 页］。

52. 同前，vol. II，第 1116 页［vol. III，第 501 页］，同注 47。

53. 同上，vol. II，第 1118 页［vol. III，第 503 页］："她正好送给我——只有她才能送给我——独一无二的解毒药，那毒药正煎熬着我，只不过毒即药，药即毒就是了；一个是甜的，一个是苦的，两者都是阿尔贝蒂娜派生出来的。"（中译文参考：《追忆似水年华》，第四卷，《索多姆和戈摩尔》，许钧、杨松河译，第 491 页。）

54.《女囚》，同上，vol. III，第 24 页［vol. III，第 533 页］。

55.《索多姆和戈摩尔》，注 45 引述的段落。（vol. I，第 1015 页 [vol. III，第 403-404 页]）

56.《女囚》，同上，vol. III，第 97-98 页 [vol. III，第 605 页]：“倒不如说我们是为了她每日每时都能从我们身上取去维系在她周围的所有那一切，在奉献我们的生命；……而我们其实只有对我们自己才会产生责任感的（哪怕当这种责任感，从表面上看似乎很矛盾、会导致自杀时，亦是如此）。

倘若我不爱阿尔贝蒂娜（这一点我不能说得很肯定），那么她在我的生活中所占的地位是极为寻常的：我们与之一起生活的并不是我们所恋爱的对象，我们与之一起生活，只是为了扼杀那不堪忍受的爱，不论那是对一个女人，一个地方，抑或是对一个使人想起某个地方的女人的爱。”（中译文参考：《追忆似水年华》，第五卷，《女囚》，周克希、张小鲁、张寅德译，第 90 页。）

57.《女囚》，同上，vol. III，第 252 页 [vol. III，第 756-757 页]：“我觉察到，这首七重奏中的不同乐思相继呈现，最终汇成一体。凡德伊的奏鸣曲以及——正如我日后得悉的——其它作品，较之我眼下发现的完美成功的杰作，都仅仅是一些腼腆的尝试而已。那些初试作品虽然同样脍炙人口，但毕竟还非常稚弱。一经比较，我立刻回忆起，以前每当我想到凡德伊创造的其它音乐世界，就不免要想到我每一次恋爱所构成的封闭世界；现在一经比较，又出现了同样的情况。我必须承认，我最后一次恋爱——和阿尔贝蒂娜的恋爱——包含着我和她初恋时的彷徨（最初是在巴尔贝克，继而是玩抽白鼬牌，她在旅馆过夜，后来是一个星期日在大雾弥漫的巴黎，盖尔芒特家的晚会，巴尔贝克的重逢，最后

136 又是巴黎，我的生活跟她紧密地连在一起），因此，如果现在不是单单回顾我对阿尔贝蒂娜的爱情，而是回顾我的全部生活，那么，我的其它恋爱经历就同样是一些微弱和腼腆的尝试，是对那更为宽阔的爱情——对阿尔贝蒂娜的爱情——所作的一种准备和呼唤。”（中译文参考:《追忆似水年华》，第五卷，《女囚》，周克希、张小鲁、张寅德译，第 236 页。）

58. 同上，第 253 页。

59.《女逃亡者》，同上，vol. III，第 420 页；[《阿尔贝蒂娜不知所踪》，vol. IV，第 4 页]：“我认为我对自己的内心最深处也了如指掌。然而我们的智慧无论多么敏锐，我们都无法窥见组成人心的要素，这些要素通常处于倏忽即逝的状态，只要那能够使其脱离这种状态的现象未能使其经受起码的凝固作用，这些要素就是不可臆测的。”（中译文参考:《追忆似水年华》，第六卷，《女逃亡者》，刘方、陆秉慧译，第 2 页。）

60.《女逃亡者》，同上，vol. III，第 500 页 [《阿尔贝蒂娜不知所踪》，vol. IV，第 82 页]。

61. 同上。

62. 同上，第 502 页 [第 84 页]：“就凭希尔贝特我很难想象出阿尔贝蒂娜的形象，也想不到我会爱上她，犹如对凡德伊奏鸣曲的回忆并无助于我想象她的七重唱一样。”（中译文参考:《追忆似水年华》，第五卷，《女囚》，周克希、张小鲁、张寅德译，第 80 页。）

63. 同上，第 506 页 [第 88 页]。

64. 梅洛-庞蒂所引用的段落与七星文库最新版本一致，在四卷本的《阿尔贝蒂娜不知所踪》，I，vol. IV，第 88-90 页。三卷本中，《女囚》结尾处的文本略有不同（第 507-508 页）：

“那些支配着我们又使我们盲目相信的实情，那些令人痛苦而又无法逃避的实情，我们感情的真相、命运的真相，有多少次我们不知不觉而又不情愿地用我们自以为是谎言的话语将它们说了出来，然而事情的结局又在事后证明了这些话具有预言的价值。我清楚地记得我俩说过的一些话，当时我们并不清楚它们内涵的真实性，我们在说话时甚至相信自己在演戏，与话语所包容的我们并不清楚的内涵相比，话语的虚假性并不重要，也引不起人们的兴趣，它仅仅局限在我们那可怜的不真诚的范围之内。谎言和谬误都存在于我们看不见的深刻的现实之下，而真相却在其上，有我们性格中的真相，这种我们无法把握其本质规律的真相需要‘时间’方能得到揭示，我们命运的真相也是如此。在巴尔贝克，我对她说：‘我看见你次数越多，我就越爱你（而正是时刻耳鬓厮磨的亲密感以嫉妒的形式促使我如此依恋于她的），我觉得我可能对你的头脑有所裨益。’我在巴黎说：‘尽量小心些。你想想，万一你出了事故，我会受不了的（而她却说：“我可能会出事”）。’我 137
说这些话时满以为自己在说谎。在巴黎时，一天晚上我装出想离开她的样子对她说：‘让我再看看你，因为要不了多久我再也看不见你了，而且永远也看不见了。’她呢，就在这天晚上她看看自己周围说：‘真难想象我再也看不见这个房间了，还有这些书，这架钢琴，这住宅里的一切，我真无法相信，但这却是事实。’末了是她最近写的那几封信，她写道（也许一边写一边自言自语‘我这是在装假’）：‘我给您留下我个人最美好的。’（如今她的聪慧、她的善良和美貌不是果然交给了我忠实有力的可惜又是不牢靠的记忆了吗？）还有：‘这一刻，这因暮色苍茫和我们即将离别而显得格外黯然神伤的一刻，只有在我的脑海已被深深的夜色笼罩时才会从我的脑海里消失。’这句话写在她的脑海果然被深深的夜色笼罩的前夕，那天，在她脑海里倏忽即逝但又被忧郁分割到无限小的闪光里，她也许清楚地看到了我们最后那次散步，人在一切都抛弃了他时会给自己建立一种信念，犹如无神论者在战场上变成了基督徒，她当时也许在向那位她经常诅咒而又十分尊敬的朋友求救，这位朋友自己——因为所有的宗教都大同小异——也残酷地盼望她有认识自己的一天，盼望她临终时向他敞开胸怀，向他忏悔，在他心上死去。即使她当时来得及认识自己，我俩也只能在幸福已不可能实现或者正因为幸福已不可能实现时才会双双明白我们的幸福之所在，明白我们应当做些什么，而且明白这一切我们都做不到了。”（中译文参考：追忆似水年华》，第五卷《女囚》，周克希、张小鲁、张寅德译，第85-86页。）

65.《女逃亡者》，同上，vol. III，第256页［《阿尔贝蒂娜不知所踪》，vol. IV，第106页］。

66.《时光重现》，同上，vol. III，第869-880页［vol. IV，第448页及以下］。

潘诺夫斯基：《作为象征形式的透视法》

67. 潘诺夫斯基：《作为象征形式的透视法》（第65-67页）：“后来在文艺复兴时期，欧几里德的注释者——甚至其翻译者——完全忽视了定理八，甚至‘删去’了它，以至于褫夺了其原始的含义，这也许不仅仅是一个巧合。事实上，人们似乎已经觉察到了在自然的或普通的透视与人工的透视之间的对立。前者只是通过将视大小与视看的角度联系起来，试图给出自然视看的法则的数学表述；而在此期间发展起来的人工的透视则相反，它试图推进艺术表面的建构使之成为更容易为艺术家实践的（方法）。然而很明显，为了消除这一对立，必须牺牲角度公理，它使精确建构透 138
视表象的问题无法解决，因为正如我们所知道的，我们不能在平面上展开球面。”

68. 同上，第 75 页：“当我们延长没影线时，它们严格来说并不是通过一个竞争性的运动交汇在同一个点上，而是［……］在好几个点上两两相会，这些点都处于同一轴线上，因此我们会有看到一个鱼骨的印象。”

69. 同上，第 77-78 页：“与现代人的技术相比，这种表象空间的方式尤其没有确定性和连贯性。事实上，现代人通过没影点进行建构表现出很大的优势［……］在所有变化中都能保持长度、宽度和深度间的关系不变，为的是让我们通过测量一个物体以及通过其与眼睛的关系情况而了解到的它表现出来的大小是确定的、没有任何歧义的。”

70. 同上，第 79 页：“空间并没有被感受为能既支配又解决有形体的东西与没有形体的东西之间的对立的现实，而只是，从某种程度上说，持存在形体之间的东西，是一种剩余物。［……］世界［……］并没有达到［……］一个完美同一的世界的凝聚力，亦即，在这个世界内部，诸形体与将诸形体分隔开来的自由空间的间隔只是一个更高序列的统一体的诸多差别或变体。”

71. 同上，第 82 页：“尺寸的缩减最常见的是向后方推远，而这种缩减从来都不是有规律的。[……] 谈及这些画的风格的时候，我们可以说，在那里已经有现代印象主义的先驱的运动 [……]；只是这并没有导致一种统一的‘光照’。因此，即使在透视法作为‘穿透的视看’的概念获得了足够的重视的地方 [……]，所表现的空间依然只是聚合的空间，没有机会成为现代人所要求和实现的空间：系统的空间。”

72. 同上，第 90-91 页：“恰恰是他们的空间本质上的这种永久性，使得古人的‘印象主义’实际上只能是一种准印象主义。[……] 因此，他们永远不可能 [……] 威胁到空间画面的稳定性，也不会威胁到具体事物的紧凑性；他们只能用面纱将它们重新遮住。[……] 这也解释了 [……] 为什么一旦将空间引入表象，特别是在风景画中，[古代艺术世界] 就会变得出人意料地不真实、矛盾和虚幻。”

139 73. 同上，第 92 页：“事实上，无论古代的空间理论多么多样，没有任何一种理论将空间定义为一种高度、宽度与深度间的纯粹关系的体系 [潘诺夫斯基在此指的是卡西尔]，因此‘前面’与‘后面’、‘这里’与‘那里’、‘形体’与‘非形体’之间的差别，在一种‘坐标系’的形式下，应当能够在更高的抽象层次上解决三维广延的概念，或者甚至如阿诺德·格林克斯（Arnold Geulincx）所说，一般意义上的形体（corpus generaliter sumptum）概念。”

74. 同上，第 92 页：“这种空间感，即造型艺术所要表现的东西，绝不是要求系统的空间；在这方面，古代的艺术家与同代的哲学家有着完全相同的处境：前者无法想象这种系统空间，后者无法构想这种系统空间。”

75. 同上，第 94 页："当某些问题的深化达到这样的程度，以至于如果继续从相同的前提出发就会走进死胡同，那么通常就会产生一些巨大的反应，或者，更有甚者，巨大的逆转［……］使得它由于放弃了当下所获得的东西而回到看起来更加'原始的'表象形式，利用从旧建筑中拆下的材料来建构新的建筑。"

76. 同上，第 95 页："随着东方影响的越来越大（当然，它们的出现并不是新变革的原因，相反，是其征兆与工具），［……］表象纵深的构图技术再次为并列和叠加所取代；绘画的独特元素［……］变了，变成了一些形式，这些形式如果还不能说完全融入了平面，也至少指向了平面；这些形式从金色的背景或中性的背景上凸显出来，它们彼此相连，但没有一个遵守先前主导构图的逻辑。"

77. 同上，第 99-100 页："绘画不再接受为目光所穿过的窗口，它现在想用一个完全完整的表面来面对观众。如此定义，这个表面使希腊化时期的罗马艺术的各种'短缩'失去了其原有的意义。这些'短缩'不再有目的在于打开空间的表象，但它们同时也保留了可以固定在线条中的形式的表现，它们看到了最奇特、最富表现力的意义的逆转：这个目光曾经藉以'穿过'形象表面的朝 140
向空间敞开的窗口开始关闭了。"

78. 同上，第 100 页："自此，一种新的、在某种意义上更深刻的关系将［绘画的各种元素］联系起来。事实上，这些元素将以某种方式建构一种非物质的没有缝隙的组织，在这种组织的构造中，色彩与金色有节奏地交替着，或在浮雕艺术中，明与暗有节奏地交替着，创造出一个统一体，其实在不能容许它只作为色彩或光线存在。这一统一体以及其独特的形式在其时代哲学的空间概念中找到了理论上的相似物，亦即，在具有异教与基督教的新柏拉图主义特征的光的形而上学中，普罗克洛斯教导说：‘空间只不过是最微妙的光’；从那时起，哲学家与艺术家第一次把世界作为一个统一体来把握［……］。空间已经成了一种同质的流体，如果可以说是同质化的话；但它仍然是不可度量的，并且甚至仍然是一个没有维度的空间。”

79. 同上，第 108 页：“线只是一条线，亦即一种具体的图形表达方式，它在对表面的界划与装饰中耗尽了它的意义；表面，就其本身而言，只是一个面，也就是说，它不再是一个非物质的空间的指标——无论它多么模糊——而是作品的物质支撑所必须的二维表面。”第 110 页：“这一根本的变化似乎宣布彻底放弃了创造空间幻象的雄心。只有在这个前提条件得到满足后，真正的现代空间观才有可能出现。事实上，通过以同样的方式和同样的坚定将形体和空间还原为表面，这一变化第一次真正给形体与空间打上了不可磨灭的同质的印记。［……］自此之后，形体与空间无论好坏都连在一起，当形体随后再次从将它束缚在表面的束缚中挣脱出来的时候，它的发展已经离不开空间的发展。”

80. 同上，第 121 页：“对一个封闭的内部空间的表现［……］构成了对表象的表面的形式评价中的革命，这个表面［……］再次成为［……］透明的平面，而且如我们认为的那样，我们的目光透过这个平面进入到一个空间中，这个空间即使在各个面上仍然是有界限的。因此，我们已经完全可以从强意义上把它称为‘图画的平面’。这种自古以来就被阻住的‘穿透的视看’已经重新开放，我们感觉到一幅画很快成为无限的空间的‘一部分’的可能性。”

关于扬·凡·艾克的《教堂里的圣母》(*La Vierge dans l'église*)：141
“绘画的平面恰恰竖立在这个空间的中间，画面似乎要跨过它向前走去。[……] 因此，从自此以后我们所想象的空间从各方面溢出了所想象的空间的意义上说，绘画已经转化为‘现实的一部分’，绘画的有限性本身使得空间及其延续性的无限性成为可感知的”(第137-138页)。

81. 潘诺夫斯基在第147页引用了阿尔伯蒂的定义：“对后人来说，这是很重要的：图画是视觉金字塔的一个平面交汇处。”

82. 同上，第159页：“这种空间观 [……] 已经是后来笛卡尔主义用理性来说明以及康德学说以形式来论证的东西。[……] 除了使艺术上升到‘科学’的高度，[……] 它还如此地推进了主体视觉印象的合理化，以至于恰恰是这种主体的印象从此以后充当了建构经验世界的基础，这个经验世界有着坚实的基础，同时又在完全现代语境的意义上说是‘无限的’。如果说文艺复兴时期的透视法的功能可比于批判哲学的功能，那么罗马-希腊化时期的透视法的功能则可比于怀疑主义的功能。事实上，人们已经完成了从心理生理空间向数学空间的转化，换言之，即主观(空间)的客观化。”

83. 同上，第160页：“就其本质而言，[透视法] 是一柄双刃剑：[……] 它创造了人与物之间的距离 [……]。反过来，它又取消了这个距离，使这个事物的世界从某种意义上进入到人的眼睛里，这个事物世界的自主存在是在人们面前呈现出来的；[……] 它把艺术现象还原为稳定的规则，甚至还原为数学上的精确性，但另一方面，它这样做又使它依赖于人，[……] 只要这些规则以视觉印象的心理生理条件为参照。[……] 这就是为什么我们有理由将透视法的历史既看作是一种构造了距离与客观性的现实感的胜利，又看作是占据着人们并否定着一切距离的对权力的欲求的胜利 [……]。”

第 170 页：“那么还有什么比文艺复兴对透视法做的完全不同于巴洛克做的解释，也不同于意大利和北欧国家做的解释更自然的解释呢：在那里 [……] 透视法的客观意义被看作是最重要的，在这里，其主观意义则被认为是最重要的。”

142 第 182 页：“拉斐尔的《西斯廷（圣母）》，丢勒的《启示录》和格吕内瓦尔德的《伊森海姆三联画》[……] 已经为巴洛克的伟大幻象做了准备，如果没有空间的透视，它就不可能出现，它通过从本质到外观的转变，似乎将神圣的东西还原为人类意识的单纯内容，直到它成为神性的承载物。”

84. 潘诺夫斯基在第 159 页使用了瓦萨里的“刻板”（stéréotypé）这个词。

85. 同上，第 78 页：“更有甚者，我们可以把它称作——我们可以把恩斯特・卡西尔那个巧妙且强有力的术语扩展到艺术史领域——‘象征形式’中的一种，由于这种象征形式，‘一个智性领域的有意义的内容附着于一个可感领域的具体符号上，以使自己与之达成深刻的同一’。”

86. 潘诺夫斯基指出透视法的双重性使画家考问应当在什么意义上使用它：“最后，他们需要知道整个空间的斜视图是否看起来是合理的以及其比例如何。通过所有这些问题，我们能够分辨出客观性的‘要求’[……]以及它对主观性的野心的阻抗；因为物体——只要它被标记为‘客观性’的——依然想要与观看者保持距离，自由地施加它自己的形式法则，例如，对称性和正面式法则，而不是参照一个偏离中心的视点，甚至像在斜视图的情况中那样，由整个坐标系统来决定，其轴线不再是客观地感知到的，而是只能由观看者从精神上领会到的”（同上，第170页）。

莉莉安娜·葛瑞：《塞尚与空间表达》

87.（此条注释由克劳德·勒福尔编订）

1）葛瑞书的第二章的标题为“折衷的解决方案”，作者在其中写道：“对塞尚来说，这个问题[比对毕沙罗]要复杂得多，因为它不仅仅是再现一个转瞬即逝的光的和谐，而且是要在一个抽象空间中表达所有可能和谐的综合。为了不在色彩和谐的无限性中破碎，人们必须稳定地表现，因为只要借于现实，光的组合就会像它所处于其中的空间那样成为一种智性重建的结果”（第53页）。在第二个地方写道：“这些人物以其完全的充实度表现他们的大小，并没有因色彩版块的颤动而‘破裂’。但他们的动作仍然悬停了，就像时间突然间停顿了一样。人们会以为自己在跟一些模型打交道，而不是在跟活人打交道”（第54页）。在更后面，葛瑞还指出，塞尚在摆脱了空间碎片化的危险之后，面临了一个相反的困难：“人物，就像树木一样，不过是一种大片的光的触感的 143
颤动。身体失去了所有的轮廓，所有的质料。”

关于对花的处理：“塞尚对花瓶的偏爱——他此前从未画过花瓶，后来也很少画——可以很容易地解释为，在寻求表达气氛的统一性时，他担心这种统一性会由于物体与空间过去激烈的对立而受到损害［……］花朵不知不觉地将矿石与空气关联在一起，它与二者间的距离是一样的，比充盈着它们的构造的气更有分量，比组成它们的玻璃更加脆弱”（第 70 页）。

2）在第三章（“不稳定的平衡”）开头，葛瑞指出，正是从 1878-1879 年开始，塞尚似乎开始了他的第三个阶段，即人们称作“建构性”的阶段。谈及塞尚在肖像画方面的困难，她写道：“等待画家的是两种同等的危险。一个太过紧凑、太沉重的空间，它能够固定形状，凝固面容［……］。更多的时候，一个不再为形式提供支持的无机的中性的背景，会使体积崩溃，使面容消融在表达的各种不同的流动之中［……］”（第 74 页）。在另一地方，她发现，通过在肖像画中自由发挥想象力，并越来越关注模特的复杂性和流动性，画家在完全掌握姿态的要求中找到了对应物，他变得“宿命且必要”，以便“达至本质”。因此她评论说：“当我们想到雷诺阿的《勒格朗小姐像》时，我们不会立即想起她双手交叉着搭在围裙上——这证明这个姿势并不是这种图像结构唯一必要的姿势；而在塞尚的《塞尚夫人像》中，这种姿势则绝对必要，我们无法想象她处在任何其它位置上”（第 105-106 页）。

关于浴者（图）：“图像遵循具体事物的基本信息，但为了保留符号的一般性，偶然性的东西会被抹去。理想化的身体变成了裸体自身。浴者与浴女不再有区别，以至于女性裸体的草图也能用于《露天浴者》的构图，反过来，沐浴中的士兵成了《大浴女》的模特。身体现在不只是借以安排一种和谐，借以寻求其与空间之间的节奏的一致性的东西”（第 112-113 页）。

在（第四章）“成熟期”中，葛瑞认为，从1894年秋天到1896年六月这段时间：“笔触从未如此轻盈、敏感、直接，服从于纯粹的感觉，而视觉也从未像这一阶段这样完全是综合的”（第120页）。

关于水彩画的重要性：“每一笔间隔开来，材料变得越来越流 144
畅。这样的技术无疑是受到了塞尚从1890年开始一直在练习的水彩画技术的影响”（第129页）。

关于结晶，史学家引用罗杰·弗莱（*Cézanne, A Study of Hits Development*）的话说：“我们可以把塞尚在其创作中寻求建立的那种综合比作结晶的现象，后者从溶液中析出。根据这种比较，他在水彩画中标记出了结晶由以向四面八方辐射的那些源头”（第130页）。

关于文艺复兴问题的另一种解决方案：“这种不可见的颤动将人物与其生活的背景结合起来，也将之与背景的反面，即观者的具体空间结合起来。绘画的下边缘现在不再是图形空间结构的界限。更确切地说，它不再是一个形象的构造，而是成为一个片段，就像观者于其中移动的那部分空间一样，是一个同时包含着图像的世界与物体的世界的最高的构造。[……] 空间的容器是相同的，只是内容的外观变了。塞尚凭直觉实现了空间的最高的统一，而这正是文艺复兴时期的理论家曾经试图通过几何学建构达到的”（第148-149页）。

“正是在这一时期塞尚通过一条截然相反的道路实现了文艺复兴时期的理论家所追求的空间的综合，也是在这一时期他成为‘古典’的，他自己的透视法的内在规律，一种卓越的直觉的成果，通过最美丽的邂逅，找到了那些由一个列奥纳多和一个丢勒通过多年的历验所形成的体系性的东西。正是在这一时期，他那经过如此完美地构建而成的作品，就像一个帷幔被扯破了裂开一道缝隙，使得逃逸的可能性无限扩大”（第 153 页）。

克劳德·列维-斯特劳斯:《种族与历史》

88. 在“静止的历史与积淀的历史”一章中，作者借助在火车车厢的窗口观察其它火车运动的旅客的相对论的图像说明了各种文化间的关系，他在第 44 页说道:“我们实际上是随着这个参考系在移动的，而那些外部的文化现实唯有通过这种移动加诸其上的各种变形才能被观察到，在这种移动还没有发展到让我们不可能看出任何东西的情况下。”在第 45-46 页，他继续说:“每当我们想将一种人类文化描述为没有生气的、一成不变的时，我们必须问自己，这种明显的静止是否是我们对其真正的益处无知的结果，不管（这种无知）是有意识的还是无意识的。”

列维-斯特劳斯:“躺着的第欧根尼”

145 89. 载《现代》杂志，1955 年 3 月，第 1187-1220 页。此文是对罗杰·凯鲁瓦（R. Caillois）文章“颠倒的幻觉”（NRF，1954.12, 1955.1）的回应，那篇文章是对《种族与历史》(Paris, Unesco, 1952 年）的回应。

吕西安·费弗尔:
《十六世纪的无信仰问题——拉伯雷的宗教》

90. 第 151-152 页:“让我们听听伊波利特·奥贝尔是怎么说

的吧［……］：'至于塞尔维的理论，我们今天觉得这理论非常正统，几乎显得胆怯［……］然而塞尔维不是极力在证明基督的神性吗？在三位一体的问题上，他不是得出结论说，实际上是一个上帝，以三个人的形式存在的吗？'［……］但是法雷尔，但是加尔文考虑问题的方法与我们不一样。它们从塞尔维的理论出发，推导出无数可能的结果。［……］他们在 A 当中看到了 Z，因为他们从 A 推到 Z，标示出所有的中间环节，然后便毫不犹豫地以 Z 的名义谴责 A"（新版，第 135-136 页）。（中译参见：吕西安·费弗尔：《十六世纪的无信仰问题》，闫素伟译，北京：商务印书馆，2019 年，第 218-219 页）

91. 费弗尔引用阿贝尔·勒弗朗的《庞大固埃研究》（1922 年）说："拉伯雷成为［他］思考的起点：'因为书商在两个月的时间里卖出去的这本书，比九年时间里卖出去的《圣经》还多。'［勒弗朗写道］阿尔高弗里巴按照水涨船高的逻辑，通过直接的谴责，马上就提到一个福音派分子的证词［……］我像《创世记》中的圣约翰一样说：quod vidimus, testamur.（我们所见的，我们见证）。"费弗尔继续说："我们打开《庞大固埃》，边看边笑，再也想不到水涨船高的大逆不道了。［……］这一切没有任何秘密，一点也不可怕，也没有任何亵渎之处，满篇都是放肆的玩笑，却并不恶毒，满篇都是戏弄人的笑话，近乎淫秽，都是古老的教士们的笑话，让人看了觉得不过如此，这些笑话肯定不是拉伯雷发明的……"（第 160-161 页；新版，第 144 页）。（中译参见吕西安·费弗尔：《十六世纪的无信仰问题》，第 230-231）

92. 第 161-162 页："普拉达尔先生已经清楚看到，拉伯雷式的笑话属于教士们的传统，这与那些‘高高兴兴地布道’中的做法没有任何区别。[……] 里面有很多以各种粗俗的方式模仿的福音书中的话。某句布道词是圣体瞻礼仪式的原话：‘喝呀，吃呀……’把基督最后说的话‘一切都完了’（consummatum est）当成是冒昧的话，这其实是帕尼尔日说的，[……] 而且喝酒的人那种饥渴的样子，也让阿贝尔・勒弗朗觉得反感”。费弗尔在注释中引用拉伯雷的话：“‘他在里面点着火，把七鳃鳗都吃完之后说，“一切都完了”，正像托马斯・阿奎那说这话时一样’，（第三卷，II，第 41 页）；‘我说的是上帝说的话，sitio（喝吧）！’（《卡冈都亚》，v.61）”（中译参见吕西安・费弗尔：《十六世纪的无信仰问题》，第 231-232 页。）

93. 第 166-167 页：“我们不能假装不知道 [……] 拉伯雷时
146 代的弥撒并不是‘不信教的人’所诋毁的那样，也不是贝鲁尔时代及其以后天主教徒们心目中的弥撒：后来的弥撒成了典型的信教行为……”（中译参见吕西安・费弗尔：《十六世纪的无信仰问题》，第 237-238 页）

94. 第 177 页（新版，第 158 页）：“如果有时候一群狗飞快地冲过教堂的偏殿，没有人会感到气愤。[……] 又过了几年，再有狗进入教堂，人们就会感到气愤。”（中译参见吕西安・费弗尔：《十六世纪的无信仰问题》，第 249 页）

95. 第 211 页（新版，第 183 页）：费弗尔对勒弗朗对“完全死亡”的解释表示反对：“他知道自己灵魂当中的精神部分不会与他的肉体一样朽败，[……] 但是想到要 [……] 放弃现世的感情，他还是感到很伤心。”（中译参见吕西安・费弗尔：《十六世纪

的无信仰问题》，第 287 页）

96. 第 349-350 页："请读者明白，对一种丰富的思想如此从字面上进行简单的解释，对这种做法，我们不会没有权衡，不做修改就说是我们的做法。[……] 我们知道，[……] 各种说法都可以有各种不同的翻译。比如，'Res tanta nihil est [Eucharistia] imo perniciosa, nisi adsit Spiritus'，该怎么翻译才不违背其思想呢？'价值如此之大的圣事圣体，如果不能从精神上产生效果，那就只能是一种危害'：圣事的概念本身就是这样变得烦琐，就是这样被败坏了的。但是如果我们说：'如果做好充分的准备，[……] 能产生人们所指望的所有良好效果，而不会带来有害的作用吗？'——这样便尊重了正统，因为教会教导我们说，圣事只能使以良好的心境参与的人变得圣洁。在这些敏感的问题上，伊拉斯谟所用的说法，没有一句是不能以完全不同的思想做出两种解释的。这就等于是说：我们现在和当时一样，从伊拉斯谟的作品中所看到的，是我们心中已经有的：正统教派的人从中看到的是正统，宗教改革派的人从中看到的是改革，怀疑派的人从中看到的是嘲讽。"（中译参见吕西安·费弗尔：《十六世纪的无信仰问题》，第 444-445 页）

97. 第 362-363 页（新版，第 308 页）："今天的基督教，是众多教派中的一种 [……] 对此，我们并不完全是对的。因为不管我们愿意不愿意，西方社会的气候从深刻的意义上说，一向就是基督教的气候。从前，尤其是在 16 世纪，基督教就曾经是人们呼吸的空气 [……]

因为今天，我们可以选择。我们可以信教或不信教。但在 16

世纪，人是没有选择的。人在事实上就是基督徒。[……] 不管你愿不愿意，不管你是不是明确意识到这一点，人一生下来，便沉浸在基督教的润泽之中，即使死了，也无法从中逃脱出来。因为从社会的角度来看，从谁也躲不过的仪式来看，人的死也必然是基督徒之死。”（中译参见吕西安·费弗尔:《十六世纪的无信仰问题》，第 460 页）

98. 第 375-376 页（新版，第 319 页）:“但是公众生活又怎么
147 样呢？我们还需要再重复说，国家是从何种程度上，从本质、精神、结构上被基督教浸润到饱和的吗？[……] 即使是 [……] 那些似乎表现出某种鉴定的革新精神的人。在日内瓦的加尔文主义基督教国家，所有的人不是都要屈服于上帝和耶稣基督的最高权威吗？”（中译参见吕西安·费弗尔:《十六世纪的无信仰问题》，第 474 页）

99. 第 384 页（新版第 328 页），在“思想工具”一节中:“我们先提出一个问题:[……] 那就是，当我们开始思考哲学问题的时候，我们的笔下自然而然地就会出现一些词汇，如果没有这些词汇，我们不仅会感到不便，我们的思想就会发生缺陷，会出现空白。当时的人，当时的法国人，在思辨时没有这些词汇，那么他们的思想能够清晰到什么程度，能够深入到什么程度，说到底是能够有效到什么程度（当然是按照我们的标准来判断）。”（中译参见吕西安·费弗尔:《十六世纪的无信仰问题》，第 483 页）

在“缺乏的词汇”一节，费弗尔特别指出（第 385-387 页）: 绝对的、相对的、混乱的、复杂的、适当的、无法解决的、意愿的、本质内在的、固有的、[……] 因果关系、规律性、概念、标

准、条件、分析的、综合的、演绎、归纳、[……]理性主义、自然神论、[……]唯物主义、自然主义、[……]宽容、正统、异端[……](这些词汇在当时都还没有)(中译参见吕西安·费弗尔:《十六世纪的无信仰问题》,第 483-486 页)

100. 第 388-389 页,在“句法和视角”一节,费弗尔写道:“视角也是一样——che dolce cosa(甜蜜的笑)——,对于艺术家来说,视角慢慢变成了一种需要,后来又成了一种本能。正好与他的整个世界观一样,正好与我们的整个世界观在不知不觉中发生了变化一样,时态的使用也更加规律、更加协调,这让作家们渐渐在自己的思想中引入了秩序、视角,从而可以说,他们的故事也因之而变得更加深刻了。”(中译参见吕西安·费弗尔:《十六世纪的无信仰问题》,第 489 页)

101. 第 392 页(新版第 335 页):“行动和反行动。语言的状态阻碍着思想的发展,但是,思想的推动会不顾一切地撑开语言的框架,打碎它,扩大它。”第 393 页:“语言常常充当了栏杆的作用,或者大坝的欧勇。所以在思想的历史上,很多被拦住的水总有一天突然冲垮障碍,卷走一切。”(中译参见吕西安·费弗尔:《十六世纪的无信仰问题》,第 492-493 页)

102. 第 420 页,费弗尔提到在《庞大固埃》的第五卷中,“这个道听途说的比喻[……]一个弯腰驼背、又瞎又瘫的小老头,头上和身上到处都是耳朵;他长了七个舌头,这七个舌头在大嘴里一齐动着。他身上所有的耳朵都在听,他所有的舌头都在说,四周贪婪的听众呆呆地听着,不鉴别,不检查,不审核,不批评,对那些书本和杂志上杂七杂八的知识一概收揽。[……]因为当时

的人之所以是在编纂，[……] 那是因为为了了解世界的秘密，为
148 了逼迫大自然后退，他们手中一无所有：既没有武器，没有工具，也没有一张整体的规划。”（中译参见吕西安·费弗尔：《十六世纪的无信仰问题》，第 523-524 页）

103. 第 426 页，在“漂浮的时间，静止的时间”一节：“让我们用这些想法来思考时间。当时人们还常常满足于以农民的方式来评价时间，靠看太阳来估计一天到了什么时候；夜里，或者在黎明的时候，靠听鸡鸣来知道自己是不是该起床了。”（中译参见吕西安·费弗尔：《十六世纪的无信仰问题》，第 530 页）

第 429 页：“因此，想象的事、大概其的事、不准确的事是普遍存在的。很多人甚至不知道自己究竟多大年龄。[……] 伊拉斯谟是什么时候出生的？他自己也不知道，只知道他是在圣西门日和圣朱德日前一天出生的。”（中译参见吕西安·费弗尔：《十六世纪的无信仰问题》，第 532 页）

第 432 页：“在此基础上，我们就不应当对当时的人缺乏历史意识感到吃惊。[……] 对于当时的很多人来说，历史甚至与神话混淆在一起。”（中译参见吕西安·费弗尔：《十六世纪的无信仰问题》，第 536 页）

104. 第 460 页（新版，第 392 页）：“十六世纪的人满脑子都是想法，他们的整个世纪都是如此。但是他们的思想是模糊的，他们无法清楚地表达自己的思想，他们没有清楚地表达这些思想的字词。他们只有一些简短的思想，他们无法让这些简短的思想变得丰富起来，变得更长、更协调。有时候，他们会灵机一动，会有天才的念头闪现。那是夜里的一点火花，然后便又熄灭了。黑

暗便显得更加的深沉。

十六世纪是先驱者的世纪，先驱者是没有后代的人，他们什么也产生不出来。列奥纳尔、帕里西被一个球体的神秘之处所吸引，到目前为止，这个球体的深刻结构好像对任何学者都没有提出任何问题。他们重新唤起了在两千多年的时间里没有得到任何回应的希腊思想。这些思想让人预感到将来有一天，会出现的地质学和古生物学。当时还太早了。这些思想到了两百年之后才真正复苏，才产生出其它思想。”（中译参见吕西安·费弗尔:《十六世纪的无信仰问题》，第565页）

105.第11页（新版，第23页）费弗尔继续说:“我们难道没有用我们自己的想法来代替他们的想法，在他们使用的词语背后，我们难道没有把他们没有的意思放在里面吗？”（中译参见吕西安·费弗尔:《十六世纪的无信仰问题》，第39页）

列维-斯特劳斯:《亲属关系的基本结构》

106.第115页:“首先，根据我们关于禁忌等级的看法，表亲间的婚姻制度看起来是非常不合理的。既然同性同族和异性同族表亲的情况中的亲缘关系是一样的，为什么要在它们之间设置障碍呢？然而，二者间的过渡使特征明显的乱伦（被同化为兄弟姐妹的平行表亲）与那些不仅是可能的，甚至是被推荐的结合（因 149
为交叉表亲使自己成为潜在的配偶）之间有很大的区别。这种区别与我们关于乱伦的生物学标准是不相容的。”

107.第151页:“事实上，交叉表亲间婚姻的特点不仅仅是由于生物上的同一程度间的社会隔障。[……] 对平行表亲产生的反感不仅在交叉表亲面前消失，而且还转化为其反面，转为亲和。因此，只孤立地解释平行表亲禁忌是不够的，对处于可能配偶序列的交叉表亲提出单独的解释也没有任何意义。积极的和消极的现象自身没有什么意义，它们是一个整体的组成要素。如果我们总的概念是正确的，那么就必须承认，推荐交叉表亲的原因与排除平行表亲的理由是相同的。”

第 152 页：“（这种区别）说明了［……］这样一条规律：一个男人只能从属于可求娶的族群中获得一个妻子，因为在更高的一代中已经少了一个姐妹或女儿；而兄弟则欠外人一个姐妹（或对一位父亲而言，欠一个女儿），因为在更高的一代，已经有一个女人为他所赢得。”

第 153 页：“因此交叉表亲间的婚姻，归根结底只说明了这样的事实：在婚姻问题上，人们必须始终给予和接受，但人们只能从那些有义务给予的人那里接受，而且必须给予那些有资格接受的人：因为债务人之间的相互给与会导致特权，正如债权人之间的相互给予会导致灭亡。”

108. 第 205 页：“让我们来考虑一下澳大利亚的三个传统系统：半数、部分、子部分。这三个系统代表了一种基本结构［……］婚姻总是符合这样的规则：如果 A 族群的一个男人可以与 B 族群的一个女人结婚，那么 B 族群的一个男人可以与 A 族群的一个女人结婚。这样，族群内部的不同性别间就存在着一种互惠关系。或者，也可以说，婚姻的规则可以无视婚姻双方的性别。［……］

我们将具有这样特征的系统，无论其族群的数量如何，都称为限制性交换系统，由此表明这些系统只能在数量为 2 或 2 的倍数的同伴间实行互惠机制。”

109. 第 247-249 页：“我们把居住地规则与亲子关系规则相同的制度称作和谐的，将二者相反的制度称作不和谐的。[……]

我们已经看到了在不和谐制度下会发生什么 [……]。正如我 150
们知道的，提倡母系二分法的结果是四部分的划分，这允许与两个单边交叉表亲以及与双边交叉表亲结婚。在和谐制度下又会发生什么呢？

[……] 这个系统会 i 而作为两个并行的系统运作。与其说这是一个系统，不如说是两个系统，而且整个系统的整合程度并没有什么改变。[……]

因此，和谐制度是否注定要停留在二元组织所代表的族群整合的这个原始阶段？（……）另一种可能性依然是开放的：即 [……] 从一个有限的交换系统走向一个普遍的交换系统。”

110. 第 520 页：“母系婚姻代表了最清晰和富有成效的简单互惠形式，而 [……] 父系婚姻则提供了这种形式最基本和最简单存在。但硬币也有其反面。[……][前者] 是一种历险、一种风险。这是一种长期的投机，如果协作过程中出现了不一致，规则没有得到集体遵守，它随时都有破产的风险。父系婚姻制度则恰恰由于抱负有限，成为了一种更安全的交易。可以说，是与禁止乱伦相匹配的婚姻组合中最安全的。考虑到居于中间的限制性交换的样式，应当反对‘短周期系统’和‘长周期系统’。父系婚姻 [……] 允许实现最短的周期，但从其功能价值看，这也是最有限的。母系婚姻则为形成更加广泛的循环提供了一个具有无穷潜力的样式。同时，我们看到周期的长度与其安全性成反比。”

111. 第 206 页："然而［对立于限制性交换］还存在着第二种可能性，它既满足了族群外通婚的要求，也满足了无论是明确地还是不明确地划分为两部分的要求。这种可能性可以这样的样式来表示：如果 A 族群的一个男人与 B 族群的一个女人结婚，那么 B 族群的一个男人可以与 C 族群的一个女人结婚。［……］我们建议将实现这一样式的系统称为**一般的交换系统**，从而表明这些系统可以在任何数量的伙伴之间建立互惠关系。然而这些关系是定向的关系：如果 B 族群的一个男人的婚姻取决于他的族群后面的 C 族群，那么 B 族群的女人的婚姻就取决于她前面的 A 族群。"

112. 第 555 页："更直接地说，土著理论证实了我们的观
151 点。玛格丽特·米德的阿拉佩什族（Arapesh）的联系人最初很难回答她关于违反婚姻禁忌的可能性的问题。但这些联系人在试图表达禁忌时，他们的说法清楚地表明了误解之源：对他们而言，禁忌并不是被当作禁忌设想的，也就是说不是从否定的一面被设想的；它只是一种积极义务的反面或相对面，这是呈现给意识的唯一东西。［……］从长远来看，［……］我们得到了以想象的对话这样的回应：'什么！你想娶你的姐妹？你怎么了？你难道不想要一个姐（妹）夫了吗？难道你不明白，如果你娶了别人的姐妹，而另一个人娶了你的姐妹，你就至少有两个连襟，而如果你娶了自己的姐妹，就一个都没有了？那你跟谁一起去打猎？跟谁一起去种地？你去谁家做客？'"

113. 第 533 页："交换的三种基本结构，即双边的、母系一边的和父系一边的，总是存在于人们的头脑中，至少以无意识的

形式存在，而且如果人们不将其中一个与其它两个对立起来来考虑——但也是相互关联的——就无法想起它。母系一边的婚姻与父系一边的婚姻构成了一般交换的两极；但它们的对立，就像最短交换周期与最长交换周期的对立一样；而且像一般情况对立于特殊情况一样对立于双边的婚姻——因为数学研究证明，在所有多伙伴的组合中，有双方的游戏必须被视作有三方的游戏的一个特例。同时，双边的婚姻与父系一边的婚姻的共同点是具有交替性，而与母系一边婚姻的相近之处则在于，二者都允许有一个整体解决方案，而不是像前者那样只有一套局部的解决方案。因此三种交换形式构成了四对对立的关系：

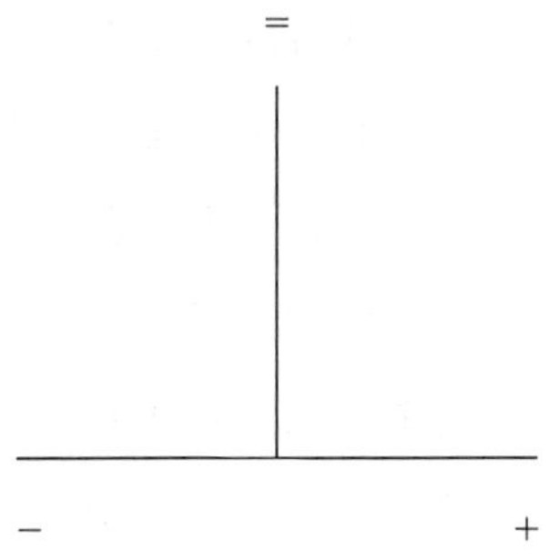

= 双边婚姻，零循环。样式： A ↔ B

–父系一边的婚姻关系；短周期循环。样式：A → B

A ← B

+ 母系一边的婚姻关系；长周期循环。样式：A → B → C”

114. 第 534 页：“这种逻辑上的在先性是否对应着一种历史 152
上的特权？这要由文化史学家来研究。对我们这些局限于结构分析的人来说，只要迅速证明刚刚提出的命题就足够了，根据这个命题，复杂的亲属结构——即不包含主动地确定所喜欢的配偶类型——可以被解释为各种基本结构的发展或结合的结果。[……]"

115. 第 547 页："如果没有一般交换系统明显的母边取向和在暗中起作用的父边的怀旧之间的潜在冲突，换句话说，如果没有无意识的安全感，这种安全感总是附着在短周期系统上，并在参与到长周期系统的历险中的社会内部发挥作用，[选婿婚（svayamvara），择婚] 的出现是不可想象的。"

116. 第 523 页："因为，如果只有母系一边的样式发挥积极的作用，而父系一边的样式总是以否定的形式存在，作为相互关联的一对中的第二项出现，那么我们可以说，从古至今，这两个样式是共存的。我们想要提出的所有历史假说，除了带来一个辩证过程的不完整的、不明确的转变之外，没有带来任何其它东西。

我们从不能不付出任何代价地乞求幽灵。通过拥抱父系婚姻的幽灵，各种一般的交换系统获得了一种保证；它们也面对一种新的风险，因为父系婚姻作为母系婚姻的相对项，同时也是对后者的否定。在互惠系统内部，与父亲姐妹的女儿的婚姻——短周期——对于与母亲的兄弟的女儿的婚姻——长周期——来说，就相当于乱伦对互惠系统的整体那样。用数学家的语言说，乱伦是互惠的'极限'，即它自身消亡的那个点；乱伦对于一般意义上的互惠而言，既是最低的互惠形式（父系婚姻）也是最高的互惠形式（母系婚姻）。"

第 544-545 页："通过对一般交换的各种简单形式的研究，可以立即得出这样一个结论：这些形式不能保持其简单形态。一般交换导致了异配繁殖：即大交换周期中的参与者逐渐获得——而且是通过交换样式这一事实本身——地位上的差异，只能从占据

更高或更低位置的伙伴那里得到配偶。[……]

必须找到一个解决这个问题的办法。[……] 我们首先要考 153
虑这样一种情况：异配繁殖规则内在的矛盾以某种方式冻结了一般交换的循环。通道被中断，无限的供给与反供给链被堵塞：伙伴们停滞不前，无法履行其供给方的职责，通过将女儿嫁给儿子来保留女儿，[……]（将）异配（转化）为内婚。[……] 因此，[……] 埃及的近亲结婚习俗。"

117. 第 519-520 页："因为所有这些样式都以不同的形式表达了同一个真理：人类的一个族群如果有在所有世代和所有世系间建立广泛的互惠，只需要宣布与母亲的兄弟的女儿结婚的法则，它们与物理的和生物学的法则同样和谐和不可避免。[……]

我们刚刚提到了生物学的法则，事实上，向蔑视原始逻辑的人们指出，他们在把婚姻关系区分为各种具有特殊属性的类时，并没有以不同于生物学家 [……] 或遗传学家的方式在操作，这会是很有趣的 [……]。在通常的思想认为是同一的接近程度之间，人们看到了与原始的微妙同样的一些区分。[……] 某些当代社会学家的经验论只是在另一个层面上重复着过时的观念论的错误，必须以同样的方式回答他们：'正是对自然史与人类社会史而言辩证法的法则才是抽象的。因为它们无非是历史发展和思想这两个方面的最一般的法则。[……]（黑格尔的）错误在于试图把这些法则当作思想的法则强加给自然与历史，而它们本应是从自然与历史中推导出来的。[……] 不管是否愿意，宇宙体系都必须符合思想体系，后者实际上只是人类进化过程的某个阶段的表现。如果我们把事情摆正，一切都会变得简单，从观念论角度考虑时显得如此神秘的辩证法就会变得清晰，像正午的阳光一样光辉灿烂’”（恩格斯:《自然辩证法》)。列维-斯特劳斯的结论是:“因为思想的法则——无论是原始的还是文明的——与物理实在和社会实在中表现的法则是一样的，而社会实在只是物理实在的一个方面。”

118. 第 361 页:“……澳大利亚物质文化的古老在社会制度领域没有相应的表现;[……]相反，社会制度都是一些深思熟虑的
154 阐述和系统改革的结果，[……]总之，澳大利亚的家庭社会学，如果可以这么说的话，是一种‘计划社会学’。”

119. 与这些页面相对应段落紧随下面笔记 121 所引用的关于“社会引力场”的段落。我们也可以认为梅洛-庞蒂想到的是稍后的一段话，参见 1949 年版第 601-602 页（我们参考版本的第 556 页）:“因此，在生物学家庭内部没有对乱伦问题的可能解决方案，即使我们假设生物学的家庭已处于一个文化背景中，且这个文化背景已经将其具体要求施加于它。文化背景并不从整体上包含各种抽象条件；它缘于一个非常简单的事实，它表达了一切，即生物学的家庭不再是单一的，为了存在下去，它必须要求与其它家庭联盟。”

120. 第 565 页:“在我们看来，亲属关系及婚姻的规则在其历史的和地理的多种形态中似乎穷尽了确保生物学家庭融入社会群体的所有可能方法。我们由此发现，看似复杂和任意的规则可以简化为一个小小的数字：可能的亲属关系只有三种基本结构；这三种结构是借助于两种交换形式构建起来的；而这两种交换形式则取决于一个单一的差异性特征，即所考虑的体系的和谐或不和谐的特征。在最极端的情况下，施行规定和禁令的机构可根据一

个问题，且只可根据一个问题先天地重建，这个问题是：在相关的社会中，居住规则与血统规则间的关系是怎样的？”

121. 同上：“每一种关系都不能随意地与其它关系分隔开来，也不能仅限于关系世界或越出关系世界之外：社会环境不能被设想为一个空洞的框架，在这个框架中，存在者与事物能被关联在一起，或单纯地并置在那里。环境与居住于其中的事物密不可分；它们共同构成了一个引力场，其中的电荷与距离构成了一个协调的整体，每个元素通过自身改变使系统的总平衡发生变化。”

122. 第 562-564 页，对弗洛伊德《图腾与禁忌》的讨论。

被动性的问题：
睡眠、无意识与记忆

斯蒂凡尼·梅娜塞　编校

一、哲学与被动性现象

［211］（1）没有导言，可参考另一个课程[①]：［我们提出了］被动性-主动性的问题，它有一个表面的解决方案，即［根据］拉歇兹-雷[②]的说法，我们构造了我们的被动性。［因此］，我们认识到自己参与到了历史之中，并且所有外部的解释（精神分析，马克思主义）都是真实的（因为它们都是别人对我们的看法）。但这种解决方案是将受动的依赖性转变为有意识的、刻意的依赖性：由此，无意的历史（histoire involontaire）转变为有意的历史（histoire volontaire）。例如：我知道我与我出生之地的各种史前联系，我思考它们，但也重新创造它们，并决定重新创造它们。我知道我与现有社会的联系及其各种缺陷，我以"最弱势者的目光"[③]思考它们，这种目光把我哲学上的孤独视作共谋；但我能以在社会 157

① 同年度的周四的课程："个人与公众历史中的建制"。——法文编者注

② Pierre Lachièze-Rey, *L'Idéalisme kantien*, Paris, Alcan, 1932. *Le Moi, le Monde et Dieu*, Boisvin, 1938, rééd. 1950. ——法文编者注

皮埃尔·拉歇兹-雷（Lachièze-Rey，1885-1957），法国哲学家。——中译者注

③ 暗指萨特（"共产主义与和平"（Les Communistes et la Paix），《现代》杂志，第81期。在《辩证法的历险》中，梅洛-庞蒂给出了准确的引文（*Les Aventures de la dialectique*, Paris, Gallimard, 1955, p. 197）："萨特写道：'在其真理中看人及其社会，也就是说，以最弱势者的目光去看'。"

斗争中不与弱势群体作对的原则，采取一种既考虑到这一目光又保存意识的态度。为什么这只是一个表面的解决方案呢？[①]

I. 关于精神分析的过去

158 假如我说，我完全意识到这个过去，而不是被它包围，那么我就否认了它的本质：其就我的现在而言的效用。我没有看到，这种对于过去的完全意识和完全判断的态度恰恰是一种朝向过去的态度，即依赖过去，削弱过去，同时形成一种回应，这种回应使这种意识与判断不能与过去相剥离。［211 背面］抑制-或是抗拒。甚至达芬奇的彻底的自由（自然的孩子[②]），瓦莱里的彻底的自由（裸露的意识），皆在其历史中。辩证法使自由成为它的反面，除非它真正接受自由，这种辩证法不是抽象地体验自由，而是在成为自由的过程中超越自由。现实主义与决定论既不是现实主义，也不是决定论（萨特说，这甚至不是一个选择的问题：先

---

① 这段话非常简略。如果我们参考课程第一部分的较早版本，会看到对拉歇兹-雷的引述更清楚一些。我们没有保留该版本（参见第 29 页说明）（译按：此页码为本书页边码）。梅洛-庞蒂写道［109］（1）："被动性的问题：康德在《批判》时期之后提出，《遗著》（拉歇兹-雷）。宇宙论者（Kosmotheoros）也"居住"在世界上。除了其它事情，他也受个人的和情感上的过往的影响。哲学家知道自己是历史性的。拉歇兹-雷的解决方案：他将自身设定为是接受性的，使自己成为被动的。但是，如果是他自己使自己成为被动的，他就没有成为被动的，——如果真的是他使自己成为被动的，那么就不是他自己使然。从正面看，从这些概念看，主动-被动的二元对立是无法克服的：如果我们说它们确实是成对的，我是我自身设定，那么我们就采用了第三个观点，另一种存在论，我们应当谈论这第三种观点。"——法文编者注

② S. Freud, *Un Souvenir d'enfance de Léonard de Vinci,* trad. Fr. Marie Bonaparte, Paris, Gallimard, 1927, rééd. 1987, p.86.

于经验的选择）；作为普遍的直接性的意识以非意识告终：因为如果我对一切皆有意识，那么我就对任何东西都没有意识；为了有对某物的意识，就不能对一切皆有意识。普遍的意识最终不是一种实际有效的意识，而是一种根据原则（设定）的意识，即在我之中没有什么不是“关乎……的意识”，[①] 并且事实上，我若想了解自身，就必须要么认为意识在语词表达之前就已经有了（=无意识），要么在意义赋予（Sinngebung）之前对于我自己没有什么好去认识的，亦即，没有个人的历史，逆境、含混以及无序既不是肯定，也不是否定。但在第一种情况下，论题自身消除了，并让我们去思考被动性，而第二种情况关系到意义赋予活动的全能性，人们并没有成功地整合个人的过去，人们否定了它，因为它本身没有可能的意义，只是在作为我的对象的时候才有意义。

为了摆脱这些困难，转变立场说我是我的过去所塑造的那个我是不够的。为了超越过去而接受过去也是不够的［212］（2），因为人们同样会因之被困，甚至还直接得多地被困。例如，作为模型（mode）的精神分析：对自身的“技术性”的态度，对被动 159
性的愉悦，使我们成为被动的自我阐释——这种辩证法还使这种所谓的对过去的接受恰恰成为我们所制造的现在：如果不通过现在的决定把我们封闭在过去，我们如何接受过去？一般而言，这种被动主义借助于分析师的被动性。传会（transfert）[②]：是否存在

① “存在着一种绝对的判断，一种我们有待成为的不受局限的注视。‘极端客观’的思想在极端主观的外表下面。”——页边注

② 依据拉普朗什，彭大历斯：《精神分析词汇》（Jean Laplanche: *Vocabulaire de la psychanalyse*），沈志中、王文基中译，台北：行人出版社，2000 年，第 525-535 页。——中译者注

着真正的传会？亦即，重新回到被锁闭的历史中去，在分析中发现它的越出？或者说，是否存在着一种对名人的被动性的意义上的传会（读者来信——年轻人的被动主义）？——列维-斯特劳斯解释的基础是：精神分析师是魔术师、巫师；编造一场准历险来移置以前的创伤。[①] 原因和群体独特的优胜之处：尝试超越自我主义。弗洛伊德的优胜之处：真正的分析不再将病人当作一个对象，而是将之当作一个新的主体，这个主体并不是由主人特权的驱动力带来的。这种真正的辩证法只显示出，我们总是以“受胎”（imprégnation）的方式出生，而这对天才或对我们每一个人来说都是永恒的主题。然而，解放的标准：它应该是充实的，而不是空洞的，亦即，病人不再需要他的分析师，甚至他能够［212 背面］不带攻击性地超越或反对（他的分析师）而思考。分析师与被分析者都在真理之中，不是作为被掌握的真理或教条，而是作为无蔽（ἀλήθεια）与敞开（Offenheit）。这种态度最好的地方在于，它排除了围绕着精神分析的神经症的发展，这为由之产生的被动主义所造成的敌对，比如说马克思主义的敌对，提供了解释。

因此：a）被动性；b）而不是被动主义——

a）针对自行分析，应该有他人（而不仅仅是像莫雷诺[②] 认为

---

① Lévi-Strauss, “Le sorcier et sa magie”, *Les Temps modernes*, n° 41, mars 1949. ——法文编者注

② Moreno, *Psychodrama*, 1e éd. New York, Beacon House, 1932. ——法文编者注

雅各布·莫雷诺（Jacob Moreno，1889-1974），美国心理学家，心理剧疗法的创始人。——中译者注

的那样，由于辅助的自我（ego）以及他人如同我让他在我之中所展现的那样的展现，另一个生命变成一个场景或悲剧）。[1] 我们需 160
要一个不用说就知道的他者，或至少是一个准备知道的他者，考虑到反向传会（contre-transfert），这标示出真理的位置，真理不是在对抗中，而是在共同呈现中。应当有这样一个他人，我并不必然处于他对面，这将使分析转变为自恋，将分析导向生命的历险，相反，生命本身是一种永久的分析，而不是主题的分析。存在着一种自知，它既不是关乎自我的知识，也不是关乎自我的意识，有一种过去的呈现，它并非其作为对-象（ob-jet）的呈现；有一种过去的意义，它事实上并不是自身赋予的，但这并不是我此刻想要说的，做并不是一种封闭的意义的决定。

b）但是，这一切必须［213］（3）不导致被动主义或复古主义，因为它们将是轻视自身的现实主义，自欺的现实主义。当人们想要超越决定论、对自由的自恋、由你来选择（这实际上是变相的"听我的"）时，当人们想要让自由不再是一种"意识形态"或一种模式，亦即，不再是一种被动性的形式时，恰恰是应当超出对过去的全能的肯定，因为，不管表面如何，这（其实）是同一件事。比如萨特所说：来自外部的解释像我思一样完全正确，它通过"关乎……的意识"将二者关联起来。一种真正的被动性理论既不认为"我的过去完全地解释了我"，也不认为"我无中生有地创造了我的过去的意义"。自身设定的方案是一个表面的解决方案，它是辩证法的雏形，试图将（被动性）论题吸纳到其反题

① 原文中缺半括号，此处由中译者根据文意补出。——中译者注

（接受性的立场）中去，这实际上是以怀疑论的方式将二者看作是同一的，消除二者相互间的对立。二元的辩证法是疯狂的：现实主义的疯狂，被动主义的疯狂。三元的辩证法自身就是疯狂，并且，假如人们在二元辩证法中实现了第三项，就重新回到了二元的辩证法。（蒲鲁东[①]：综合是政府行为，是一种伪综合。）真正的三元辩证法是不会实现［213 背面］综合的，即使在将来也不会：它只承认永久的实现（réalisation），而不是死亡的实现（萨特曾经
161 写过："死的"自由）。但这并不意味着我们应当重返连续的二元辩证法：辩证法不是二元的，因为真地存在着发展。——辩证法：三元的辩证法变成了二元的（但是是独裁的，意在绝对），而（关于正题及其反题的）二元的辩证法，在一定条件下，才是真正的三元的辩证法。

II. 关于历史性的过去[②]，或一般而言，关于历史性的他者

对待意识的同样态度：各种解释都是真实的，而意识所看到的也是真实的。"为他"的异化与"为己"的确定性［都是］有根据的，通过在"为己"中恢复"为他"获得解决的办法，由"为己"创造出一个在他人眼中合情合理的"为他"。从自身设定到"做"（Autoposition-Faire）：这实际上是唯一的解决方案。但是，

① 皮埃尔·蒲鲁东（Pierre-Joseph Proudhon，1809–1865），法国思想家，无政府主义创始人。——中译者注

② "我们可以看到被动性与过去、无意识及记忆间的联系"。——页边注

要想有一个解决方案，不需要 1）“为己”把一切都交给“为他”，也不需要 2）什么都不交给“为他”。

萨特的态度是这样的：

1）“为我”对“为他”整体上的让步：一个社会的真理是最弱势者的目光，即一个主体性加在我的主体性之上，因为它比我的主体性有更多的道德权利。[①]

2）然而，恰恰由于这种让步是整体的，所以它什么都不是。因为 a）它只保证不去反对最弱势者；b）它不容许我从属于在我之外的真理：是我自己把这种权利给了他人；c）它不容许我*伴随*他者：距离同时也是联系。我赋予他权利的同时也赋予他了义务。在此有一种作为距离的联系，因为它由我所创造，而不是［214］（4）这种距离必须成为联系，成为对他人的自由的“尊重”，这是他人不干涉我，这样应当对他人负责，不是将之当作残疾者和无力者，而是不否定他 / 她的所有想法。这样做是因为人们追求 162
为己与为他的*直接*统一，而这只能是一种双重的真理（交替：他人代替我，我代替他人；自身设定是：我以我自己所可能塑造的他人来代替我自己，或：在我似乎要顺从他人的时候，以我自己来代替他人）。不应是双重的真理，而是关于二重性的真理：我也可以是他人，他人也可以是我。有待构想的关系，如结对的关系、孕育的关系、投射或内投射的关系、言说与聆听的关系（拉

① 梅洛-庞蒂在《辩证法的历险》（第 215 页）中引用萨特的话：“在其真理中看人及其社会，也就是说，以最弱势者的目光去看”（“共产主义与和平”）。——法文编者注

加什:《语词的幻觉》[1])、写作与阅读的关系，是“在我的意义上”或“在他的意义上”从我越到他或从他越到我的关系。这预设了我既不再把我自己也不再把他人设想为 1）一种质料之流的绝对内在性，2）一种普遍的为我的绝对内在性。

这两个概念在萨特那里被结合起来，萨特的主体是绝对的个体性，因而也立即成为绝对的普遍性。由此，为己与为他直接统一。为了摆脱模棱两可或疯狂（我既是此，又是一切，此即一切，一切即此），必须消除流的个体性和身体的个体性，以及主体的绝对普遍性，并将之让位给辩证的运动，从而对我的流做真正的描述：这不是在每一时刻的绝对个体性的涌现，因而也不是绝对普遍性的涌现；如果是这样的话，我就不能［214 背面］感知世界了。我为了感知一个世界，绝对个体之流中必须有一个收缩的位置，在那里可以嵌入或插入一般性的东西，这是说，各种事物、性质、观念，不是被构想为纯粹的意义或关系，而是被构想为关联于个体的格式塔；个体性的面团必须膨胀成气泡或事物（或“记忆”）（核或酵素，既不是自在的场景也不是对场景的
163 意识）。[2] 自我-他人的关系，资产阶级-无产阶级哲学家不应该成

---

① P. Lagache, *Les Hallucinations verbales et la Parole*, Paris, PUF, 1934, repris in *Œuvres*, t. I, Paris, PUF, 1977. 见 *Merleau-Ponty à la Sorbonne, Résumés de cours (1949–1952)*, “La conscience et l’acquisition du langage” , Grenoble, 1988, p. 56.

拉加什：法国医生、心理学家、精神分析学家。——中译者注

② “《想象活动》的错误：将想象的意识描述为虚无化：它总是一个被限定的虚无，一个此物或彼物的虚无，这就是为什么萨特没有在《想象活动》（*L’Imaginaire*, Paris, Gallimard, 1940, rééd. 1986）中描述在图像中的成像（imageant）存在：他展示了什么使图像不是现实的或真正在场的，他没有展示什么使图像作为一种想象的在场或一种准在场者。——要结合梦来研究。”

为其中一方会占主导地位的一对。他者的统治，这是对共产党的尊重，自我的统治，这是共产党从外面走到自己位置上的，不是作为附着的，而是作为同情的对象。真正有必要的是恢复外在历史的可追溯性（Nachvollzug），其通向我的道路与我通向它的道路。革命就是这样，但被理解为从历史通向我的和我通向历史的实在的道路（无产阶级：自我更新），这不可避免地是反辩证的。辩证法要求不断革命，也就是说，权力的自我挑战，因此权力不能被视作一种绝对，而必须是自由的——超自由主义（Ultralibéralisme）。被动性-主动性的问题不能通过将一个真的吸收到另一个之中来解决：超-主观主义或历史的超客观主义，或非理性的历史（萨特所说神秘的东西）[①]［215］（5）（各种“事物”）或从“人”那里接收其纯粹意义的历史。——逆境及意义机制。——存在着“人”的被动性和“事物”的主动性，因为存在着各种象征系统，以及在它们的基准上对一切即将发生的事情的记录。这种“记录”不是外在的因果联系，也不是人的意愿所建立的元-历史的参照，而是一种历史想象的参照，这种想象是符号矩阵之真理。简言之，我们对公众历史层面的被动性-主动性问题的解决方案，不能是一方压迫另一方（萨特），也不能是黑格尔式的或马克思式的综合（只要被占有，它就不再是综合，这仍然是一方压迫另一方），而是这样一个事实，即一切皆指向个人所展现和占据的真理。微妙 164

① “萨特将之当作构建历史（的东西）而有序地引入的‘神秘的东西’是萨特意义上的想象物吗？那么它就没有理性的控制了——从另一面说，假如它是我所说的‘历史的想象’意义上的想象物，那么它就拥有关于它的真理。”

之处在于，这种真理既不应由tala（教徒）[①] 在世界之彼岸实现，也不应由马克思主义者在此岸实现。

对睡、梦、无意识、过去的分析的意义：并非为这些问题一个一个地寻求归纳的和分散的解决方案——没有相互无关的解决方案，解决方案是哲学的（而不是心理学的）——而是根据这些关乎哲学的整体的碎片，解释一种维度（dimension），在其中解决方案得以显露出来，朝向真理的开放得以建立。例如，睡（或梦，或过去，或无意识）：其发生的场所是什么？它以何种存在模式实现？

从这些模式中得到我们应达到的存在概念。松开将我们与自然存在或心理存在缚在一起，或将我们封闭在［215 背面］人与物的两分之中的积淀。这远不是从哲学还原到心理学或社会学，也不是将哲学的存在加在这些学科的存在论上，［这是］一个让哲学的存在作为一个整体的存在出现在这些区域的交汇处的机缘。［在萨特那里，“区域”是对一个从一开始即被界定为（与自为存在相关的）自在存在的简单的说明，比如说，在谈及语言只提出区域性的问题时，在将形上学问题视作对这些区域性问题的超越时。对一种真正的现象学哲学而言，区域的存在论与哲学的关系不是将特殊的归入一般的关系，而是同心圆的关系。］

［216］（6）寻求解决被动性问题的办法：在被感知的世界中，亦即，在前对象的生活世界中，没有外因而有内因，这种内因从

① 高师学生用以指称“那些去教堂的人”的用语。——法文编者注

不是纯粹的意义赋予（Sinngebung），后者是由形态塑造（Gestaltung），尤其是由语言的形态塑造所承载的。

反对的意见（阿里奇）[①]：一无所获。甚至就算是重新回到[②]现 165
象的身体和前对象的被感知的世界，承认是现象的身体"作用于"灵魂，仍然需要理解对象的身体对现象的身体的作用。我的身体唯有对我而言才是现象的身体，对他人而言，它仍然是对象的身体，一个客观的事实（神经的断裂）引发的后果总是令人费解的。它只在这种断裂影响到现象的身体时才引发这样的后果。然而，最终，无论对于外在的旁观者还是对我，这种断裂都没有任何意义，身体对灵魂的作用仍然是有问题的。

回应：这是因为人们认为这事关通过重返现象的身体，来以作为思想对象的身体取代现有的身体，使身体性和世界成为康德–笛卡尔意义上的意识的相关项。这样，人们实际上并没有什么进展。

然而通过重返现象的身体，人们并不是试图表明身体的观念性，也不是试图将它整合入意识，使之成为意识的一个对象。人们试图表明，现象的身体是普遍的主体，是对自然和历史处境的侵越。（康德意义上的）观念化的身体，"客观的"身体，以及所有"客观"科学的世界都被看作是"构成物"（constructa），阿里

① F. Alquié, *La Découverte métaphysique de l'homme chez Descartes*, Paris, PUF, 1950, rééd. 1987. ——法文编者注

费尔迪南·阿里奇（Ferdinand Alquié，1906–1985），法国哲学家。——中译者注

② "你回到主动性。"

奇提出的问题被隐藏或转化了：人们或许会问，作为肉身化的主体，我们如何具有科学的观念和绝对客观性的观念，而不会问科学的世界如何侵入了感知的世界——这是“目的论”的问题，而不是对象世界-现象世界之统一的问题。

另一种反对意见（拉歇兹-雷）：如果是这样的话，如果［216背面］身体是我们与世界间的媒介，如果你拒绝彻底区分广延物与思想者，那么这就是目的论或生命主义。你承认，要么是在身体与其场域、与其“事物”之间，由于超出你的目的，有一种
166 预先的设定，要么是准身体的灵魂在各个局部中呈现出一种整体性——亚里士多德主义或泛神论：形式是与质料结合着的。行为的结构如果不是为了一种具备建构能力的意识的，如果它是自在的，那么久意味着在事物与意义之间存在着中间环节，在反射中有来自世界的“视角”。如果现象的身体不是为了一个意识的（因而被动性被自动设置），那么它就不具备存在论的功能——如果它具备，那是因为人们承认一元论或自然（φύσις）。

回应：身体是为了某人的；如果不存在某个感知到身体的人，那么身体就不会有我赋予它的内在的统一性。[①]然而这个感知到身体的某人并非凭借着观念性的统一性（从内部或从外部）感受到它，因为感知并不是离心的意义赋予——最终，被切除和移植的胚胎组织（鲁耶），根据它所加入的组织的能力来发展。它是否期望它所做的？如果不是，那么你就没有获得任何东西，它仍是

① “这并不表示：身体不具备自在的内在统一性，只有为我的内在统一性。而是意味着：只有被感知的存在。”——页边注

自在的。如果是的话，你就承认了植物性的灵魂和新目的论。[①]我认为，胚胎组织作为对有系统的和有组织的知觉（生命科学）的把握，必然会呈现为“格式塔”，亦即，呈现为各个部分彼此间的“动态的认识”。这并不是亚里士多德主义：这只是想要表明，只存在着被感知的世界，亦即它不是被看作人的机体之上的上层建筑，它会反过来在被感知世界中构造一片客观存在的特定区域，而这恰恰将我的感知（及其所有意涵，即包括他者的感知世界和那些前世与后世之人经历的世界）设定为为存在本身。这意味着一个有待重新发现的世界和一段有待重新发现的历史，它们在我之外，并恰恰在它们曾在、现在或将在被看到的地方存在。

［217］简言之，人们试图将我或者拉向观念论，或者拉向一元论，而我的目标原本是确认与这种被感知的世界的存在的同一。为了使这一工作得到理解——从而克服（观念论的）主动性与 167
（目的论的）被动性的问题——只需进一步对世界和对主体加以解释。

1）在世界方面：不要把自己局限在瞬间捕捉到的被感知世界的静态图像中。以孤立的态度思考，而不是抽象的感知，对此我们已经做了太多（因而对作为与语词的沉默关联的感觉或性质存在着过高的评价）；我要做的是，重新对被感知世界而不是对感觉做分析。例如：我每时每刻的感知都只是作为人的行为的报道存在着，绝对的充实性是孤立分析的结果；可感的世界充满了空白、

① R. Ruyer, “Les conceptions nouvelles de l’instinct”, *Les Temps modernes*, n°96, nov. 1953，参前文关于鲁耶的引述，第 65 页（译按：此页码为本书页边码）。——法文编者注

省略和暗示，其对象则是种种“面容”和“行为”——［存在着］人类学的空间与物理学的空间。

2）在主体方面：不要只考虑“自然的”身体，要考虑在它上面积淀的一切，一定不要将主体描述为意识，即存在和认识的符合，或纯粹的否定性，而是要将之描述为各种场域（实践的，感觉的）向之开放的X。——特别是，有必要引入想象的场，意识形态的场，神话的场——语言的，而不仅仅是感觉的充盈。

这样，我们今年的主题就涉及到被动性的一般问题。睡眠、无意识都不应当被理解为身体荒谬的机制对意识的削弱，第三人称对第一人称的侵越，而应该被理解为人们所说的意识的内在可能性。这要求意识不应该是纯粹的否定性，因为如果那样的话，它就不可能［217背面］处在其身体中。这还假定了睡眠不是意识的对象（睡觉的念头使人无法入睡），意识被绊住了，被缠着，而不是第二意识（无意识）与审查制度（柔化的超我）的联合运作导致了第三意识——自我和梦，睡眠的守护者——这是主体结构上的变化（去分化、符号矩阵与情感矩阵），这样，与存在的关系
168 被根本改变了，不再是惯常的关系（即被建制的，自明的、客观的关系）。在此意义上，睡眠的揭示：不是因为它向我们展示出意识的生活从何而来，因何而生，而是因为它向我们展示出1）意识的生活必须由以发源之所，以及被感知的世界和知觉不得不做的是什么；2）与世界间的一层奇妙的联系，这种联系也是由睡眠所构成的。——不是自由的焦虑，而是介入的焦虑。至于记忆的问题，它不仅仅迫使我们提出神秘的存在的问题，生活结构中的想

象的问题，而且提出已存在的想象的问题，这个想象在任何情况下它都不会只是否定性的简单的关联物。

因此，不是心理学，而是哲学。透过这些现象重新界定存在，而不是预设一种自在与自为的存在论。

我尝试提出的解决方案［218］（7）：

回到反思的意识，在这些二律背反之外寻找通道；感知的意识由世界的身体引出，后者不仅仅是对我而言的世界，而且是对其它身体而言的世界，由此而有共同的历史。没有外来的因果性，也没有纯粹内部的因果性或意义赋予（Sinngebung）。

反对：见第 6 页（译按：此页码为本书页边码）注释[①]。——与此研究思路不同的反对意见：存在即被感知。因此，要发展这种研究。今年的主题。

［……］[②]

［118］（9）接下来我们要去发现一些深刻的东西：自在包含着自为，不仅仅是观者的自为，而且是自身与其自身的亲近，是实存者现实的统一。实际上，*自为*常常是在这种意义上被使用的，它意指某物：例如，当人们说经济学的现象作为自为存在或不作为自为存在，即是作为不同的整体时。

黑格尔曾经说：“自在，或为我们”（an sich oder für uns），他 169

① 参见第 164 页（译按：此页码为本书页边码）及以下。——法文编者注

② 第［109］（1）到［118］（9）页——开始——被同一课程的另一个导言取代：第［211］（1）到第［218］（7）页。在这里，我们给出第（9）页中的主要文本，它对鲁耶的批判和对自在-自为关系的分析所取代。——法文编者注

这是想将自在带到它的条件去：我们往往是被暗示的旁观者。不过，也存在着这样的看法，即每一个“自在”都假设了一个不具名的旁观者（自在是自为的：鲁耶）——例如，这个彩色的表面自身保持着，其统一不依赖我们的表象，也不依赖它自己的表象。

然而，这种组织是否有其内在呢？甚至这种分子：这种自为（für sich Sein）是什么？鲁耶以正确的语言谈到身体的意义：例如，移植的胚胎组织根据其所移植领域的“能力”而发育。然而，这种能力、这个领域的可能性处在哪里呢？这种语言是否要按字面的意思来理解？鲁耶：是的，不过这并不表示胚胎组织有一个灵魂或一个自我的图像，它只是以其时空的统一体如其向我们呈现的那样存在着——既没有时间的也没有“实体”的在先性。在“结构”的背后还有“形式”，结构只是一种“征兆”（同前，第6页）（译按：此页码为本书页边码），而“形式”则是空间与时间的整体——形式的实在论：“自在”的形式。然而，如果不思考“实体”，人们就不会为了形式去要求自在的概念。如果人们放弃了点状主义（ponctualisme），这是因为人们不是根据实存的存在来思考实存（因为此刻它不是完整的，它的未来也不是完整的），而是根据一个漂浮在上空的实存，一个景象或风貌。柏格森也说过，事物就是它们向我们呈现的样子，不过他并不认为它们是自在的，当人们触及事物自身之际，不会有自在；在事物那里，会缺少让各个部分结合在一起的空洞；我不接受*自在*的形式。还应当对这个作为“图像”的形式的实在做进一步的说明。

我的看法与鲁耶不同。拉歇兹-雷没有看到的，是被感知世界（及现象的身体）在存在论上的在先性，即所有对我们而言具有意义的存在都应该根据被感知世界来构想：

1）存在论上的在先性，即这不是说现实是出现在有知觉器官的有机体或甚至在所有有机体的底层结构中的东西：这将维持“客观”世界的存在论在先性，在这种“客观的”存在论的框架中，这是荒谬的（德桑蒂的批评［119］（10）[①]）。这是说要在我 170
们所经验的世界中发现另一种存在与另一种意义，在这种意义中，客观的存在是隐藏的，是“观念化的”。

2）被感知世界的这种在先性并不意味着人们接受了点状主义或实体主义的假设，并借助“心理的东西”或“知觉”来使那些自在的分散的点连接起来（正如康德的综合所做的那样），并不意味着人们把存在还原为可感物。这意味着，人们把我们的经验及其所有意涵（他者及其经验，前人与后人的经验，以及先于我们存在并构成我们存在之基础的自然）当作是实在的；在这些经验中，形式是内在统一的，其各个部分“以动态的方式相互了解”；在被感知图景之外断言这些部分不能相互认识或能够相互认识是没有意义的；我们所能谈论的唯一的存在即是被感知图景的存在。假如我们同意鲁耶的看法，认为自在的存在即是自为存在，就不能区分有机体与主体性了。[②] 在感知的世界里，我们可以对之做出区分，因为它们是以不同方式来证明的。

［122 背面］（11）现象的身体，即能感知的身体，是植物性的

---

① 让-图桑·德桑蒂的成名作还没有出版。——法文编者注

让-图桑·德桑蒂（Jean-Toussaint Desanti，1914–2002），法国哲学家。——中译者注

② “荷尔蒙‘知道’自己要做什么。”——页边注

灵魂或目的吗？

鲁耶想要放弃二者择一，要么自在，要么自为，统一不是知觉的统一，自在即是自为，是与自身的一致。科勒：形式的诸要素以动态的方式认识着其它要素。最终，鲁耶在本质世界的基础上建立了（结构内部的）这种“真正形式”的统一。不过，假如本质-实存间的联系是下降的，那么因果秩序中的无目的性（dystélies）、偶然性、侵越又从何而来呢？假如联系是上升的，人们只有本质，那么因果推论又如何能从中汲取到什么呢？真正形式融贯的统一要么是为了神的，不是自在的，要么是无法解释的。我们回到目的论解决方案所遗忘的在真正形式中的自为存在的问题。

171 现象的秩序（现象的身体，感知的世界）是自在的秩序，它本身是自为的。反思性的“观看”，身体对意义的“感受”[不是]植物性的灵魂或单子，而是身体在我朴素的、科学的经验中、在观察者和他所观察到的东西的“共感”（Einfühlung）[①] 中呈现；被感知的身体即是身体。

更确切地说：这并不表示我的感知将意义投射到身体上，在身体上发现了对意识的预先设定（康德：《判断力批判》），在此意义并不是意识所构成的。即便是作为自为，自在也没有把握住意义。这意味着，拒绝区分“自在的”身体与在人的经验中感知到的身体。正如它所呈现出的，感知并不是让身体自在的本性维持原封不动的第二序的投射。出于一个很好的理由，即知觉活动（percipere）既是“被……超越”也是“超越”，因而被感知者既是

---

① “intropathie”. ——法文编者注

超越也是被超越，而［不是一个］被（能思的）意向活动包围着的意向对象，我们没有将存在还原为最严格的意义上的被感知的存在。当我们说身体乃是被感知的身体时，我们是想表明，它没有为感知的图景提供“东西”，这种知觉是重获，而不是建构。

被感知者在存在论上的在先性：这不是通过继续将存在理解为“客观存在”的模态而将所有存在还原为这种存在的一个“部分”——“心理的”。那将是一种拟人论。［123］（12）这不是把所有经验还原为“生活的”部分（例如，相对于科学而言）。这是要通过这种生活或感知来认识存在，这种存在既包括有限意义上的感知，也包括被称为客观的，即观念化的存在；科学作为关于自在的教条的存在论而被放弃，但在这一视域中却被整合到真实的和被感知的世界之中。简言之，这一视域比科学更加开阔，并使其以“理想化”的古典姿态展现出来。被感知者是第一位的，它不被看作我的意识的内容，不被看作人们的意识的内容，不被看作一般意识（Bewußtsein überhaupt），也不被看作“人”。除了这些之外，还有一种东西：仍在沉默中的被感知者（恰恰是人才 172
能够看到非人的东西）。而这种被感知者是先在于人的：

1）只凭借各种关系来定义，是人类经验的框架：不是没有“轮廓”、“界限”、“内部”、“外部”、处境和视点的存在。科学忘记了这一点；但它利用这一切来给它的操作赋予物理意义——因此，这种关系、视点不能还原为它的客观世界。

2）不仅可以通过感知的身体，而且也可以通过人类历史来获得：科学的历史性；不是对自然存在的接受，而是历史性的阐发（理论的验证：从来不是作为自在的代表而为真实，而是作为在一个将来视域中的各种暂时的样式。这不仅是事实上的，而且是原则上的：广义的相对论。客观性在视域中显露出来，它从不是对于自在的记录。被感知者在存在论上的在先性恰恰由科学在其客观化的努力中重新发现。以此之故，自在与我们之间有着双重的关联，而不是有一种只有一种意义的关系，这种意义让我们从属于自在——“自然的”存在把我们设定为旁观者，它只有在感知的领域中，才真正是旁观者。

因而：

a）无人的或在人之前的世界：拉普拉斯[①]的星云。我们已经提到：星云在文化的世界中，而不是在“自然”中，亦即不是在绝对自在之中。事实上，假如将之放在自在之中，人们必须诉诸科学一步步地使之剥离自在，必须让它是非历史性的。如何理解人和意识在这种自在之中的出现？人之前的世界就如没有居住者的月球：对 X 呈现的景象与对我们呈现的景象。（13）马克思主义辩证法即以这种呈现为前提。如果说存在着这样的呈现，那么就意味着人类将永远无法思考一个没有人的自然，最后纯粹的自在就是一个神话。所有宇宙观都是根据感知［来思考的］。所以真理（并非）在我们之前存在——也不是只依赖于我们存在（参考布伦施维奇的意识哲学），——而是一要被感知的世界与依赖于它的知觉间的交换。这种交换就是被我们称作知觉的东西，而这也是它

173 缘何能在存在论中处于中心位置的原因：科学的理性应当［被构

① 拉普拉斯（Pierre-Simon marquis de Laplace，1749-1827），法国著名天文学家、数学家。——中译者注

想为］感知世界之逻各斯的特例，它是过去的真理、未来的真理，显现的真理。

b）“自在”的有机体：胚胎有“植物灵魂”吗？寄生虫的生命是根据世界的计划和无限的理智而组合起来的吗？（奇怪的计划：为什么会有这么无度的目的？）假如人们不相信这一点，顺便说一句，这并不是为了转变为一种纯粹的机制：被归入偶然性的物种的创造（和对那些没有实现这种安排的东西的简单消除）。[①] 黑格尔的“理性的诡计”，但只是一个哲学的神话：在那一连串（事实）背后并没有绝对的理性。事实是：它们仿佛是“理性”的——存在着的是这样的整体：它们1）不是各部分偶然结合在一起；2）并不先于任何因果条件而存在。这些整体性恰恰如同知觉所给出的那样：是不完满的和未完成的或过于完满的整体性，是不够发达或过于发达的整体性。[②] 确实存在着我们所看到的东西：格式塔（各种形式）。被感知世界的宇宙论既是前瞻性的又是回溯性的：没有终极的目的，而是有“沉重的”目的，整体颤栗着，假现象之名的“目的论”。

胡塞尔：《哥白尼学说的反转：作为始基的地球是不动的》[③]。科学：离心。地球不是中心，而是太阳，它自身……［有］一种被感

---

① “这适用于寄生虫——但并非没有与它们共存的‘倾向’——不适用于物种本身。”——页边注

② 参考《自然》（*La Nature*）, éd. D. Seglard, Paris, Seuil, 1995, pp. 316 et 321. ——法文编者注

③ *Umsturz der kopernikanischen Lehre: die Erde als Ur-Arche bewegt sich nicht*。在《可见的与不可见的》工作笔记中，梅洛-庞蒂对此未刊著作又产生了新的兴趣，见《可见的与不可见的》，第312页。——法文编者注

知世界的相对化，这个世界在自身的秩序中是真实的：像素朴的知觉那样相信太阳是运动的是错误的。这会是非理性主义的。但知觉的真理恰恰处在存在的序列中而不是存在者的序列中。客观主义的存在论无法维持：各种理论的相对化使它们的任何一个都不反思存在者，更不用说反思存在者本身了。知觉的真理：如果没有视点，就没有客观性。这是说，必须有一个观察者，以及他的“层级”、他的“土壤”、他的“家园”，他的感知“规范”，简单说，他的“地球”（这个地球不是［124］（14）前哥白尼意义上
174 固定的东西，但也不仅仅是相对运动体系中的一个运动的物体）。前哥白尼的学说与哥白尼的相对主义都是在这个感知场域的基础上构建起来的。这个“地球”乃是方舟：它承载着所有在虚无之上的、洪水之上存在的可能性，是这个风雨飘摇中的世界的种子，万物在此重新开花结果。它是感知宇宙论意义上的“自然”，既不是自在的，也不是属于上帝的，而是我们的视域。它是“自在的”，而且以某种方式是自为的（即与自身不可分离，正如它在我的经验中的呈现所证实的那样），而不是知觉意义上的存在。概括来说，胡塞尔的目的论术语指的正是这种“感知的准备”。

为什么这种努力没有在存在论的意义上得到理解（并且要么被归结为观念论，要么被归结为泛神论意义上的或亚里士多德意义上的目的）？这是因为：

1）对被感知者的分析是从共有的存在论开始的，从内部超越了自己。然而读者并没有觉察到这些都是“心理学的好奇”、“身体的表象”，并没有触及存在。

2）作者自身也陷入到共有的存在论中，发现被感知者是一种

剩余物、例外物和对这种存在论、知识和智性意识的抵抗；因而，他优先考虑与相对化知识形成对比的方面：感知、与语词沉默的接触，“自身给予的能力”（selbstgegebenheit）[①]，“肉身性地给予”（leibhaftgegeben）[②]，这种给予是“对物的知觉”（Dingwahrnemung）。[③] 这就缩小了感知的场域。只有在将之还原为感官成分的相互分离的分析面前，物才是绝对饱满的。尽管如此，物同时是一种空洞的充实，是显现，而不是缺失：它的内容是无限的，它必须通过映射（Abschattungen）来呈现自身，因而总是在超越。

因此：

1）一个或多个可感特质只有凭借着各种内部和外部的视域才具有事物的意义。视域正是在事物背后、使之为事物的东西：间隙、省略、可感世界的暗示、距离、变化、“世界”的差异。

2）因此，在被感知者的秩序中，应被描述的不只是“对物的 175
感知”（Dingwahrnemung），还有行为（Verhalten）[④]，前者只是后者的特例；应被描述的不只是感官的场域，还有意识形态的（15）、想象的、神话的、实践的、象征的场域——历史环境和作为对这种环境的解读的感知。历史是我生命的视域，它像“感知”的视域一样有待被重新发现，且同它一样期待着它的真相。以“其”意义被感知的历史——“痕迹”，并非没有意识的直觉和没有行动者的行动——被我当作知觉物重新获得，且只如此而获得确定的

① “capacité de se donner soi-même”。——法文编者注

② “donné charnellement”。——法文编者注

③ “perception de la chose”。——法文编者注

④ “comportement”。——法文编者注

意义。但是，正如对被感知的事物来说，如果没有朝向它的被动性，就有可能恢复，重新-获得它的任一种“意义赋予”；人们在它的意义上超越了它，即：1）私人的历史，公共生活［并非］由我建构；2）公众的历史（伟大的沟通的各种渠道）［并非］由我建构。在这两种情况下，我们都有一个符号集，它的意义被呈现为分离（écart），因而不是封闭的意义，要求一种开放的意识理论：并非一边是完全的存在，另一边是完全的虚无，而是我们不再是专门的、有条件的虚无。意识［不是］经验（Erlebnisse）之流，而是对缺失的意识，对各种开放处境的意识；故而在使它们分离的运动中，存在着各种收缩，我们在交互主体性中生活，即使后者被次一级地内化为回忆。（它是）我与他人间的铰链，而不仅仅是那些在远处相互取消的互不相容的视点，就像我与我的身体间的铰链也不仅仅是我自己的统觉，受制于一种视点的主体。

最后的问题：这个主体对其身体和历史而言是相对被动的，因为它只能在它们的意义上超越它们，那他如何作为绝对的主体呈现呢？他在他总是能中断的意义上作为主体呈现。他在做某事的时候也能作为主体呈现吗？当他的否定性起作用的时候，他也能作为主体呈现吗？做是拒绝拒绝、否定之否定吗？不，它在深
176 化中延续着转变。不过转变来自于他者与事物，正如它也来自于我们[①]——拒绝或死亡的可能性——纯粹的内在自我在意识到这个

① “他人与我自身如何一同成为绝对的存在？理性的法则？真理的法则？”——页边注

或那个之前甚至不是为己的：并不存在交替的、仅凭每个人的能量关联着的视点（世界有许多入口，但每一个都是绝对唯一的），而是［此外］，他们共同的工作作为被赋予了某种真理的历史被记录了下来。

我们今年的分析使我们更接近这种真正的现象学的存在论。

睡与醒，休眠的与觉醒的意识，这是否是从世界中消失和当下呈现给世界呢？这是否对不在的意识与对在的意识呢？

［插入第125页］：

现象学的存在论的问题。①

睡与醒：这是从世界中消失和当下呈现给世界吗？醒就是诞生吗？它是重-生——对内容的保存——它不是“身体性的”存在。它是观念性的吗？然而在缺失观念化意识的情况下，这意味着什么？因而，存在着一种对潜在、对习惯的保存。类比于身体的问题：身体成为含糊的存在，但它可以重建自身。甚至正是身体使我们重新觉醒。它以某种方式保持清醒（开放的感官的场域——通过刺激侵犯和重新唤起意识）。身体的记忆（普鲁斯特）：它不仅仅是作为与世界间关联的载体，而且同时作为过去的载体清醒着。因而，睡眠并不仅仅是：

1）清醒意识的模型——意识的睡眠并不是对睡眠的意识；

2）清醒意识的缺失——因为意识仍然在一定距离之外。睡眠

① 梅洛-庞蒂写在（15）页之后并回应了此页最后两段内容中问题的这段笔记极有可能是为了自己的使用而写的，以便在他决定重新表述从第（14）页发展出的讨论时可以找到标记的位置。——法文编者注

必须维持着意识，直至它回复觉醒状态。它的觉醒状态不会是绝对的自我呈现，它自身是（可为唤醒的刺激）触发的，若非如此它将永远不能开始也将永远不能结束（进入梦乡）。

177 唯有在如下情况下这才是可能的：

1）如果对自身的呈现（相应地，对他者和对世界的呈现）既不是虚无，相应地，也不是世界与他者在我面前的纯粹的表达，且

2）如果“关乎……某物的意识”总是对并没有正面给出的语词间差异的意识——这些语词仅仅借着遗忘、分析的中断与湮灭（Vergessenheit）而呈现为语词，那么这意味着最终通过在两种模糊性间的明晰性的可能性（而成为语词）。清醒是区分或一种辨别的体系；睡眠是排斥区分的，它不是通向意识的缺失，也不是通向对不确定者的意识，而是通向意识的不确定状态——比如眩晕，或通过消除层级而完成。这并不是对象对未曾触及的主体隐藏自身，也不是主体躲了起来；这是一条同时通向未被表达的对象一边与主体一边的路。对象对主体的反作用：通过固定一个闪光点来达到催眠状态。

清醒的意识也是一种平均程度的表达：只有在不去直接寻找的条件下，我们才能获得意义。

二、一种被感知世界的存在论

[126](14)[①] 为什么现象学存在论会被误解？为了发展它，可 178
以做些什么？因为我们陷入了客观主义的存在论中，总是将被感知者视作剩余物。

由此，

1）对被感知者分析的限制：它被还原为抵制客观主义存在论的东西。被感知物（Dingwahrnemung）被还原为与语词的沉默接触：自身被给予（selbstgegebenheit），身体性地给予（leibhaftgegeben），现在（présence）。实际上，即使是在自然的这个层面上，它也是对缺失的呈现：无限的内容，通过映射（Abschattungen）呈现——胡塞尔并不想要改变物或本质，而是要将那些在事物自身之中的和在它之外的东西收集在一起。问题正在于：不是被动的接受，不是虚幻的构造，而是第一眼看到的感觉，这种感觉一经分析就会被取消，以及被重塑。如帕斯卡所见，语言有一目了然的意义，一被触及就消失。要理解这种意义的诞生与重生：它在自然中的诞生，在知识中的重生。要理解这种发展，不仅要将身

① 尽管编号显示以前的（14）和（15）已被改写，但似乎还是应该保留第一个版本。——法文编者注

体性地给予，而且要将包含着空隙、间歇、暗示的可感世界描述为世界论题的“分离”与“变化”。这样就会让人理解，“自然物”只是对一种文化才呈现为自然物。有一种知觉的历史——比如文艺复兴时期的视角（透视法）。

2）对被感知者分析的限制：不仅有知觉的历史，还有对历史的知觉，在那里还存在着有待重新发现的场域：对各种意识形态、神话、知识工具以及实践整体的知觉。在此，仍然是双重意义上的发生：被给予者朝向我们的发生，以及我们朝向被给予者的发生（我们只是将在我们之前的历史构想为我们历史的一部分）。或者说，不是两个对立的运动（客观的历史创造了我们，我们的赋意活动创造了客观的历史，不过，即使是“客观的”历史也只是
179 在我们的生活中存在，即使我们的赋意活动也是基于过去的构造，是在其自身中的原始的创建［urgestiftet］）：被给予的是它们的交集，是它们彼此对对方观点的表述。过去的“真理”［应当被看作］既不是自在的，就好像我是在俯视着，也不是仅仅为我的当下存在的，就好像世界的系统只有一个入口——即我的入口——一样。真理作为对过去的人们所经历的［127］（15）过去以及我所从事的（事情）的决断者：属于一段唯一的历史。由此，唤醒野性的历史（超越不关注意识的“客观的”历史，超越作为我个人历险附属物的历史）是人与过去本身或他们必须面对的真实过去之间的辩论，亦即，是与我的过去之间的辩论，是我自己对过去的解释与我已经感觉到的真实之间的辩论，是其他时代对我自己的凝视。——总之，我们并没有封闭的意义，如同过去的人一样，我们只拥有意义（sens）由以发生的那些含义（signification）

与处境。因此，意识［不是］绝对个体的经验之流，也不是永恒的含义的居所：在分隔各种意识的墙中存在着一些稀薄的东西，它们既不是纯粹的不透明性，也不是“窗户”。我们在交互主体性中存在着，回忆的内在性是第二位的；不是交替的、不可兼容的视角，它们并不触及彼此，保持着距离，而又相互消除，它们由逆境维系在一起，由“无用的”英雄主义集合在一起。我们与自己建立的联系并不比与他人建立的联系更多。因此，我并没有绝对的在先性；［一个］世界有许多同时可能的入口；我们只是对他者而言中的一个。将我和他人连接起来的是共同的生活，正如将我和我的身体连接起来的不仅仅是对我而言的负担与不幸，还有我的飞升。与他者、与历史同行，而不是仅仅通过决定赋予它们意义。对历史的解释从来都不是跟历史一同被给予的，而总是与它（有着）或近或远（的距离）。

由是观之，这种开放的处境（这不仅是说朝向具有决定性的赋意活动开放，也是说朝向那些在其过去中成为他人以及呼唤着他人的回应的东西）并没有高估他人的问题，没有通过历史来理解他人的问题，反倒是通过他人的问题来理解历史的问题。

3）这种扩展的存在论引出最后一个问题：真理、主体性、自 180
由。只在被感知者和历史的意义中超越被感知者与历史的、被负载重压的、有着（由原初的创制而产生的）被动性的知觉的和历史的主体，如何呈现为绝对的开端？当然，这一切的确取决于我，我能使那些与我的生命相关联的所有生命都消失，让历史犯罪，让所有真理都不为这些生命和历史辩护。

我们都是绝对的，因为我们可以停止思想或行动，我们可以退出、可以中断，而有些绝对者是不可调解的：如果没有我，一切都不再为我，这样的话，一切也都不存在了。每个人都可以谈论它——但是 1）只要没有被转化［128］（16）为行动，不去做什么的能力就只不过是一个语词。2）现在，为了转化为行动，它必须不是对拒绝的拒绝，不是即刻转变为关系的否定性，不是游戏，而是劳动。“做”并不是先要经过虚无的通道——因而，主体不是交替的意识，而是在作为去-蔽（ά-λήθεια）的真理中聚集在一起的共同存在。理性的问题（Vernunftproblem）① 是显现的普遍性，是真理真正的生成。真理从来不赋予我绝对的理由让我去反对那些拒绝它、谴责它的人，这总是我的错。——真理从来都只是可感的，是可能性。其它真理，无论怎么全面、完整，一旦有人声称得到了它，便被压制了，成为了某个人的真理。反过来说，在未知中的选择，即使是普遍的，也是教条的。在二者之间，有一种向着真理的敞开，它使得交互主体性与其所能是的东西同样真实，即没有人可以说自己绝对正确［130］（17）或绝对错误；［存在着］共同的生活与历史，这种生活与历史可以被知觉到，在此层面上，它们有一目了然的意义，而并非毫无意义。——应当发展［这种意义］，扩展它，讨论，行动，整合其他人所说的。不存在概率计算的意义上的或然论，即事件的各种可能，而是存在当
181 下最大可能的真理意义上的或然论。知觉作为真理的新意义的启示：不是作为消除主体和视角之多元性的一致性，而是作为一种趋向整合与开放的运动。

① “le problème de la raison”. ——法文编者注

4）本课程与这些问题的关系

由于存在着这样意义上的真理（在被感知世界的肌理中的历史的与共同生活的真理：感性世界的逻各斯，关于这种逻各斯的一致性的真理与表达的真理乃是一种理想化），必须1）如果没有主体，一切都没有意义，因而主体也是绝对的——各种视点不相交叠，每一种都只是它自己；2）赋意活动的正面关系由一种支撑它和填满它的侧面关系构成，后者先于赋意活动，而使之相对化；［每一个人的赋意活动］都宣明着他人的赋意活动，并将之置于同一世界之中。被动性从不像在实在论中那样是正面的，而一直是侧面的，即主体将自身视作对某种创制（Stiftung）、某种视角的延续。

［135］（17）[①] 睡眠、无意识、记忆、被动性的例子。

1）正面的被动性［是］不可能的：没有什么东西能够成为“意识”的原因，睡眠状态的身体，对我们行动的无意识，我们的记忆的过去都不能。

2）但必须有被动性。如果没有它，则：睡眠成为超越论主体的内容之一；无意识［变得］拒绝承认某物，拒绝具有意识（退转），因而（会有）关乎此物的知识，自欺；记忆［成为］对过去的意识，它不是加入到现在内容中的内容，而是过去的维度的创建：必须如同意识将之安置在那里的那样给意识一个通向过去的途径，因为过去不会在任何痕迹中，不会在任何内容里——所有

① 第［131］（18）到［134］（21）页的讨论的新版本。——法文编者注

的痕迹或内容都是“缺失记忆”（recordatione carens）。但所有这些都使人无法理解睡眠的事实（意识的睡眠状态并非仅仅是对睡觉的意识）；无法理解这样的事实：我的行为具有不为我知的意向或意义，因而在我不知道的情况下发生，因而不是心理学意义上的“有意图的”；最后，无法理解忘记（非概观）的事实。

182 3）因此，被动性是必要的，被动性没有使行为变得不可能——不是行为与事物的对抗，而是“面团般柔软”的意识，是有构建能力的被动性，是睡眠的雏形，是疾病，是其行为中的死亡的呈现，因而是侧面的被动性。

条件：意义既不是纯粹的非存在（笛卡尔：“我不是烟”[①] 等等），也不是思想、占据自我（以思想为本质的存在）；它是两个或多个视角间的差异（可感的事物是这样的：它不是几何的，而是所有的映射都借以产生的东西，不是只有我的东西，还有那些我通过在自己感性内部领会到的他人的行为了解到的其它正在感知的身体的东西。世界正是这些视角在其上得以打开的东西，我知道只有一个世界，因为他人的视角加入到我的视角中）。如果意义是这样的，不是积极的，而是在……之间的间距，那么无论它是“自然的”（知觉的），[136]（18）还是“文化的”（思想的），是“被动的”，还是“主动的”，它都不是主体的纯粹行为，如果没有它在其间勾画自身的视角，[它是]不可想象的，它既属于事物，又属于我，为我所占有，但不是被创造的——意义[是]一

① “……我不是风，不是呼吸，不是水汽……”，见“第二沉思”（*Deuxième Méditation*），A. T., vol. IX, p.21. ——法文编者注

种确定的否定，某种偏离（écart），它在我身上没有完成，在他人处得以确定：事物、已被感知到的世界唯有在他者的知觉中才得以完成，社会的世界与历史更加如此。我的“社会的知觉”及其标志和价值指数只是一个整体的一部分，它将与所有其他人的社会知觉融入一个整体。我们的（语言）含义在他人那里终结——或许没有一种积极的、唯一的真理将它们结合在一起（比如说，将艺术家与无产者的视角结合在一起）。在任何情况下，在我看来，它们都既不是假的也不是真的，它们从某个背景上凸显出来，与某种假象相分离，且内部并不一致：我们通过我们所不想要的东西知道我们想要什么。假如意义不是确定的存在，那么作为意义为之（而存在）的人，主体并不是与自身一致而全无否定，不是对自身的占据，而显然是视角的差别所关涉到的东西，被动性 183
作为一种低层级的表达在其中得以可能。主体不是绝对俯视的，而是场，它既能清醒，也能睡去，既能有意识，也能无意识，既能记起也，能忘记。研究这种现象的场域结构，意义作为偏离或非-同一的本质，作为去蔽（ἀλήθεια）而不阻止错误的真理。

三、睡眠

184 ## I. 睡眠［137］(19)

对一个意识而言，什么是睡觉（dormir）呢？睡眠（sommeil）是如何可能的？

1）第一个回答：这是一个身体的事实。人们只能通过作为对象的身体直接了解它。

生理学的方法：巴宾斯基（Babinski）基础反射的反转，巴甫洛夫（Pavlov）意义上的抑制，对时值不做区分。[1]

从可感的睡眠“中枢”［概念］到电的或化学的作用。

实际上，每当人们想进一步说明，［就会］出现这样的问题：如何理解基础反射的反转？是一种自动的解放吗？是新的结构吗？是被动意义上的抑制（对一种警觉功能的压制）或主动意义上的抑制，即（按巴甫洛夫自己所说的）一种有意义的态度？

---

① 参考《行为的结构》(Paris, PUF, 1942, pp. 16–20, pp.60–66)；以及“人文科学与现象学”（载 *Merleau-Ponty à la sorbonne*, pp.457–460）. ——法文编者注

巴宾斯基（Joseph Babinsk，1857–1932），波兰裔法国神经学家。巴甫洛夫（1849–1936），俄国生理学家、心理学家、高级神经活动学说创始人。——中译者注

同样，对时值不做区分意味着时值是各种分配中枢根据一个固定的图式或根据任务来做区分呢？因此，要如何理解这种区分？

中枢：是现象必要的关卡？简单的传播机制？还是原因？

生物学的方法：睡眠是碳酸自体醛中毒的一种效应：中毒是有待消除的。——但中毒或疲惫与睡眠（儿童-老人）之间并不存在平行的关系。

由于环境和习惯而延迟或促进睡眠的［例子］。为什么狗和猫总是在睡觉，而啮齿动物和食草动物则很少？共用同一血液循环系统的双胞胎，一个睡着，另一个醒着［的例子］。

皮埃隆[①] 的进化的实例：他借助酒精从被剥夺睡眠的狗的血液 185
和脑脊液中分离出催眠素，一种蛋白质［？］，可溶于水，在65摄氏度的温度下会失效。将这种催眠素注入［138］（20）正常的狗体内，［产生］嗜睡（的反应）。它被认为是导致睡眠这一身体事实的原因。但皮埃隆［发现］这种物质并不是通过直接的中毒，而是通过抑制脑髓轴的感觉和运动中枢来造成抑制的效果。睡眠不是中毒，而是对中毒的一种抑制性防御反应。因此［赞同皮埃隆］睡眠有积极的功能，是"有引导性的"防御功能。睡眠的需求可能先于疲惫甚至是中毒。

因此，要认识睡眠，就应当将它视作一种行为，即不仅仅是意识从外部接受的原始的身体事实。有一种睡眠的意向。弗洛伊

---

① 皮埃隆（Henri Piéron，1881-1964），法国心理学家。——中译者注

德："正如我们每晚脱掉衣服让自己的身体回到它的原初状态一样，在睡眠中我们给心灵脱掉外衣，剥去它从外部获得的所有东西，我们不仅通过身体的赤裸，也通过心灵的赤裸，回到新生的状态。"[①] 人们可以争论子宫内的生命的记忆问题，但这不是重点，重点是要把握睡眠作为退转行为的意义。巴甫洛夫在实验视阈中遇到了反抗测试的动物。他称其为"自由反射"——这表明有一种元-反射——抑制还可作为积极的行为——行动不仅关乎各种积极的现实，还关乎自身——睡眠作为存在的内在的可能性而不是作为客观身体的事实。

2）睡眠作为行动——有待于通过其意向被考察的意义。

醒觉的意识与睡眠的意识是有待比较的——考察睡与醒。

睡：

186 ［萨特：］

> 于是我在这里，躯干弯曲，肌肉放松，闭上眼睛，侧身躺着；我感到被一种自我暗示所麻痹，我再也无法追随我的思想：它们被一系列印象所吸收，它们被这些印象改变和吸引着，否则它们就会停在那里，没完没了地重复着［……］。我肢体的麻木和思想的入迷只是一个新的结构的两个方面：被俘获的意识。［139］（21）催眠图像的基础已经准备好了：我在一种特殊的状态中，可与一些精神病患的状态相

---

① 《精神分析引论》（*Introduction à la psychanalyse*），trad. fr. S. Jankélévitch, Paris, Payot, 1949. ——法文编者注

比［……］。我还可以反思，即产生关于意识的意识。但是为了维持那些最初的意识的整体性，必须让反思的意识反过来被吸引住，它们并不把最初的意识放置在它们面前来观察和描述。它们要分享它们的幻觉，定位它们所定位的对象，跟着它们一起被俘获。说实话，这也要求我的某种迁就。我仍有能力摆脱这种魔力，推倒那些纸板墙，重新回到清醒的世界。这就是为什么在某种意义上催眠状态是短暂的、没有平衡的，仍然是一种人为的状态。它是"不能自己形成的梦"。意识并不希望完全凝固，就像人们会说奶油不想凝固一样［……］在一种完美的平静状态下，人们在不知不觉中从简单的吸引状态滑入睡眠。

［催眠状态＝有意识的入迷，往往为想要入睡的意愿所抵制，后者延迟了入睡］(《论想象活动》，第64–65页①)。

自我暗示：我不再把自己与自己的思想区分开来，我把自己交给了印象。这种入迷与固定不动［就是］被俘获的意识。——为了把握这种被俘获的意识，我应该像它一样停止观察与描述，即停止把我自己放在对面，停止检验形式-质料的关系。然而我并不会迷惑于这些幻觉，它们也不会迷惑于它们的对象：我仍然能 187
够回到清醒的世界。睡眠要放弃这种可能性。萨特通过描述通向梦境的过程来描述这一点：

① 引文参考 J-P. Sartre, *L'Imaginaire. Psychologie phénoménolgique de l'imagination*, Paris, Gallimard, 1940, rééd. «folio», 1986, pp. 93–94. ——法文编者注

催眠图像是意识突然陷落其中的突然的确信；我突然确信眼睛里的那些点就是鱼的形象。现在我在做梦，这个突如其来的信念越来越重、越来越丰富：我突然相信，这条鱼是有故事的，它曾经被从这样一条河里捕到，并将出现在大主教的餐桌上，等等。河、鱼、大主教都是想象物，但他们构造出一个世界。我的意识因而是对世界的意识，我将我所知道的、我所关注的、我所回忆的、乃至规定着人的存在的在世存在的必要性都投射出去，我把这一切都投射到我现在所创造的图像中，但却是以想象的方式。在这儿曾经发生的事情，如果不是［140］(22) 意识被完全纳入，也是意识完全投入到游戏中，并自己决定以其所有的丰富性来产生各种综合，不过只是以一种想象的方式［……］在此，不再有注意，也不再有能力将对象设置为超越者，意识为诸多印象所迷，它将这些印象当作这样或那样的对象的图像来把握，当作对这样或那样的东西的代表，然后，突然间，一切尽在游戏之中，它将那些闪烁的印象理解为某个对象的表征，这个对象在世界的尽头，迷雾掩住了它的轮廓。只要梦境还在，意识就无法确定自己的反思，就会被自己的陷落所累，无休止地继续捕捉图像［……］。它无法掌握任何真实形式的东西。[①] 想象的世界呈现为一个没有自由的世界：它不再是被决定的，它是自由的反面，是宿命的［……］[②]［……］让做

① J-P. Sartre, *L'Imaginaire. Psychologie phénoménolgique de l'imagination*, Paris, Gallimard, 1940, pp. 215-216; «folio», pp.323-325. ——法文编者注

② Ibid, p.218; «folio», p. 328. ——法文编者注

梦者离开梦境的唯一方法，就是反思的察觉：我在做梦。为了形成这种察觉，除了产生反思的意识外，什么都不需要。188
只不过这种反思的意识，几乎是不可能发生的，因为通常导致这种意识发生的，恰恰是使睡觉者着迷而不再能思考的东西。①

梦的中断要么是由外部刺激（造成），要么是由于其内在结局（我被杀死了）——没有后来——由此而犹豫不决，促成反思与觉醒——

我们可以得出这样的结论：与笛卡尔所认为的相反，梦并不是作为对现实的领悟而被赋予的。相反，假如它能有片刻的真实，都将会失去它的意义和它全部的本性。它首先是一个故事，而我们所持的是纯朴的读者阅读小说时的那种热情。它作为虚构被体验到，且唯有把它看作虚构我们才能理解它在睡眠者身上引起的反应。只不过它是一种有“魔力的”虚构，意识［……］（与之）结在一起。而在虚构被理解为虚构的同时，它所经历的，是离开虚构的不可能性。就像米达斯王（Midas）把他所接触的一切都转化为金子一样，意识也决定把它所掌握的一切都转化为想象的东西：于是就有了梦的宿命的特征。正是对这种宿命的把握［141］（23）常常与

① J-P. Sartre, *L'Imaginaire. Psychologie phénoménolgique de l'imagination*, Paris, Gallimard, 1940, p.224; «folio», p. 337. ——法文编者注

将梦中世界当作现实的理解混淆起来。[①]

［因此］睡眠（以及梦，萨特只以这种方式研究它，也许他无法以其它方式思考它）［是］我与那些引人着迷的所予融为一体的时刻，因为我离开了那些可观察的参照物，将它完全用于服务于那些不可观察的图像意识，即意识不再在充足的材料上阐明意义，而是旨在借助无论什么东西来掏空什么东西。

［……］[②]

189 ［143］（23）[③]［必须］理解由动词（dormir）所表达的睡眠——入睡——在行为的意义上意味着什么。我在去睡觉的时候，我做某件事，而不是只等着睡着，我让自己去睡觉——顺从。但我不能造成睡眠：睡觉的意愿妨碍了睡眠，意识的睡眠不是睡眠的意识：它恰恰与之相反。甚至是在入睡的把戏中，比如说，我避免意识到任何事物，我试图保持在两种思想之间。不过这还只是一种准备：当睡眠来临时，它恰恰不是参与（入睡）的那个意识。它是（一个）王国（在国家的恩典或国家的责任的意义上）。我召唤睡眠，但它是自己来到的。它有动力，它组成我们生活的一部分。所以，这不是从正面看到的被动性（只在临界的情况下：睡作一团），但仍然关系到被动性的问题：陷入其中。比如，性的

---

① J-P. Sartre, *L'Imaginaire. Psychologie phénoménolgique de l'imagination*, Paris, Gallimard, 1940, p.225; «folio», pp. 338-339. ——法文编者注

② 此段最后的讨论在后来的编辑中得到重新表述。——法文编者注

③ 在另一个版本中出现在（23）页。——法文编者注

“被动性”，即使是在男人身上，在“主动的”引诱者身上也是如此：他凭“灵感”行动。甚至他让性伴侣激动、迷恋、麻木的行为，也只有在他自己也入迷时，在他所予与所取一样多的时候，才是有说服力的，才能取得效果。在我们的决定下做出的奇怪的活动，像我们引领它们一样地引领着我们。

避免误解：在这儿没有决定论，没有对外力的屈从；事件往往是在做出决定（睡觉，引诱）之后才发生的。然而事件并非由决定造成的，只是经由它的许可，而发生的并不是那已决定了的。这对艺术作品的创作也适用，或许，对所有真正在体验或实事中发生的行动或工作都适用。

关系到时间：“筹划”并不是在被展望的未来的通常意义上，在一定距离之外，由非-存在选定；不如说是存在朝向……升起、让它自身在那尚还不存在的东西上获得平衡——现在［是］一段未来的摇篮。

向外投射同样是向内投射或构想［144］(24)

为了分析这一点，萨特尝试：

A. 首先，“被俘获的意识”：肢体的麻木，思想的入迷

1）不是真正的麻木：我可以晃动，“将那些纸板墙推到”；但 190
我不想：“我们的意识依附于放松的肌肉，它不是单纯地只观察紧张，它是让自己确实被紧张所迷惑，即它不是观察它，而是投入其中。”[①] 惯性的眩晕，我越来越不可能动了。没有动就成了不动的

---

① 引文参考 J-P. Sartre, *L'Imaginaire. Psychologie phénoménolgique de l'imagination*, p.61; «folio», p.88. ——法文编者注

理由；现在［不再是］一段未来的证明或趋向，不动［是］自己的原因——不动不再是行为的变体、运动的可能选项，即，与环境与处境间的张力关系，而是绝对的不动。对萨特而言，这并不是根据运动机能、根据“我能”来理解的，不是根据我们（意识的）“所及范围”的调整来理解的，而是根据“意识”，作为“被俘获的意识”的一面来理解的。

2）因此“思想的入迷”比“麻木”更能揭示问题，它包含：自我暗示，即人们（自动）入迷，不是仅只受外力的影响，而是将来自于我们自身的东西视作外力。一方面不再有关乎我们所作所为的意识，关乎我的各种意义的意识；另一方面，也不再有关乎周遭所带来的东西的意识。两者间形成对峙，要么是决定论，要么是自由。我的各种意义与所予或联合起来或形成共谋：我们受制于（模糊的）假设、蜂拥而至的印象，而它们则受制于我们试图让它们说出的东西。因此，不只有主体与客体的面对面：不只有可观察到的、充实的、无间隙的、无限丰富的对象，相应地，也不只有我们能够对之进行反思的主体：因为［145］（25）人们只有在不去问这些意识活动（νοήσεις）是关乎什么意识对象（νόημα）的条件下，在相信它们的话语的条件下，才会忠实于它们。人们不再知道自己曾经看到了什么，也不再知道自己是否曾经看到过它，在这一刻，他们确信眼中的这个点是鱼。知觉是想象的意识，即通过随便哪个类比指向随便哪个东西，而不需要看到，意义与质料的相合。入迷是直接的确定性，是空洞的意识，是不充实的，［？］，是没有效的，是空洞的意向。

B. 接下来，进入睡眠 191

与催眠状态的区别：催眠状态是“人为的”，即不稳定的，“暂时的”，“不平衡的”，它处在一下两种状态之间：清醒——即确切的意识，它证明了意向与充实（Erfüllung）[1]间的一致，并因而可能是关于意识的意识，因为正在反思的意识并不想要与被反思的意识形成共谋，并随着它沦为被俘获的；睡眠——即幻觉的意识，它不能在它停止之处对对象的缺失进行反思。当意识这样失去了充实的概念，以至于它完全没有注意到它自己的虚无，而且由于缺乏存在的背景，把虚无当作是有效的时，睡眠将会成为这种空洞的意识。这个世界本身，这个本来充当意识定义的“在-世界中-存在”（être-dans-le-monde）完全消失了，意识可以自由地使用形式而无需面对虚无。梦［是］一种想象的意识，它认为幻觉是“世界的尽头”，它完全失去了被现实控制的概念，因此它“完全在游戏中”。[2]意识“接受自己”：它决定立即毫无保留地相信自己；即它走出了自由与决定论的两难，以便活在欲望与现实的模糊之中，既任意又宿命。这种超客观主义和超主观主义的结构，与清醒的调节（自由与决定论）相对立，它是自恋的意识，不会后退到与自身的联系中，而是附着在自身上。

因此，睡眠状态的稳固性，与清醒状态有着本质上的差异：

---

① “remplissement”. ——法文编者注

② “也就是说，所谓的‘想象的世界’或‘睡眠状态’只是‘现实世界’或‘充实的意识’的缺失，是与对象和自我的距离，或者是自我与对象、自我与自我之间的障碍物。”——页边注

意识不能再将自身安置在事物面前、自己面前，[它]“被拖下去”，即在想象物中膨胀；即虚无与存在一样有价值。一个存在的原子，一个反思的原子、知觉的原子，将足以揭示这一点，这样意识就不会在想象的意识中变得不现实。然而存在的印迹将如何
192 引入呢？虚构是“令人入迷的”，意识“着魔了”、“与之结为一体”、“完全在游戏中”，它只想着讲故事。由此：

1）这一切都不是被当作“现实”来把握的[146](26)，梦对于做梦的人来说甚至不是现实——

2）然而，由于同样的理由，而且由于做梦的人与梦亲密无间，梦与正在做梦的人亦是亲密无间，所以没有任何参照物可以挑战它的“说服力”，睡眠是一个假的世界。

被动性的问题：萨特并没有将睡与醒作为被动性与主动性对立起来。这些概念具有两重性：在清醒状态下既有被动性也有主动性，在睡眠中也既有被动性也有主动性。

1）清醒：在此意义上被动性意味着，存在着障碍，人们观察着，期待从可感的被给予物中获得对问题的回应；在意向与充实间存在着距离与张力；有一种“清楚表明的因果性”。由此，甚至有自由的可能性，即，在这如其所是地存在的坚固的、可靠地方的，人们能够根据其各种联系而行动。

2）睡眠：在此意义上被动性意味着，(我)自身与事物或与自身之间没有距离，而且各种印象在不能被观察的情况下获得意义——不是障碍或阻隔意义上的被动性，而是相反，是物-我不相区分的融合意义上的被动性，即命运。命运是任意的、无法预料的：人们看到人们想要看到的，由于没有障碍，所有注视的意

向都会立即成为视之所见：意识“决定用其全部的资产来生产假设，但只以想象的模式……”“意识已经决定将它所把握的所有东西转化为想象的。”梦的意识的主动性［是］假的主动性，是自欺，是疯狂的，包括告诉自己想要什么，任凭自己去看，没有障碍。（……）

四、感知的意识与想象的意识

193 ## ［感知的意识与想象的意识的差异］①

［207］（1）区别就在于此吗？感知的意识与想象的意识？存在的意识与虚无的意识？相合与自欺？

1.“虚构假装如此”——当然，它并不是真的为了充当虚无或虚构，要做到这一点，它必须处在存在和感知的背景之上，只不过恰恰这个背景缺失了。一种迷人的虚构，一个不再将自身视作虚无的虚无，它不是虚空。

2.此外，如果真的有虚空，有纯粹的“全能的”意义，就永远不会有醒来。在那样的情况下，做梦者的世界的基准面从何而来？世界的“位置”必须在他身上留下标记。梦，睡眠，自己证明自己，自己让自己陷落。

醒是如何发生的？1）萨特说，是由于外部刺激。然而，在把想象的雄辩还原为世界的缺失之后，萨特怎么能设想意识能够

① 这里插入的七页显然是接着之前的写作顺序写的。它们构成了对反对萨特论点的精要的总结，同时也展示了对象征主义的反思。这是对第［147］（27）到［157］（33）页观点的整体重述。——法文编者注

顺从到这种程度，以至于仍然能向梦的结构已经将之关闭的世界开放呢？2）延续梦的内在的不可能性——我死了，没有以后；因此，虚无的自足片刻间妥协、迟疑、反思和觉醒。[①]但是这种反思会在觉醒的态度中，与自身保持距离。如果不是（有一种）严格的意识结构，谁来为这段距离提供标记？但如果意识能够相 194
信自己到这个地步，又怎么会还停留在感知呢？因此，在这两种方式中，想象的意识有必要与感知的意识保持联系，并且睡眠不应该在醒觉状态和世界的事实中缺席。世界的动机的呈现被萨特否定了。

3. 此外，如果梦或睡眠的"稳固性"仅仅是与被感知的世界的关联的缺失，那么这种说服就应该是完整的。如果想象物是空洞的，那么它只有在完全是空洞的情况下才能变成充实的。然而，有一些令人信服的、印象深刻的梦与梦的意识共存，在醒来之后仍然印象深刻。

4. 醒与睡并没有像萨特说的那么异质。

在关系到一个可感对象或活的身体（2）时，感知的意识与想象的意识之间的差异是很明显的：可观察的——不可观察的。但无论是梦还是清醒的世界都不是这样构成的。它们是由行为、事件与琐事组成的。在这里，可观察的与不可观察的区别当然不适

① *L'imaginaire*, pp. 224–225："或者是一种外部刺激的强加［……］第二个能导致梦境中止的动机往往在梦自身之中：可能实际上是梦中的故事导致了一个事件，这个事件本身是结局，也就是说，它的续篇是无法想象的。例如，我常常梦到我被送上断头台。［……］意识在犹疑不决，这种犹疑促成了一种反思，这就是觉醒。"——法文编者注

用了：因为即使是在醒着的时候人们也不会在理解谈话人所说的话之前观察他并回应他，人们不会等着这个意义或（意义的）充实（Erfüllung）以便相信它。我们的现实生活，就其面向所有存在而言，就已经是想象的了。某个人在一次会面中给我们留下的印象既没有验证，也没有相合。所以，有一种清醒状态的梦，反之，在梦中有一种类似感知的特征——神秘的东西[①][②]。

[208]（3）"被感知的世界"与"想象的世界"都不是相合的（adéquation），因而会有自欺。唯有相对于相和性才有自欺。哪里
195 都没有相合性的话，哪里也都没有自欺。感知层面有它的"信念"（普鲁斯特），这些信念同梦境的信念一样，都使人印象深刻。只要我们想要将相即的概念与"现实"的概念运用于人的世界，它们就没有任何意义。比如说，没有什么能让我将从巴黎圣母院塔顶上看到的那些并不比蚂蚁大的人、那些我猜测关在好像白蚁巢一般的家里的人视作"其他自我"。我做不到，就像我看不到不动的太阳一样。有一种孤独的处境或唯我论的处境——相反，没有什么能让我把一个近处的人看作是一个木偶。这些"信念"来自于我们的身体聚焦于事物或他者的活动，而这种聚焦所承载的确定性并不取决于一个确切的意向-充实（intention-Erfüllung）的相合[③]，而是取决于一种构造，这种构造并不是毫无空隙的（毫无空

① "儿童的感知（儿童画的感知）并非明确的知觉。睡眠以同样的结构构成。指出萨特所说的醒觉的结构并不是相合、意向、充实，而是'场域'的开启。"——页边注

② 梅洛-庞蒂在空白处注明："在此重述第三页的文字"，在[208]（3）页。——法文编者注

③ "coincidence".——法文编者注

隙意味着无)。

这种构造的梦境式的经验还产生了一种“信念”，它不是对作为所有人的对象的梦中事物的信念，而是对作为我的对象的信念，它与被感知到的事物并无根本区别。任何对他人的感知都与想象一样，是自欺，在此意义上，它既是投射又是内投射，它既为我提供我自己的图像，也为我提供他者的图像，在此，我还几乎看到了所有我想要的东西。所有这一切，并不是要否定萨特所做的区分，而是要恢复这种区分。

5.(2续)萨特区分了睡与醒、想象的与感知的意识的性质。但这种性质的差异又使它们从根本上具有同质性：睡与醒都对某物有意识，只是在质料的构造上有一个简单的区别：一个是相合，而另一个则是不不相合。它们并没有像萨特所说的那么同质。睡眠是一种远离世界的活动。[①]

但睡觉只是在想象中工作吗？做梦就是睡觉本身吗？[对]弗洛伊德而言，梦是对睡眠的保护，是对世界和现实间联系的[守护]，而睡眠恰恰是反过来远离这种联系的；由此，[假如]我被噩梦惊醒，那是因为它与我的生活焦虑、生活剧(drame) 196
有关联，因为它并不像萨特说的那样，是随便什么东西，是简单的瓦解。睡眠则恰恰相反，它并不像萨特认为的那样，简单地通过任意的生活、通过欲望的无所不能远离生活，而是通过与生活保持距离的方式，通过沉入死亡的方式远离生活。睡觉并不是对

---

① “考察这种分析中的虚与实：虚无的主动性；用我的语言(身体)将它表达出来。”——页边注

世界的直接呈现，也不是纯粹的缺失：它是在偏离（écart）中存在。

因此，作为知觉之焦点的身体，广泛而言，作为与各种戏剧处境联系的身体，乃是梦的主体，而不是“想象的意识”。睡眠与做梦并不是一回事，而是回归去分化的（dédifférencié）身体。象征是主动的身体与去分化的身体间的和解，并非仅仅是意向-充盈的结构的崩溃或实在世界的缺失。

［208］（3续）这不是质料的区分的问题，空洞的与充实的意识是同一个意识，——而是构造的区分的问题。（而且，只要存在一个类比，而且这个类比被看作是在“唤起”一个缺席的对象的现实存在，那么想象的意识就不会是空洞的。）“充实的”意识意味着不是“观察”，而是“聚焦”，即景象在趋向最佳（效果）的过程中呈现出来，并要求感觉器官朝向它的某个确定的位置，这是说，身体-景象的关系［是］未知的。①（4）两个变量间的关联，不过是作为中间-终点间的关联，映射——事物本身，即所予加入到一个“场域”中去——而且我知道我看到了，因为这个肉体的动物被充实了，或至少被认为是如此。不是我思的通透性，而是它的阻塞。——“空的”意识维持着这些场域与世界的关联，但拉远了它的距离，我不是由于朝向有效的空间、“我能”、某种可能范围内的力量的开放而成为我的身体，而是作为对所有这一切（它们其实只是各个场域的一种模态）的封闭而成为我的身

---

① “我的观点：醒-睡结构乃是进行认识的身体的结构——不是向世界呈现或世界的缺失，而是呈现-缺失。”——页边注

体。这并不真正是世界的虚无：1）世界继续存在着——以偏离的方式；2）身体变得沉重，我躺着，我就是身体的位置，它标示出 197
我的位置；3）尽管没有动，身体却并非一无所有；我的呼吸占据主导地位，我就是它的呼吸；4）最后，我依然在世界中的处境之中，我通过梦来满足它，梦允许我不用真实地身处其中。这是一种相对的、暂时的虚无——通过对各种判别系统，（譬如）“失动的”、“失语的”（判别系统）的去分化——失去凸显与基准。[①] 而最终，在空间之外还有其它存在者，其它科学，这不是因为梦的内容什么都不是，或什么东西被遗忘了，而是因为它是一个私己的对象。这样梦幻之物首先成为个人戏剧的投射，它由斯而生，植根于斯。

萨特说，象征首先是一种不能相合（Deckung）的能力，即“直接的”或约定的意识。象征被还原为否定，是一种不相即的思想。相反，对弗洛伊德而言，这种不相即是自愿的、故意的。对我来说，被打断的梦释放出一种思维模式，它并不如萨特所认为的那么空洞，也不如弗洛伊德所认为的那样是谎言，而是令人印象深刻的。梦的象征的概念［是］被动性理论的试金石。

［209］（5）当我们说“是身体在睡觉”时，我们想表明的是什么？我们是想说，睡觉并不是一个赋意（Sinngebung）的活动，就像我们说“是身体在感知”那样。萨特首先研究梦，因为这是

① “‘关乎某物的意识’［是］对一个图形–背景结构的意识，也是关乎褶皱、距离的意识，而不是关乎意义的意识。其结果就是，梦中关乎某物的意识［使］这些场域在虚空中起作用。这不是对未看到的东西的无意识，而是不再存在的、没有印刻在世界上的场域。”——页边注

他的主题，也因为这是对他而言唯一的可能。然而梦并不是睡眠，它是睡与醒之间的和解。梦显然［是］一种冒险的赋意活动，是赋意活动的顶点。然而睡眠却并不如此（相应地，一旦被从睡眠的组织中切分出来，梦也就不再是真正的梦了）。象征随着意义从材料上滑动而逐渐呈现出来。为了更好地理解这一点，有必要指出意义本身的变化，这种变化包含：1）降低公开的人格的障碍，通过与世界的距离来支配当下的欲望；2）然而，对这种欲望的控
198 制，如果公开表现出来，就会引起焦虑与觉醒。因而半抑制-半阻隔。在弗洛伊德看来，象征的伪装不仅仅是由于抑制。放弃直接的、充分的、充实的表达，是人在睡眠中这一事实的结果，即人们远离判别的工具，走向无动于衷，失语，失动（如弗洛伊德指出的，人们在梦中并不真正说话，在梦里也没有逻辑关系的表达）。但这并不意味着一种任意的毫无限制的赋意的自由。而是意味着，根据某些联系用某些现象作为另外一些现象的类比，而这些联系反而在它们的普遍特征中是预先确定的。这意味着：有一个梦的场域，正如有一个感觉材料（Sinnedaten）[1] 的场域：（6）做梦者的梦在哪里？这一问题与下面这个问题是同类的：前空间的感觉场的"定位"是怎样的？只要我们离开物体本身，并将它们看作一种感觉器官，视觉、触觉和声音就并不是完全一致的。在我们之中做梦的是我们实存的场，因为它清除了处境中的障碍，并在没有绝对控制的情况下起作用。

梦在清醒的生活中消散，就像单眼的影像（幻像）消散在双

① "données sensuelles". ——法文编者注

眼的感知中一样。如同单眼的影像一样，梦处在前空间之中——而不是处在虚无之中。睡眠即是身体与实存场域从世界中退出（并允许世界不再掌控的那些变化发生在自己身上，以防止戏剧重演），并重新回到它们的事实性中。将梦的意识描述为虚无化（萨特）忽略了这样一个事实：在梦中并非仅有全能性，同样有无能性，回归降生的考古学，这要诉诸象征的分析来说明：萨特说，这不是伪装的意向，而是不能抑制意义的分裂增殖的无能。在弗洛伊德那里还有第三种假设，即回到世界的前对象化的构造，其主体是**一般**意义上的身体：生存 / 活着的器官，想象的占有。[1]［因此，不要反对］充足的意识与空洞的意识，而要将身体［设想］199
为对世界与各种处境的关注，［设想］为**想象**的阐发。

萨特的描述引人入胜，凭借的是意识的自然谵妄的观念、梦（它是自我显现）的可靠性的观念，想象世界——它什么都不是（没有什么是"实在的"），却是一个世界——的虚妄的观念。保留这一点，[2] 然而［如果这是］根据意识表达的，就好像是同一个意识，只不过是空洞的意识，在支配着睡眠与感知，［210］（7）因而就好像未被表明的意识乃是不能被表明（inarticulation）的意识，［这］就歪曲了想象的"虚无"的特征。[3] 通向梦的道路并不通向纯粹意义的绝对虚无。它是意指的机器的**部分**功能，是生存

① "想象 = 处境的类型与行为的类型，为处境与行为赋予喜欢的形式。"——页边注

② "意识的自然谵妄，即其身体性，其降生。"——页边注

③ "萨特不得不在某种程度上像在演员身上那样用类比和活生生的想象物来填补虚无。"——页边注

（活的）器官的部分功能，更是被还原为人与人之间的各种联系。萨特把意识的虚无与虚无的意识混为一谈，这是因为他的意识概念不允许它承认在其自身之中以及在主体的方面存在着薄弱的原则，后者为他带来最多也最少。

由此，反对萨特的行动主义："意识决定去……"；[反对]象征的理论为试金石——如在弗洛伊德处。

五、象征

［157］(33续)[①] 象征作为试金石 200

梦是睡眠与世界间共有的界线，是世界之缺席与呈现间共有的界线。梦是象征：某物意指一件完全不同的东西，而不是像醒着的时候意指其"自身"。通过研究这个象征的功能，我们研究睡觉的人如何在不缺席的情况下缺席。"想象"与"现实"间的确切关系。[②]

［对］萨特［而言］，象征［是］入迷的意识（conscience fascinée）天生的无能，它不能如其所是地把握事物，它无法阻止意义的分裂增殖：不相合的思想与空洞的全部力量。——向世界的直接呈现（或自由）变成了世界的缺席和任意性。

是这样吗？象征并不是意识的涉及现前"刺激"的随便的功能。它为实存的东西服务，即，1）为最近发生的事件服务，2）因为这些事件对过去的事件做了回应。它限定一种功能，这种功能不是"关乎某物的意识"（简单的一般的功能，认识论的［Erken-

① 我们采用此课程笔记的编辑思路。此前的七页综述了第［147］(27）到［157］(33）页的讨论。——法文编者注

② 参见《可见的与不可见的》(*Le visible et l'invisible*)，工作笔记，Paris, Gallimard, 1964, «Tel», 1979, pp. 316 et 320. ——法文编者注

ntnistheoretisch][①]），而是“为我的世界”的发展（清醒的梦，梦的准“现实性”）。——这个“为我的世界”的主体是谁（这个主要由与他人的关系［构成的］世界）？“内心［158］(34) 独白”是对这种梦境非常接近的描述（布朗肖 *）[②]。

*［插入编号第 156 页］：

内心独白

莫里斯·布朗肖：《最后一位作家之死》(Mort du dernier écrivain, *Nouvelle Revue française*, mars，1955 年，第 491 页）。

“也有喋喋不休，以及我们所谓的内心独白，我们很清楚，内心独白并不是再现一个人自言自语的内容，因为人不
201 与自己交谈，人的内心的确不是沉默的，但往往是不语的，简化为几个间隔的记号。内心独白是一种极其粗略的模仿，仅能模仿不言说的话语表面的特征和连续不断的流。不要忘了，此言语的弱点正是其威力，无人能够听到所以不断在听……最后，内心独白有一个中心，这个‘我’不知疲倦地将一切带向自身，而其它语言根本没有中心，本质上是漂泊不定的，且总是游离在外。”[③]

［我所说的清醒的梦，各种感知“信念”的展开，承载着我们行动与节制的流的起落，我们的话语与沉默，实际上并

① “cognitive”。——法文编者注

② 此处星标引出插入的段落，没有其它注释。布朗肖（Maurice Blanchot，1907-2003），法国作家、思想家。——中译者注

③ 此段引文参考中译本，《最后一个作家之死》，载莫里斯·布朗肖：《未来之书》，赵苓岑译，南京：南京大学出版社，2015 年，第 303 页。——中译者注

不是由内心独白带来的。]

（34 续）“不言说的话语”是我与他者的关系以及他者自己之间的关系的形成。这是在哪里形成的？是谁造成的？是谁在做梦？在此，梦作为一种生活的型构被讨论，那么是谁在生活？梦的象征，生活的象征，二者共同的主体（而不是意识）。

这并不是说两种象征是等同的。而只是说，作为象征，它们是同质的但不会混淆起来。想象-现实间的联系并不是处在空洞与充实之间，不可观察的与可观察的之间，在两个不相容的世界之间（尤其不是处在同一“可感者”的较弱形态与较强形态之间），而是处在不同构造的所有类型之中。“视觉的”事物（映像）是“现实的”吗？仅为一种意义而存在的“幻象”是“现实的”吗？触觉之为触觉的“前空间场域”是现实的吗？这些并不是“想象的”。单眼的视像是“现实的”吗？它并不是不现实的。它们在双眼的视像中只不过就像在其真实的环境那样消失了。同样的，幻觉的象征在对这种象征醒觉的意识中消失，但它并不包含意识，它自身并没有掌握自己的真理，它的魔力并不来自于单纯的非反思性，它通过自身来表现其它事物的能力并不是单纯的无能。

弗洛伊德发现了这种积极的象征；这种越出意义之外的意义有双重意义。人们通常只保留两种各自独立的意义：显意与隐意。后者会恢复被审查制度所压抑、隐藏在记忆中的原始意义。无意 202
识和审查，两个伙伴，两个文本——凝缩，移置——两种拥有同一结构的意义：“关乎……的意识”。弗洛伊德曾这样表达过这些。然而他的发现却并非如此：如果隐藏的内容真的被隐藏起来了，那么梦并不会带给欲望任何放松。潜在的内容必须以某种方式成为可获取的：做梦的人与在梦的深处生活着的人是同一个人。其实并不存在两个人（无意识和审查者，本我和自我），存在的是他们之间相沟通。审查者［159］(35）预设了被审查者的前-概念。然而这种前-概念并非概念。

那么是什么在对这个“虚幻的”环境起着构建的作用？这个环境与世界（“梦的剧场”，为我的世界）相似，却并不是世界，正如物的意义（Sinnending）并不等同于物一样。从何种意义上说做梦的人能够达到潜在的内容？又在何种意义上不能？做梦是不是：一方面要思考“二度叙述”和分析向我们所揭示的潜在内容，另一方面要抑制这种思想并用一种妥协的方式来替代它？做梦是思考吗？是不是一定要将我的象征的真相想象为：1）梦境本身是一种虚构，它把自己当作虚构（萨特），任性的立意，它知道自己是虚构的？ 2）完全在梦之外，是我不知道其源头的结果，而这种源头于我而言是超越性的？（弗洛伊德是这样人为的）——常见的假设：梦是思考，是关乎……的意识，是认识活动（cogitare）。象征，或者是第二序的（弗洛伊德），或者是否定性的（萨特），只不过是不准确或不关注。它是不是原始的？二度叙述并非对潜在内容简单的重建，而是以清醒的语言对它的转译，只不过梦并不曾说过这些。“假设常规思维的在先性。”回到梦本有的语言——或不如说是其建构性的象征。（波利策）[①]

---

① 参考 *Phénoménologie de la perception*, Paris, Gallimard, 1945, rééd. “Tel”, 1976, p. 195，以及 *Merleau-Ponty à la Sorbonne*, op. cit., “L’enfant vu par l’adulte”, p.95，参考 G. Politzer, *Critique des fondements de la psychologie*, Paris, Rieder, 1928. ——法文编者注

现在，弗洛伊德已经触及这一点，梦的思想的结构。在萨特那里，这种结构［是］想象的不确定性和自欺。但是，如果并没有一个关乎自身的好的信念，又怎么能说这个恶魔欺骗了我自身呢？这就是象征。在波利策[①]那里，没有对意识的整全性的肯定（无意识的否定［并不是］对意识的整全性的肯定），但有将抑制带回到“第一人称”、带回到我的“戏剧”环节的意图，亦即带回到“那些我并不想承认的东西”的意图。然而他本人放弃了常规思维在先的观念。因此，我与梦的真相的关联［160］（36）相比于“自欺”更不再是常规意义上的“拒绝”。这是象征的关联。简单来说，对梦的思想结构的研究不应为了消除抑制而处于抑制的对立面。两个错误：认为象征只从抑制而来，以及认为抑制最终是象征的或梦的状态（这种状态是纯粹的缺失），认为抑制是在与总是可能的清醒意识的联系中产生的纯粹的谎言。这两个错误都预设了常规思想的在先性。第二种倾向既是萨特也是波利策（所主张）的。第一种或许是弗洛伊德在某些文章中（所主张的）。 203

更确切地说，弗洛伊德并没有将无意识确定地视作一个令人满意的概念（参考《梦及其解释》[②]）。他在说“思想有两种创造功能”时，又补充说这造成了一种“魔鬼学”，“就像一个下属想要在上级的谈话中插话一样”（第 144 页），——他还说“心理学理论再度令人失望了”（第 145 页），并希望有一天我们能知道无意

① 乔治·波利策（G. Politzer，1903–1942），法国心理学家、马克思主义理论研究者。——中译者注

② *Le Rêve et son interpretation*, trad. fr. Hélène Legros, Paris, Gallimard, 1929. ——法文编者注

识是什么——这是一个操作概念。

弗洛伊德并不追求将象征归结为抑制（正如他没有将建构性的东西归结为所获得的东西；相反，他说，如果没有那些建构性的特征，创伤就不会是神经官能症的）。——他希望人们不要让结构性的考虑限制了研究（就像萨特和波利策那样）。

但他并没有否认梦的结构的实际存在在梦的暗示中起了一定
204 的作用，他开始研究这种结构。他开始探究“非常规的思想”——
参考《释梦》[①]。我们正是由此展开了对原始象征的研究。

[161]（37）1）人们在做梦时并没有真正说话，也没有真正思考。2）在梦中语言的运用（双关语）呼应着多个中心。3）不表达逻辑关系：如果、或者、否定等等（《释梦》，第 232-233 页）。荒诞的梦对……的否定，在梦中无法做到某事。4）情感并没有被掩盖：表现服从于审查而不是情感；因此梦中的感受与内容并不相合。

这意味着 1）在梦中，有一种（在梦中并没有还原为最初的叙述的）潜在意义的迫切临近；2）由于*公开*或*准确*的观念本身在此毫无意义，阻碍了潜在意义的公开说出，这不仅仅是因为人们是在想象之中（形式上的理由），而且是因为统一性是不可分割的。性不再是性，因为它可以是一切——它作为性被忽略，因为它是一切。

领会梦的方法本身：关于梦的梦想（rêverie），解释学的梦想。因为它不是被说出来的东西，而是一种透过整全性的呼应。这个呼应的体系还构造了清醒中的梦境（如，布朗肖的不言说的话语）。

① 弗洛伊德：《释梦》（*La Science des rêves*），trad. fr. I. Meyerson, Paris, Alcan, 1926, rééd. PUF, 1950, pp. 269-270. ——法文编者注

进一步的说明[①][162 背面]

世界的“科学”与梦的“科学”。存在与梦境。投资与不投资（介入）——我们正是在这样的形式下思考想象与现实的问题。

比如，并不存在（下述）问题：

1）对想象与现实做绝对的区分的问题（我们的“现实”生活对于所有触及到他人的部分而言都如同梦一样）（一切投资同时也是反-投资与超投资，即含混的）；

2）当然，也不能把它们混为一谈：梦的自恋、唯我与梦的退转。退回到“现实性的验证”之前。对我们而言，所有重要的东 205
西都是从“现实”或“事件的叙述”（所有创伤）的秩序中提取出来的。并不存在让清醒的生活服从梦的生活的问题。只不过，必须理解二者是相通的：基础的功能：欲望和欲望产出的果实（如《格拉迪沃》[②]）。选择被视作展示而不是“徒然的”激情。不应当将弗洛伊德所描述的一切（过去与童年的支配作用、自我对他者的支配作用）以及普鲁斯特所描述的一切（如果一个人向自己敞开，那么他就对他者封闭，相反，如果一个人向他者敞开，那么他就对自己封闭）看作对人的教条的解释（存在着各种升华的力量），而应当将之看作解释学的梦想，这种梦想引入了各种未知的因素，而不是排除它们。

---

① 此标题由梅洛-庞蒂标注在旁边。——法文编者注

② Freud, *Le Délire et les Rêves dans la Gradiva de W. Jensen*（1907），précédé de *Gradiva, fantasie pompéienne par Wilhem Jensen* (1903), trad. f r. P. Arhex et R.-M. Zeitlin, J. Bellemin-Noël, Paris, Gallimard, 1986. ——法文编者注

关于萨特对想象-现实所做的有限意义上的区分，尤其应当注意：

1）想象的欺骗的观念尤其在于“现实”的缺失：幻觉的理论首先要处理否定的幻觉（的问题）（不承认，错误的记忆，难以觉察，即最终，无意识所做的确认），而不在于让想象的等价于感觉的。幻觉就像帕斯卡意义上的“心脏”的作用。只不过，萨特对“感觉的”与“非感觉的”的严格区分是错误的。

2）梦是局部的退转，并不等同于感官。但这是一种神话意识的回归。

3）象征是想象的活动，无意识（或象征的意识）并不关联于因果的秩序。不过它由身体性和与他人的联系组成，投射与内投射并不是“意识”的活动。在认识论（Erkenntinis theoretisch）的所有抽象之外描述积淀与世界和他人的关系，不是其与对-象的关系，而是与我“恳切地”要成为的那个存在的关系。在此，常规就是不区分，例外才是区分。

六、梦

§梦，画谜，不是图画［166］(35)

不是提供含义等价物的符号（语言的、图画的），而是图像 206（Bild），想象的表面透过它显现出来，进入被表达出来的东西的序列、存在者的序列。……它通过回到那些已表达出的凝结物来表达。[1] 比如说，（在电影）《恶棍》[2]（*Le Goujat*）中，诺埃尔·考沃德[3] 在溺亡后重新出现在办公室里，不过手上沾着一片海藻，这是海水的凝结物。它通过凝缩来表达。凝缩并不只是遮挡审查者眼睛的手段。它是梦的意识所要求的梦的特有手段。因为梦的意识［要说出］实存的内核，**想象物**（imagines），由事件建立起的意义，（能够）言说的海藻；然而这一切都出自一个一般的自我，并支配着一种无限的内容。

---

① “比如，拼贴画。”——页边注

② *The Scoundrel*, Ben Hecht 与 Charles Mac Arthur 主演的电影，1934 年。——法文编者注

③ 诺埃尔·考沃德（Noel Coward，1899-1973），英国著名演员、剧作家、导言、制片人，电影《恶棍》的主演。——中译者注

1）说梦里有或没有这个或那个，其意义是什么呢？

梦是凝缩的，它被归入想象物。梦就是以这种方式在表达。——弗洛伊德：并非所有的联想内容都在梦的思想中，我们从相反的方向上由隐到显地重新操作，但并不是按照其原本的方式重做（参见第22-23页关于《释梦》的笔记[①]）。特别是，解释
207 似乎是建基于语词的迂回的游戏，但这掩盖了简单的思想；解释似乎建基于某些联想，但并不存在任意的联想（参见笔记，第21-22页[②]）。梦的意向性有待重新发现，它非常特别，不是指向对象的行为的意向性，而是对“覆盖”我们生活的凝结物的展示，这些凝结物既不是个体的产物，也不是概念的产物。某些梦的表面的“清晰”（即明证性），在醒来后似乎是有脱漏的，［然而］这是由于凝缩的能量，梦的意识的模式即是这种凝缩（参见笔记，第

① 梅洛-庞蒂提到他关于《释梦》一书的读书笔记，这些笔记可见于第279-294页（译按：此页码为本书页边码）附录。梅洛-庞蒂所参考的弗洛伊德文本如下：“我们重构从梦的元素到梦的思想的道路。梦的工作已经从相反的意义上完成，这条路根本不可能在两个方向上都通行。相反，在白天，我们通过新的观念的联想进行各种探测，这些探测涉及到各种中介的思想和时而在这里、时而在那里的梦的思想。我们看到白天的新的元素如何加入到解释中，且极有可能是白天增长的抗拒造成了新的和更加复杂的迂回［……］”同上，第438页。参见第291页（译按：此页码为本书页边码）附录。——法文编者注

② 同上，第436页：“在解释的工作中，当我们思考和让无意的图像显现的时候，断言是我们让我们的表象偏离了方向是不准确的。可以看到，我们否认的只是关乎我们所知道的目标的表象，这些已经确定的、或未被认识到的表象——或者，用不太精确的话说，无意识的（表象）——显示出它们的力量并决定着我们的无意的图像的运行进程。我们个人对我们精神生活的影响不允许我们想象一种没有目的的思想；我不知道心理的分散状态可以允许它。［……］每当一个心理的元素与另一个心理的元素通过令人震惊的或表面的联想联系在一起时，二者之间就存在着一种自然而深刻的联系，这种联系被审查的阻抗所掩盖。”见第290-291页（译按：此页码为本书页边码）附录。

12 页[①])。——梦的矛盾性即由此构成(参见笔记，第 8、5、13 页)。多重原因的解释[是必要的](双性恋，笔记，第 14 页；拒绝以性来解释所有的梦，第 14 页——不是因为性从未完全缺席，而是因为倒退的性和儿童的性并不是性，第 6 页)。对内容进行详尽的清点是没有意义的，比方说，清点词汇就是没有意义的，因为梦是由形成符号矩阵的事件组成的，人们因而不能够说这个或那个被排除在梦之外。这样，各种成分并没有被范畴式思想的射线穿透：来自"多个中心"的"辐射"——反义(*Gegensinn*)的毗邻，而不是在对象层面上的位置(笔记，第 9 页)。梦的丰富与贫瘠[170](36)的[观念]没有任何绝对的意义：它是丰富的，因为它贫瘠，因为它促成了连结。萨特所说的想象的虚假的丰富性，之所以被看作是真实的，是因为缺少一个参照点，将存在的 208
形式强加于想象上的虚无，实际上是儿童的无意识与创伤的过去的不可磨灭性，即，内在于世界中的绝对性。

2)梦并不是一个受时间限制的行为。因此无处不在的梦得益于符号矩阵——它也是超时间的。清醒的意识：意识的时间及其对象的时间。——梦的意识：它随时触及(时间)，却不包含这个裂隙。关于梦，问题在于知道说它开始于此时、结束于彼时是否有意义——(笔记，第 25-26 页[②])。梦从在我们之中接受事件，并根据

---

① "参考：凝缩是奇特的(读书笔记，第 27 页)。凝缩，斜体(同上)。参见第 294 页(译按：此页码为本书页边码)附录。"——页边注

② 《释梦》，同上，第 471 页："第一段的阐述发生在白天，是在前意识的控制下进行的。第二段：被审查所修改，被无意识的图表所吸引，向知觉进发，可以持续一整夜；做了一整夜梦的印象，即使人们谈不出什么，也总是已经建立了的。没有必要承认在达到意识之前，梦的进程真的是按照我们所描述的时间来进行：

事件与我们所获得的主体间的维度对之进行分类的东西开始。——梦的水印打在全部清醒的生活中——。“这种‘阴影’，这种萌发的生产，这种我的心理生活的‘主动积淀’，这种对我的意识活动的必要的暗示，这种在我之中变化着的自动性，就是**无意识**，它体现为三个方面：对没有完全参与当下行为的心理生活的潜在暗示——想象的焦点——人性的抒情内核”（亨利·艾伊：《精神病学研究》[*Études psychiatriques*]，第一卷，第 242 页[1]）。——“如果生活是一场梦，那么梦就是一种生活”（尤金尼奥·德·奥尔斯：《论卡尔
209 德隆》[*Sur Calderon*]）。[2][3] 不要把“我活着”当作“我做梦”的简单延伸：它还包括“我思”，并且我们还必须在其整体中重建它。不过，有必要从对“我做梦”的描述开始。

“我做梦”——这种凝缩、这种主观的普遍性建基在什么之上？建基在意识在此没有在直观中通过概念的展示建构世界这一

欲望的转移，审查的转置，退转方向的改变，等等。描述的需求将这种秩序强加给了我们；实际上，并没有这样的连贯性，而是在不同道路上同时进行着的各种摸索，是兴奋的波动，直至一种适当的分布使各个分组得以达成。个人的经验使我相信梦的阐述往往持续超过一个白天和一个夜晚，这使它的构造失去了所有奇妙的特征［……］它就像一个准备了几个小时的烟花，瞬间就燃完了。”见第 387–389 页（译按：此页码为本书页边码）附录。

① Paris, Desclée De Brouwer, 1948. ——法文编者注

亨利·爱伊（Henri Ey，1900–1977），法国精神病学家。——中译者注

② “参考弗洛伊德（《释梦》，第 380 页）对利希滕伯格（Lichtenberg）的引述，见读书笔记，第 19 页［第 289 页（译按：此页码为本书页边码）附录］。”——页边注

③ Eugenio d’Ors, *El sueño es vida* (prologue de 1940), in *Jardin Botanico*, 2, Barcelone, Maginales Tuquets Editors, 1982. ——法文编者注

尤金尼奥·德·奥尔斯（Eugenio d’Ors，1882–1954），西班牙哲学家。——中译者注

事实之上。意识紧挨着他的梦。比如说，画家不能够在身体中呈现他的意图，［因而使用］横幅。[①]同样，梦的意识不能呈现下面这些关系：当……的时候，因为，正如，尽管，此或彼。会因此而混乱吗？不，还有其它形态的梦的等价物：因果关系（由序梦和主梦所表达），否定（由荒诞的梦或不能做什么所表达）。最重要的是，用“正如”代替所有关系：没有真正的百合花枝既是红山茶花，又是带着异国情调的樱桃花。但不应该说，做梦的人什么都看不见：不是因为一切即是如此便认为这是已决定了的；在我们的各种场域中，对世界近乎眩晕的接近。逻辑上［171］(37)和时间上的退转是地形学的退转，即转到进程的缺失中，这种进程是从世界流向我们的回应、流向我们的由我们的过去所投资的场域。在梦中不会“真地做”，只有“看到做”：梦的自恋，可见的独断，看的意图。因此，做梦［不是］凭借着有距离的元素而关乎某物的意识，而是所有事物作为相互矛盾的东西通过参与我的生活而联系在一起。人们陷落在存在中不愿离开，凭借着身体滥用世界的显现，为的是制造一个在其中主体与对象没有清楚区分的虚假的世界。主体-对象之间［有一种］关联，这不是意识活动（νόησις）和意识相关项（νόημα）之间的关联，而是与身体和被感知世界之间那样的关联，即是说，“范畴”在此总是通过关联于一个相对于他人的原初处境有所“改变”或“偏离”。

在这个程度上，那说出的（λεκτόν）世界能变成什么样子？这个世界自然而然地与康德意义上的意识相一致，如同范畴的态

① “读书笔记，第 10-11 页。［第 285 页（译按：此页码为本书页边码）附录］”——页边注

210 度与真正的命名相一致。在此，语言被破坏了——“被视如事物的”语词（笔记，第 8-9 页）在切中事物时不再具有首要地位。Norekdal（第 9 页）[1]——在梦里没有现实的话语，也没有现实的计算，它以包含而不是共存为前提。把话语当作语词的游戏，使用语言中现成的象征与呼应（violet 与 to violate[2]），这些对清醒的解释者看来是非常造作的，但这是因为我们必须回到梦的意识的潮汐中去，在那里语词即是事物。这就是为什么梦的话语要被切割成碎片的原因——含义，其它的意向性。

§ 这些描述的倾向

对梦的结构的描述（表达的不可能性，形象的独裁，凝缩为唯一的表达手段）将潜在思想的伪装既归于梦的条件，也归于审查-抑制间的争执——因此，不要像绝对的观察者所做的那样，将潜在的内容看作我们内心深处的以传统形式存在的思想。对无意识的无意识即未知，而不是被有些人当作我们内心深处的东西来认识。无意识是对清醒的表达的规范的放弃，即对作为自我象征的象征和直接语言的放弃，后者预设了与范畴的距离和对范畴的参与。这种无意识并不遥远，它相当近，作为双重性的东西存在着。“情感内容”甚至不是无意识的或“被压抑的”[3]（笔记，第 3

---

① *La Science des réves*, *op. cit.*, p.222. “我从这个奇怪的名字中发现了 NORA 和 EKDAL，对易卜生两部著名的戏剧的回忆。”——法文编者注

② 紫罗兰与英语动词 violate 有关，代表强奸。——法文编者注

③ “情感的内容唯有在向我们展示其表象内容之际才经历一种转换”（同上，第 187 页）。——页边注

页)，即作为欲望的脉动的无意识并不在我们背后——在此意义上，参考笔记第 28 页[①]。无意识是复杂的，[172](38)是动物，211
不仅仅是语词[②]，而是事件、是象征的标志。无意识[是]未被认识的东西对梦与生活的作用和安排，它作为结晶的原则(rameau de Salzbourg)并不在我们背后，而是充盈着我们的场域，不过是前对象的，像"事物"的分隔原则一样[③]。

这并不是弗洛伊德的表述:[他]同时承认梦结构的作用，审查和抑制的作用：移置，重新聚焦(笔记，第 9 页)。一个真正的谜的制造：可比之于那些通过混入我们的拉丁文来伪装其铭文中的方言的报纸——参见《达·芬奇童年的回忆》、《格拉迪沃》："在阳光下"意味着"在太阳的旅馆里"，比方说，在对梦的初次阐述中被歪曲了的架构(第 9-10 页)。实在论的解释理论。

---

① 《释梦》(*La Science des rêves*)，op. cit., 1950, pp. 496-497："当我们说一种无意识的思想在转译后努力转变为前意识以便渗透进意识之中时，我们并没有因而认为形成了位于其它地方的第二个观念，就像某种转录的东西，在它旁边还保留着原文。我们也不再认为渗入意识就意味着位置的改变。当我们说一种前意识的思想是受抑制的并是在无意识中被接受的时，我们冒着让自己被这种隐喻带走的危险，想象某种从心理领域消失的秩序在另一个心理领域已被一种新的秩序取代。让我们抛开这些图像，并指出显现出来的是更接近现实的，能量的占据已经发生或被取消，以至于心理的形成被一个个例所控制或已经被消除了力量。"见第 294 页(译按：此页码为本书页边码)附录。——法文编者注

② 参考保罗·瓦莱里，他把"复杂情结"(implexe)或"语词动物"视作从我们到世界的关系以及我们到他者的关系中的一种权力系统的构建。梅洛-庞蒂将这种"复杂情节"称作"混合"或"杂交"，它在我们的意志下保证了我们所做的事情与我们所意欲的事情间的关系。*Résumés de cours*, Paris, Gallimard, 1968, cours de 1952-1953: "L'usage littéraire du langage", p.27. ——法文编者注

③ "这就使真理超越了我思(欲求、视看不是欲求[或]视看的思想)而无需把我们变成一个绝对思想者的对象。"——页边注

真正的意义［将］不仅不是不是这样的，而且还是由第二个我们通过清楚的、非象征的语言所认知的，［因而是］绝对的知识；无意识［则将是］“第一个”（我们），“心理”的第一形式。——该如何看待弗洛伊德的这种表述呢？这对弗洛伊德来说是不充分的，他反对将实例的空间化，并且有充分的理由：无意识并不是在我之中的某个人，他对我们只拥有其外表的生活有着清楚的思考。从定义上看他并不是别人：他正是我所抗拒的那个人，是我知道那就是我的那个人，我正是在与他的关联中组织那些我
212 觉察不到的东西。意识与无意识只是同一个被区分的存在。弗洛伊德的辩证法：凭借对意识的象征力量的坚持，他发现了潜在的、无意识的内容，但他也禁止在通常的意识中、在象征自身的符号中实现它。

所以根据刚刚所做的区分：无意识是前对象的，是引领和总括全部故事的象征内核的运作。进一步说明这一概念。

特别要与“非论题化的意识”区分开。后者就其性质而言总是拥有真理（无度的自由，无限的、内在的真理）。感知的意识作为一种知觉乃是不知不觉：我在不去构建“事物”的条件下才看到“事物”。假如意识没有**设定**，那不是因为它不去考虑在此可能会有的构成性的动力结构，而是因为它从本质上是一种积淀的意识，它当下不构建，也从未构建过，它是“朝向……开放”，总是在感觉和事物之间，从来没有停止相互关联，总是被从自身或世界连根拔起，［做出］象征性的投射或内投射。论题化唤起一种象征，对自身的象征，也即语词化的象征，这是一种真正的转化。在意识面前的东西才真正是别的东西，而不仅仅是隐含的。解

释不仅仅是所予的明确的复本：它是转化为可自由使用的“客观的”意义，而它从未被这样理解过。由此而来的困难，任务与其说是给出性的钥匙，给出传统思想中的性的誊录，不如说是要在前客观的生活中重新发现性的多重意义（sursignification）。无意识［173］（39）作为感知意识乃是弗洛伊德所寻找的解决方案：因为有必要让真理为我们存在于斯，并且未被占据。

感知的意识虽然提供了真理的种子、“真理的观念”（帕斯卡），却只是在视域中提供的，它由于揭示了真理，也隐藏了真理：在被感知者中，可以存在意义的二元性，这种意义不是一种二元性的设定（含混的形象，列奥纳多的秃鹫[①]），这在纯粹的所指中是不可能的。被感知者保全了且只保全了我们的二元性，弗 213
洛伊德坚持的正是这种二元性，他认为这种二元性是由无意识的概念保全的（错误，因为无意识-意识的二元性在使无意识变明朗时会消除这种二元性）（会有两个主体）。他保全的是“人的灵魂所保持的未被驯服的、不可摧毁的东西”（不可摧毁的：暗指整个过去的呈现，非离心的记忆）——比方说，“恶魔的力量”。活着［并不等于］有意识——在分析中参考古生物、化石对记忆的揭示。我们对之有意识的东西总是或多或少地背朝着那些在我们身上发生的事情：我从他人那里感知自我，在我之中感知他人，我关联着我的整个过去，我在时间上没有位置，我的整个过去只是作为现在的、沉积下来的界域维持着。

---

① S. Freud, *Un Souvenir d'enfance de Léonard de Vinci*, trad. fr. M. Bonaparte, Paris, Gallimard, 1927, rééd. 1987. ——法文编者注

为了将无意识的概念深化为感知生活的积淀（原初的积淀：场域；次一层的积淀：符号矩阵），（需要）坚持一个“私己的世界”，唯有透过私己世界才会有一个公共的世界，积淀是被遗忘的，是重新激活的可能性，仅仅考察梦是不足够的，比如，无意识的妥协——白天的事件所激发的生命戏剧与围绕着生命戏剧的各种变化，偶然的结晶。必须相对于现实［内容？］来看待无意识的工作，使之跃出，或相反，被解释所掌控所超出：从梦到谵妄的路径，从抑制的压力和无意识的冲突通向神经症或治疗的路径。

看一下上述情况中无意识是由何构成的，如果我们的概念足够充分的话——以及（考察）被动性-主动性的关系。在此我们将真正看到，梦并不是想象意识的不存在，而是打在感知意识上的水印；它并不是想象意识作为想象活动的建构性的谎言、“快乐的”谎言，而是自我与自我的真正战斗，抑制，在对我们的被动性及其提供者的拒绝中构成的审查：性。身体是形上学的存在（无意识作为否定性的幻觉：《格拉迪沃》；无意识作为混乱：《多拉》）。

这让我们［思考］无意识的自由与真实的记忆，［追问如何］在此分析基础上正确地构想。

七、弗洛伊德的无意识

弗洛伊德的无意识概念之本质。[174]（40） 214

I. 简单的病例

对过路人的感知成为餐厅里夫妻间“思想传递”的枢纽或连接点。①

被抑制的对将要在街上遇到的人的知觉是预感的枢纽。预感：表达人们已经知道的东西的方式；它是真实的——但却借助一种不为人知的知觉。

一种意识侵入另一种意识，一种意识侵入未来，交互主体性之诗，以及建基于未经辨识的知觉上的主体性。

多拉的案例②以及被分析者-分析师之间的关系。被分析者与致力于揭示的分析师间达成的一致，在对所揭示的东西先行拥有的基础上，揭示出一种既不说是也不说不是的知，在这个层面上，

---

① 参考补编：“关于弗洛伊德无意识概念的三条笔记”中的第三条笔记。——法文编者注

② S. Freud, *Cinq psychanalyses*, “Dora” , trad. fr. M. Bonaparte et R. M. Lœwenstein, Paris, PUF, 1954. ——法文编者注

不知已然是知：

> 当我告诉多拉，我无法避免去猜测她对父亲的情感，必定在很早的时刻就已经累积成全然地爱上他，她当然给了我她通常的回答："我不记得了。"但是她马上告诉我类似的事，有关一位七岁女孩——她的表妹（……），她经常认为在表妹身上看到了自己童年的反应。这位小女孩（不是第一次）亲眼看见父母之间一场火爆的争吵，当多拉在不久后碰巧去拜访时，表妹在她耳边轻声说："你一定想不到我多么恨那个人！"（指的是她母亲）"当她死了以后，我要和爸爸结婚。"如果联想带出了某些同意我断言内容的事，我习惯将这类的联想视为是一种来自无意识的肯定，肯定我所说的。从无意识萃取出来的"是"，没有其它的种类；而无意识的"不"一点也不会是这样的。①
>
> 215 （1923 年注）：来自于无意识的肯定，有另一种非常明显和完全可信的形式，在写这篇的时候我还不了解它：它由病患的惊叹表现出来："我没有这样想"，或"我没有想到那样"。这意味着"是的，我潜意识是那样的。"②

---

① S. Freud, *Cinq psychanalyses*, "Dora" , Paris, PUF, 1954, ibid., p.41. ——法文编者注

此段中译文参考弗洛伊德：《多拉：歇斯底里案例分析的片段》，刘慧卿译，北京：社会科学文献出版社，2015 年 7 月，第 111 页。——中译者注

② 同上，第 41 页。中译文参考同上。本书将 inconscient 统一译作无意识，但此处若译无意识则行文不通，会造成理解困难，故谨从原中译本作"潜意识"。——中译者注

“没有想到”［表示］你是对的，我以前不知道这一点，但我认为这曾是对的，它准备成为对的。［175］（41）在此，如前所述，无意识严格来说不能说“是”（而只是去做、让步、给出协调的联想），也完全不能说“不是”，它不是一种知识，不是另一个主体，不是第二意识。然而，当它被暴露给自己时，它会如同早已在那里那样被觉察。这是关乎有待被觉知者（Wahrnehmungstbereitschaft）的问题。

弗洛伊德倾向于把它转化为无意识的知觉，即在知之前的知。例如，在《多拉》第50页，［在解释］多拉的梦时，梦中有一个首饰盒：“你可能不知道，‘首饰盒’是一个（你）乐于使用的表述，它与你最近在谈论手提包时所暗示的是同一个东西，即女性生殖器。——我知道您会这么说（注：一种很常见的使从无意识中涌现出来的认识分离开来的方式）——也就是说，您，您已经知道了”（第50页）。应该说：“您没有忽略这一点。”但“您已经知道了”（这句话）有些太过了。多拉知道弗洛伊德会这么说，因为她已经习惯了他解释的方式。在他面前，和他聊天，她从这个角度看自己，从其所说的话的深处挤出她的回应。这并不意味着，她在面对自己的时候知道“首饰盒”真正的意义是什么。有一个自我-他人的系统，这个系统让我从心理活动内部觉察到别人对我说的话的看法。当然，这也充实了我对我自己的观念，我将别人视为我的证人，他对我的知觉成为我的真理的组成部分；然而这一切也可归于他，归于他的决定，他的知觉将他揭示给了我，正如它将我揭示给我那样。我的真理是由在他对我的注视中归于他的和归于我的东西所组成的功能。这并不是说，我 216

预见到他将要说的话，越过他的意识与自由，就因而认为他对我的看法是正确的。我只是觉察到自己暴露在这种解释面前，意识到有什么东西使它在我的行为中捕捉到了什么。既不能说我一直都知道，也不能说我把这种预感视作一种承认。问题是要发展出一个关于有待被感知者（*Wahrnehmungstbereitschaft*）的理论。通过把表妹当作她的镜子的事情，多拉已经准备知道她对父亲的感情就是爱。但她对表妹的使用［176］（42）却是无名的，是前对象性的，她的知道也是如此。她已经准备知道，她并不知道。这将如何可能？

第一个例子很简单，它说明：这是一个关于知觉的问题。把父亲感知为爱的对象与把他与别的男人一起归入爱的对象的范畴是两回事。恰恰因为她所爱的是他，她才不会做出这样的归类，当她开始爱别人的时候，她不会在这种感情中辨认出她对父亲曾经有过的同样的感情：实际上，就其后来发生这一事实而言，感情也不会是同样的。他们的亲情只能在冲突、对立、走向恨父亲的过程，以及分裂中显现出来。曾经有过对父亲为爱的对象的知觉，却不曾有过对这种爱情的认识。

人们或许会问，一种不被知道的知觉是怎样的？没有对自身的爱和欲望的思考，人们如何去爱、去欲求？如同萨特一样，弗洛伊德会说，应当有一种思想在那里，弗洛伊德将之置于在另一个主体之中，萨特让爱从有意识开始。

如果考虑到感知的秩序的话，人们不是必须采取这些态度。与被感知事物的接触既不是无知也不是知。证据：在一个房间中感知到缺失（舍勒），确切地说，在一面墙上，人们看到少了什么东西却说不出是什么。[1] 一个或许可以说明所有知觉本质的例子：多拉的父亲被她爱着，因为这个世界正是关联于他才有价值，217
其他所有人［看起来］都是他的倒影，以不同的方式不是她的父亲，因为反过来说，如果他们对他是有价值的，那么他们对多拉也是有价值的。但要想知道这一切，多拉就必须经历一个他父亲没有在其中的世界。只要他在，她就会透过他爱上所有他爱的东西，她由此而不知道她所爱的是他。这种使原初的爱是不知道爱的辩证法，并不是爱所特有的：它是原初的辩证法，是知觉的辩证法。——感知，打个比方说，就是在眼前有什么东西；然而［177］(43) 被感知者并不化约为可见的外壳，［如果没有］内部的和外部的视域，这个外壳就什么都不是。外壳［应该被看作是］一种更广泛的（所有内在的部分，所有外部的视角）可见性的具体化，是对我的视觉、触觉、听觉场的某种影响，它将这些场与许多其它场分开，最终是对于世界的一种信念，这个世界为这一景象与其它视点的且（我的视角）也向之过渡的其它可能的一致景象间的统一。由此，被感知者有着双重性：它在那里，聚集在自身中，它现在存在着，就在此刻，且无处不在。参考黑格尔关于“这”(ceci) 的辩证法：当我在做这个动作时，景象已经发生了变化，我的手指所指示的是一个一般性的“这”。这样，每一知觉都是世界的一次颤动，它的触碰超越了其所触及之物，它在我的在世存在之整体中唤起各种回声，它是超乎寻常的——作为特

① M. Scheler, *Die Idola der Selbsterkenntnis*,《知觉现象学》中曾有引述，*Phénoménologie de la perception*, op. cit., p.71.

殊事物，它不会是认知的，而是实存的；其特殊性不过是为了作为整体朝向世界存在所缺少的东西。比如说，对一种缺失的知觉：这种被感知者的独特呈现就在于缺失的缺失，是其缺失之可能性而不是现实，是对世界之补充。对一个可辨识的“这”的知觉因而流向和卷入整体，尽管它聚集在自身之中，且恰恰是因为它如此存在着：因为我从未在我的面前拥有世界，我只是凭借着卷入到与事物从内部与外部发生着关联的各个界域中去才得以走向世界。因此，知觉不是范畴上的包涵，意义赋予（Sinngebung），对意义与外部之间的一致（zusammenstimmung）的体验总是要求一
218 个中介，并最终达至建构（constitution）的观念。与被感知者的联系因而不是一种穷尽的分析或一种认识，但也不排斥非知识。

这样，实际上，从知觉的秩序中得到揭示的，不仅有“可感的事物”，还有 1）我与其它透过可感特质感知和呈现的事物间的联系，［因为］诸事物交杂相处于可感世界中会延续他者在他们之间以及与我之间的那种交杂，（不过）这次是关乎一个实践（praxis）的主体而不仅仅是关乎一个知觉的主体了；2）我与我自己的过去的联系，［因为］由于它已经被感知到，它就不会在记忆中成为另一个东西，而不是已经在现在存在的东西。空间上的交杂［178］（44）会转变为时间上的交杂，即是说，亲熟与无知。无意识的理论，记忆的理论应当通过知觉秩序的研究得到更新，即，通过与世界和与他者的共存的秩序获得更新。——一种生命的凝聚，一种总是不同的生命，一种不中断的解释；实存的永恒——

将这种解释原则运用到弗洛伊德的几个新的案例中去。——首先，一个简单的案例。

II. 预示性的梦与作为"生命的凝聚"的无意识

讲述 B 夫人的故事并给出弗洛伊德的解释［关于《预示性的梦》（*Le Rêve prémonitoire*）的笔记[①]，第 1–2 页］。

［编者注：下面给出梅洛-庞蒂所参考的文本，这一部分文本在《被动性》的文档中。］

［245］弗洛伊德：《预示性的梦》（1899）（《全集》，第 17 卷，第 19–23 页）

B 夫人说，她梦见自己在一个商店门口遇到了 R. Kärortner-strasse 医生。第二天早上真的在那个地方遇到了他。没有任何证据（叙述或笔记）表明她在见面前记得这个梦。她是在见面之后才想起这个梦的。年轻的时候，她嫁给了一个富有的老男人，几年后，在失去了财产和患有结核病的情况下老男人去世了。她靠着教钢琴来维持生计。家庭医生 K 博士曾经帮助她照顾她的丈夫， 219
并为她找了第一个学生。另一个 K 博士是一位律师，处理过她丈夫的事务，并且爱她。但她却因为顾忌而不开心。[②] 她告诉我们，在这段时间里，有一次，有一件特别巧合的事情：她正在家专注

① 再版于 G. Devereux, Psychoanalysis and the Occult, New York, Intern. Univ. Press, I. nc., 1953. 参见《可见的与不可见的》关于心灵感应和身体性的工作笔记，见 *Le visible et l'invisible*, p.299. ——法文编者注

② "由于其性情和教育，她无论多么爱他也不会顺从这种爱。这是她第一次也是最后一次的激情。"——页边注

地想着这位律师，他就进来了。巧合并不令她感到奇怪，因为她经常想他，他也经常来。——但这可能是她的梦的真实内容，并建立起她梦想成真的信念。

从这一幕到这个梦，已经过去了 25 年。在这期间，她又成为第二任丈夫的遗孀，后者为她留下了孩子和遗产。她一直喜欢的律师成为她的遗产的管理者。可以设想，她在过去的几天就在等待着他的到访。因此当他来的时候就有了怀念旧日的梦。这样的梦无疑是经常做的：对年轻时的残酷迟来的感知。但这些梦唤起了她在第二场婚姻中被抑制的想法，她通常总是抑制这些想法。她因此走了出去，遇到了另一位 K 博士，他和她爱情中幸与不幸的所有阶段都发生着关联，而且他也曾是她的一位追求者。在她的思绪和在她的梦境中，这位 K 博士是掩饰另一位 K 博士的屏障。遇到家庭医生 K 博士，这唤起了她的梦。不过被唤起的梦仅仅是有所遮掩的重现：她将无关的 K 博士插在了重要的 K 博士的位置："梦的内容——会面——被转移到她相信她曾梦到过这个特殊的地方，因为约会就在于两个人同时间来到同一个地方。如果她曾经有一种梦想成真的印象，这种印象只能解释她记忆中的场景：她曾经凄切地渴望着他到来，而这个愿望也得到了实现。"

因此，在事情发生之后的梦的创造无非是一种审查的形式，它使梦有可能回归意识。

（44 续）这种解释的真实性：

1）预示性的梦是事后发生的，是在与 K2 相遇之后的事情。

2）这种所谓的对事件的预感代表了一种稍微不同的欲求：遇

到 K1，与往昔的爱情有关。欲求在其它梦境中扮演着关键知觉的角色：它开辟了走向感应印象或预感印象的道路。命运的永恒印 220
象从根本上说即是不可磨灭的欲求的意识、对“欲求的全能性”的意识。

这些都是有道理的——但尴尬的是：这是否事关无意识的欲求的真正的伪装？有必要做出武断的假设：

1）等待着 K1 的到来与明显和 K1 有关的梦：她出去为的是抑制这些梦。

2）对真正内容的无意识，想要见到 K 的愿望，以及 K2 作为屏障或掩饰者角色的功能：把 K2 插入到“预示性的”梦中以便不承认 K1 ——对预示性的梦的构建将会是审查的工作。（弗洛伊德设定的）前几晚的梦（与 K1 会面）被审查转化为在这样一个地方会面的预示性的梦，会面观念可公开承认的形式。

3）在看到 K2 时产生的“梦想成真”的印象，只是对由 K1 曾经引发的幸福感的复现，而这很自然，因为 K2 就是 K1。因此，梦样谵妄（永恒的状态：我知道我将遇到您）是为了掩盖［179］（45）意义明确的真相所制造的谎言。

我们将以另一种方式来解释：不存在人为的工作，也没有以无意识状态的形式实现的解释（Deutung），梦样谵妄不是谎言，不是无意识的呈现方式，而是现象。我们事实上由此出发：她当然相信将会遇到 K2 的预感——所以这种预感实际上肯定是事后的，因而并不是对在她心里发生过的事情的准确描述，同时也不应是谎言。存在着这种关于自己的错觉的可能性，它建基于感知意识的辩证法之上：她感知到真相，（但）不曾觉察。

弗洛伊德并没有给予她原本应给予她的那么多通向真相的入口（她并不知道在弗洛伊德看来K2“实际上”就是K1，但我认为她感知到了这一点）——而是给予她比应有的更多的关于真相的知识（对弗洛伊德而言，“她的无意识”知道K1就是K2，对遇见的预感就是遇见本身，而这一切都是一个过去场景的重现）。弗洛伊德区分了意识和无意识，意识为虚假版本的知，无意识为对真
221 相的知。接下来，他只能通过一个刻意假造的（论点）将二者联系在同一个人身上（审查知道它所抑制的东西）。在我看来，即使是在“意识”的层面，我［也会形成？］与真相的联系，因此真相将不会只处于无法触及的被抑制的无意识之中，而将成为一种并非认识的知觉的联系。

由此：

1）用K2代替K1。K2是封面人物或荧屏人物：这与伪装无关（因为K2并不是想象出来的，而是实际遇到的）。如果她推迟与K2见面，希望与K1见面，如果K2被替换了，这是因为：a）K2与她对K1的爱恋所有阶段都有关系。对一个人的记忆是对一生所有时期的记忆，是对过去的我的记忆，对一场戏剧或事件的记忆。她与之会面的K2重现了这一戏剧。b）更深一层：K2也是一个追求者，他的角色与K1的是平行的，她并非全然不曾觉察：从事于所有这些工作的是同一颗心（普鲁斯特），是它在我们所爱的人之间建立起亲密的联系。在K1和K2之间没有机械的联想，没有由第二意识达成［180］（46）的综合，没有相互的替代；有的只是她这段生活的戏剧（drame），它是一个符号矩

阵，控制着所有的感知，凡是涉及 K1 和 K2 的地方，它都以一种普遍的、可感区域的形式留在其中，这个区域对配角与主角是同样可感的。

2）用假设的预示性的梦代替与 K1 的会面。这种移置并不能代替一个恰当版本的意义明确的真相（梦到 K1，与之会面）。她在街上遇到 K2。有一种预先存在的印象，这一切已被预见到了、被预期到了。是否应该说，这一印象掩盖了一种想过去那样与 K1 会面的欲望？她并没有掩饰这种无意识的回忆，她确实很好地表达了期待的会面的本质。在这种表达中存在着模糊之处：期待的会面呈现为一种预示性的梦的想象。而这种模糊是由于戏剧的一般性，由于持留的生活的风格：当 K1 适时而至的那一天，当她在孤独中等待他的时候，她经历了某种奇迹：现实回应了她的欲望，那看起来外在的、委身于别处的生活，回应了她最隐秘的愿望，这会面令人感动，因为它不着一言，由欲望到欲望的会面。正是 222
这种与他人完美的邂逅，在她身上形成一种创制（Stiftung），并使她在看到带有一点 K1（影子）的 K2 时，感觉到同一奇迹重新发生了，她体验到心灵感应的印象（愿望与现实的相会），即这一切不是偶然的，而是刻写在世界的秘密结构之中的，因为它早已被刻写下来，所以是可见的，所以我们才会梦到它。

［181］（47）我们不会改变心理学的解释。然而哲学的解释不会［成为］知道真理并为我们所审查的第二意识，它是对 K2 的感知，这种感知触动了［一个］装置，并从中唤起了回声。对可感事物的感知与身体图式相联：例如，我通过让视觉结构和感官结构与我的身体构造及其规则相一致来感觉一个地方的水平方向与

223 垂直方向。[①] 当我将我的手和手臂压在心脏上，并让空着的另一只手自行举动，第二元素凸显出来，没有知觉目标的位置：我的身体图式凭借着欲望移动了，它的规则在别处，我的经验的身体在没有明确觉察的情况下参与其中：被感知者的规则是在部分的显象下面。不仅存在着身体图式对各种空间维度的共同建构，还存在着实践的图式，它构建着交互主体性的各种维度，前者为我带来转化为先令与便士的距离，后者为我带来转化为对我的“活存机器”有价值或有意义的其它东西；B 夫人的实践的图式是围绕着 K1 的戏剧组织的。这部剧在她身上留下了对她所感知到的所有东西进行分类的原则。事件在这些力的线条上结晶——修改着那些

---

① “我们只是改变了哲学的解释。柏格森：无意识，意识的缺口，这个缺口不仅仅是非-存在的、空虚的，而且是一个积极的、能起作用的空虚。弗洛伊德在这种空虚下面预设了与我们有意识的行为同类型的各种无意识的思想。我认为可以将这视作后来对象化语言中的 Deutung（解释）。根据发展的过去来解释。现在，它只能在我们的维度中运行，因为它是由我们的历史造成的。比较：实验表明了努力如何移动了我们的纵向（位置），以至于在手按压心脏之后，会在比其所在位置更高的地方寻找我们的纵向（位置）。这既不代表客观的立场，也不代表要采取一种新的立场。抑制一种分离（écart），一种方向上的区别。B 夫人对 K2 与对 K1 对反应也是如此。对 K1 的爱已经设定了一个标准或水平。并不是 K1 与 K2 谁代表了谁，也不是其中一个隐藏在另一个之下：存在着二者间的无区别性（non-différenciation）。希尔德的分析［Schilder：《身体图式》（Schilder, *Das Körperschema*, Berlin, Springer, 1923），转引自《知觉现象学》，第 92 页］：必定有一种身体图式，它以我能的方式给出位置和距离。同样，在这里，实践的图式在将价值分配给所有显现的事物时建立或重新建立起它的规范。无意识［意味着］事件的丰富性，是一种实存的永恒：无论一个人做的是什么，这都将是意义与他的经历间的联系，因为经历就是一般化为各种维度，就是生命的凝聚（cohésion）。但并不需要在无意识的思想中意识到所有这一切。——页边注

然而，不存在来自过去的真正压力，不存在被压抑的东西回归？——比如说，谵妄。”

复杂的情节，也被它们修改着——在并无清楚思虑的情况下被她领会着，正如距离被运动的身体在没有明确估算的情况下领会一样。无意识正是事件所留下的符号矩阵。回到事件、分析、解释，消解这一构造，而这一切唯有当造成事件的东西被真正如其被体验的揭示出来，而不是抽象地提出来时，才是有效的。无意识是实存的永恒，是生命的凝聚，事件的增殖衍生。

然而，这些符号矩阵是否足以揭示无意识的压力？[1]

[182]（48）不存在真正的过去的因果性吗？不存在被压抑的东西的回归吗？例如，在谵妄的情况下？

---

① 见补编：关于弗洛伊德的无意识概念的三条笔记，第 259-265 页（译按：此页码为本书页边码）。——法文编者注

八、谵妄：格拉迪沃

III. 谵妄［《格拉迪沃》］

224 詹森的《格拉迪沃》（*Gradiva*）中的诺伯特·汉诺德。——这本书的出版信息。[①]

谵妄最初从内被看到，宿命的气氛，预感的出现：似乎现实是根据欲望由一种超自然的原则造成的；谵妄的诗，梦想与现实的相会。接着，谵妄退散了。［它的］解释［是］平实的：如果一切的发生都服务于欲望的预期，那是因为欲望自身也源出于同一个人的回忆：未来服从于现在，只是因为它是过去的觉醒，是被压抑的东西的回归。

1. 主观的叙述（参见笔记，《格拉迪沃》，第 1-2-3 页。）[②]

2. 从第 3 页起——谵妄的消解，《格拉迪沃》的积极的介入，

---

① S. Freud, *Le Délire et les Rêves dans la Gradiva de W. Jensen* (1907), précédé de *Gradiva, fantaisie pompéienne* par wilhem Jensen, trad. fr. M. Bonaparte, Paris, Gallimard, 1931. Nouvelles édition et traduction par P. Arhex et R. M. Zeitlin, J. Bellemin-Noël, Paris, Gallimard, 1986. La nouvelle de Jensen: 1903, l'essai de Freud: 1907. ——法文编者注

威廉·詹森（Williams Jensen，1837-1911），德国作家，《格拉迪沃》的作者。——中译者注

② 梅洛-庞蒂回到了关于《格拉迪沃》的读书笔记。——法文编者注

以及平实的解释（第3-4页）。

3. 重新解释——借助弗洛伊德的评注A补充关于症状的重新解释。

[编者注：我们下面用小字体[译按：中文用仿宋体]插入梅洛-庞蒂本人提到的几页[261](1)-[263](6)]

1. 抒情的叙述[261](1)

诺伯特·汉诺德在鲁昂发现了一幅浮雕，他复制了这幅浮雕。

诗意的（谵妄的）叙述："预感"的出现，根据欲望之心与真实的叙述创造现实：真实的、平实的叙述。"无意识"到底以怎样的方式运作？"潮"是以第三人称进行的回忆的行为吗？回忆是在那里的吗？解释（Deutung）是否发现了一种"真实"？还是说，平实的解释只是一种表象？现实：一个桩基装置会支配感知的进展，后者并不能被简单地视作与其将成为的东西是同一的。

"格拉迪沃"，"那前行着的人"，是被"现场"看到的；汉诺 225
德将之定位在庞贝，在那些最近出土的石板上。看一下这步伐是不是真实的——研究女人与小女孩的脚，在那之前，他并没有关注这些。

梦见庞贝：见证城市的埋葬。他来自庞贝。在那里，他看到了格拉迪沃，她"生活在她的家乡，在他不知道的情况下，与他同时生活在那里"。他试图去提醒她。而她却转过身继续走着，走到神庙的台阶上坐了下来，就是在那里，漫天的灰烬将她掩埋。

醒来，非常确定她在庞贝。到窗边去。听到对面窗户上鸟笼里金丝雀（的声音）。不完全清醒，觉察到一件事：认为发现了格拉迪沃的步伐——一如既往地出门上街——嘲笑（quolibets）——回家——又听到金丝雀的声音——自比于它。(2) 他自己也是在笼子里。

于是他决定春天去意大利旅行——"被一种说不清楚的感觉驱使着去旅行"(165)。既没有设定旅行的目标，也没有设定对象：焦虑驱使着他从罗马又去了那不勒斯以及更远的地方。

（在罗马）因蜜月旅行而恼火，在意大利，因婚礼和蜜月旅行而恼火——去庞贝，因为那些人要去卡普里。在庞贝，由于那些总是说着"我亲爱的奥古斯特"、"我亲爱的格莱特"的商人，他感到局促不安——他总是对自身感到不满：糟糕的心情，他总是缺少点什么——来到庞贝并没有唤起他的梦。

中午时分（按古人的说法是幽灵的时辰）独自进入废墟，"然后死人醒了，庞贝又重生了"——看到一个女人像格拉迪沃那样在前行。随即想起自己关于庞贝的梦，明白自己来意大利就是为了去庞贝。

这不是一个幽灵：[一只] 蜥蜴被格拉迪沃一脚踢开。走进她进入的那个房子，发现她的腿上有白色的东西：相信那是79年埋葬的格拉迪沃的魂魄。跟她说希腊语、拉丁语。她回之以德语。他说："我原本就知道你的声音是这样的。"

他要求她像在梦中一样，躺在神庙的台阶上。一只蝴蝶（哈得斯的使者）在她周围飞舞，随后她起身离开。他问她第二天是否再来。

他去旅店喝酒（为了找她），却没有找到。第二天，他从另一条路去庞贝。他捡起一支阿福花，在他看来那是“来自彼世的消息”。看到格拉迪沃后（问她）：“噢，如果你真的存在真的活着该多好！”格拉迪沃有些惊讶和困惑——请他解释：她睡觉的时候他是如何在她身旁的。他讲述了他的梦，（在梦里）格拉迪沃与庞贝一起消失了［这是不是一个考古学家眼中的格拉迪沃？不完全是：因为她说了一些他听不懂的话，比如：太可惜了，在路上您 226
没有找到前行中的格拉迪沃，你本可以省去这段漫长的旅程。］

格拉迪沃走入他的谵妄：必须接受那些我们无法改变的事情，并且“我早已习惯了死亡”。她向他索要那支阿福花：“春天的玫瑰献给别人，而由你的手献给我的，只有遗忘之花最合适。”

“奇怪的是……对谵妄的治疗与研究是一致的，而对谵妄的缘起的解释是在谵妄消解过程中做出的。”（124）

［262］（3）格拉迪沃离开后，废墟中传来鸟儿的笑声。他发现一片“莎草纸”，一件白色的东西，那是一个素描本，是她留下的，作为她回来的信物。他弄不懂，佐伊-格拉迪沃（Zoe-Gradiva）的身体的本质是什么。

他在散步的时候遇到一位老科学家，他在拿一个用草编成的圈套捕蜥蜴（之前“艾玛”［Eimer］这样做过）——搞不懂为什么有人会为了这么无聊的目的长途跋涉来到这里（126）。隐约认出了这个人。汉诺德无意间发现了“太阳旅馆”。旅馆老板告诉他，庞贝城出土了一对相爱的恋人，并卖了一个绿色的金属别针给他，他是毫不犹豫地买的。在出去的时候，他看到一簇阿福花，这似乎让他确认了那是真实的。

嫉妒：在遇到格拉迪沃的时候，她是要去见一个像那位恋人一样的死人吗？

旅店里来了两位新客人，是兄妹（？），因为他们长得很像。姑娘带着一朵红色的苏伦多玫瑰。梦到格拉迪沃坐在草地上捕捉蜥蜴，还说：我同事的办法真不错。一只鸟儿在短促的叫声中啄住蜥蜴，把它叼走了。他彻底醒了过来。他摘下几朵苏伦多玫瑰去赴约，想知道能不能在正午时刻之外的时间看到格拉迪沃。看到“哥哥”和“妹妹”相拥在一起，他第一次没有恼火。“原本的妄想幻灭了”，他去赴约，向她坦承，他认定她就是那个死去的女孩——把别针还给她。她说：是在阳光下找到的吗？她递给他小半块面包，并跟他说：我觉得好像2000年前我们曾一起用过餐。

打她手上的苍蝇，并证明她是真实的。她吃惊了：“你肯定是疯了，诺伯特·汉诺德！”那对恋人出现了，那位姑娘认出了格拉迪沃：你也在这里呀，是像我们一样在度蜜月吗？汉诺德逃走了。

2. 瓦解与平实的解释

佐伊与朋友交谈，表明她是个活生生的人，她想要治好汉诺德，她说她是动物学家的女儿。她试图找到汉诺德，后者在徘徊，
227 不知道该如何解决问题：格拉迪沃是个活生生的人——同时也是他所梦到的格拉迪沃——汉诺德想要逃离——但越来越少地——“躲入疯狂的国度”——遇到格拉迪沃。她向他透露，她就住在那个有金丝雀的房子里，她是他儿时的伙伴。这似乎是一种“简单化的解释”。但有些东西让它变得“深刻”：就是这段过往藉以

“重来”的方式；手上的敲击：童年的巴掌。谵妄完全由童年回忆构建起来：格拉迪沃–伯特冈（比方说：她的名字佐伊［Zoé］，动物学［zoologie］教授）。当汉诺德（4）转身离开她，她把他与她的父亲看作是一样的：他们都被占据着，被埋葬，都是始祖鸟，“她用相同的词来抱怨她的父亲与朋友”（138）。

汉诺德，已经“遗忘了”它，这是一种有点特别的遗忘，它与重新激活相对：［存在着］压抑，［但］压抑并不是摧毁，它带有诸多“心理的结果……由被遗忘的回忆的转变与排斥带来的产物”（139）。

由此，回到被压抑的东西，“这种回归神奇的机制，如同是以最诡谲的方式造成的。那正为抑制服务的东西……成为被抑制的东西回归的媒介；在压抑的诉求之中和之后，被压抑的东西最终肯定了自己的胜利”（139），“……凭借着些微的相似，被抑制的东西就足以透过压抑的诉求（呈现出来），使这种精神生活起作用”（140），“人在走向被压抑的东西时，他的精神生活如处于抑制状态，这种精神生活会极其敏感”（140）。首先是在压抑的考古学中，诺伯特·汉诺德发现了格拉迪沃。谵妄（是）佐伊“不充分且变形了的复制品”。

格拉迪沃＝伯特冈。

年轻女孩：“有些人必须先死去以便获得重生的事实”是独特的——“这在考古学中无疑是必要的。”（142）

一旦瓦解开始了，病人自身就带着对最终谜团的解决办法，就像在一场爆炸中一样。

汉诺德承认自己对那位带着红玫瑰的女孩有些感觉，这让佐伊感到嫉妒（滥交）——她冷落了他，于是他拉起她的手并亲吻她，向她提议去意大利做蜜月旅行，"他的儿时伙伴自己就像是从久远的埋葬中挖掘出来的"。压抑"……使心灵既无法接近，又保持完整无缺。"（145）

3. 重新解释

梦见庞贝和葬礼。这表明汉诺德对压抑有一种"内心理的感知"（159）。庞贝之梦：表明汉诺德与他所爱的人既共享着地点又共享着时间。简单来说，这是他通过移置在想象中［所感受到
228 的？］现实。梦的科学"教我们避免从梦的内容得出梦所引起的焦虑的错误，教我们不要以包含清醒状态的表象的方式来对待梦的内容"（170）。"梦是……正常人心理上的谵妄"（172）。庞贝之梦和旅行的决定，与所有决定一样，被非意识的动机包围着：旅行的作用［263］（5）从一开始就是"为其谵妄服务"，就是为了"寻找"格拉迪沃。汉诺德看到在街上经过的实际上是佐伊——他听到的是她的金丝雀；他有一种"否定性幻觉的天赋，拥有看不到和认不出实际在场的人的机能"。从一开始他就对我们后来要获知的东西有"无意识的知识"。"佐伊临近的标志：她在街上出现，她的金丝雀的叫声，离汉诺德的窗户如此之近，加强了梦的作用：在这种情况下，感觉到他对情欲的抵抗中的危险，汉诺德逃走了。"抑制的胜利（176），尽管对行走的研究成为被抑制者的胜利。然而这种逃避也是一种妥协："庞贝之旅本应使他远离生活中的佐伊，却至少使他与之更近了，也就是离格拉迪沃更近了"（177）。

当他走在庞贝城的时候，一开始并不记得自己的庞贝之梦。这是因为旅行并不是梦的直接后果，而是对梦的反抗，这种反抗来自于对潜在内容毫无觉察的心理力量。

在第一次遇到格拉迪沃之后汉诺德去旅店喝葡萄酒。他并没有想着找她，但实际却是在找她。

对汉诺德的梦的解释：格拉迪沃像那个散步的老者一样捕捉蜥蜴。她的“同事”（Eimer）就是那个带着苏伦多红玫瑰的女人，“她的出现让在房间一角注视着她的人想起了什么，可他却记不起来那是什么”（189）。此际默默被回想起的，是格拉迪沃说过的话：“把春天的玫瑰花献给别人。”这个梦意味着，对汉诺德而言，格拉迪沃与别人一样懂得要抓住一个丈夫。蜥蜴的场景归于格拉迪沃，因为汉诺德暗中认出了教授。蜥蜴更多地指向对格拉迪沃从墙的裂缝处消失的观察。

由于看到阿福花，汉诺德确认了别针的真实性：这是因为他认出了送给格拉迪沃的阿福花，这是因为他无意识地知道她就住在那儿，她还活着。

谵妄有真实的元素，正是真的在“保护”着假的（192）。“格拉迪沃就坐在阳光下的某个地方”——这包含了对她与动物学家间亲情关系和她的住所的陈述。

（6）格拉迪沃捕蜥蜴的梦的荒谬：这个梦是表现嘲讽、轻蔑、苦涩的矛盾的“方式”——这个梦意味着：她与父亲住在太阳旅 229
馆，她嘲弄我，想要抓住我。佐伊的话有两层含义：“能够将谵妄与真实用同一句话表述出来，这是精神的胜利”（197），含混性，“意识与无意识的相互妥协”（198）。谵妄最终可转译为：“看，所有这些只是表明你爱我”(201)。

“治疗所针对的那些症状并非仅是先前反抗抑制的斗争的剩余物，或者说被压抑的东西的回归；它们只能借助由同一种激情所引起的新的躁狂来解决和平衡”(203)。

医生从外部观察无意识，“小说家则不同，他关注自己内心中的无意识，倾听所有的可能性，并为之带来艺术性的表达，而不是通过有意识的批评来压抑它们”(205)。

[185](48)[1] 谵妄的问题：如果无意识只是“隐含的思想”(没有在我之中的第二个我思)，那么何以有谵妄，即无意识的反抗、被压抑的东西的反抗？这不是第三人称下的无意识的因果关系吗？我们是这种关系的结果吗？

这并不是弗洛伊德的看法：

1.[弗洛伊德]说一种幻觉的理论应该开始于否定的幻觉：[因此]幻觉呈现为第三人称下的因果关系的产物，这只是表面；[因此]没有对未被看到的东西的看，但是存在着对未被认识的东西的有效的看；[由此]主体对对象的偏离在于他没有完整地看到它，而不在于他看到的是其它的东西。谵妄并不是意识从外部接受的“无意识”，它是基于知觉的(浮雕-金丝雀-街上的女人)。简单来说，它们像刺激物那样起作用，而主体并非是根据它们的“真正”含义(即在被抑制的过去的语境中)看待它们的。再如：阿福花

① 这张重新编号为(48)的笔记开始了一个新的草稿，它显然取代了第(49)张笔记第一页中间位置已被放弃的笔记A。——法文编者注

确认了别针的真实性（即格拉迪沃在现实中的现身）；给予阿福花的动作。无意识［隐含着］发展的可能性，它有它自己的逻辑（谵妄的逻辑——使他远离“危险”的辩证法，意大利之旅是［为 230
了］去庞贝，这加深了谵妄），它的作用在于取代未被觉察的真实的逻辑。弗洛伊德：两条有道岔的铁轨：同一感知有两种意义，归属于两种语境，公开地按照一种逻辑运作，并服务于另一种逻辑。不过现实的逻辑并没有“被隐藏”，“表面的”逻辑不是唯一被赋予主体的：汉诺德以某种方式知道格拉迪沃是现实中爱他的女人，是其爱情的威胁（例如，他在梦中将她与她父亲，那位老学者，混同），他知道自己在反抗现实的爱情。

简单地说，他凭知觉知道，正如我们知道，［186］（49）这样的被感知到的结构宣告着这样的感知的展开，它不是作为被唤起的可能性，而是结晶、凝缩在外表之中。比方说，当我走着并做出跨越障碍物所必须的动作时，在运动和被感知到的轮廓之间存在着不以知识为中介的关联：这是因为每一个浮雕都呈现为“要被跨越的”，即实践的光晕，偏离［一种］规范。无意识［是］把被感知到的东西插入到我行动的机器中（身体和在世存在的第二身体）。

2. 弗洛伊德说，被压抑的东西的回归是由压抑的要求造成的。压抑“……使心灵既不能接近，又不能完整地保存它”：压抑造成了被抑制者特有的因果性和力量，是否定造成了无意识肯定的力量。是否定在放弃。这是如何可能的？人们对之说“不”的东西一定不能等同于人们放弃的和肯定自身的东西。事实上，“不”被用到之处，是仅仅以其轮廓被勾画出的被压抑的，是被压抑的否定，是它的空的痕迹，是一种系统性的空缺，是有效的虚空，这种虚空不仅仅是缺失，而且是在被压抑的过去不再以它的方式、在其叙事的展开中向我们呈现的意义上的虚空，带有一种超出我们的力量，正因为它在历史上不为人知，而仅仅以其痕迹被认识。

谵妄的生产、结果，其宿命的一面，这个像蘑菇一样在夜里出生的巨大的组织，这个空洞的组织、虚幻的组织，同时也是威
231 严的，它是我们曾经希求的东西的力量，我们多么压抑它，它便有多么强大。比如希尔德的实验，不能达至的东西（inaccessible）成了规则，[187]（50）占据了我们的身体，支配着我们的动作，正是因为它一直被欲求和被压抑。同样，过去正是由于退行而被“保留”，即因为它不曾被占据。无意识 = 身体性的形态，即被压抑的欲求的形态——无意识的升起与身体的树立：它具有宿命的、主体的表象，它是自主的，正是因为人们通过无视或自己切断联系拒绝了它。否定，Verneinung，是示现的方式。

因此，无意识是感知的逻辑——不可达至的东西的位置（真正的超越），在那里同时存在着由它出发和进入它的方向。

这就揭示了记忆的问题：这个问题通常被当作保存与建构之间、第三人称的被动性与无时间的活动之间的两难问题而提出。两者都［不是］令人满意的：我们必须明白，正是通过把过去设定为不可达至的，人们才能让它保持完整无缺，存在着一种作为设定的否定性。

但在揭示与我们的“无意识的”过去间的这种关系之前，要先揭示与他人的关系——在揭示与我们的过去的“一般”关系（即未论题化的、与过去的否定性的关系）之前，先揭示另外一

种一般性，即与他人间关系的一般性：这又是一个一般性的问题，它会让我们了解在我们的戏剧中、在我们与他者的关系中存在的无意识的东西是什么，这不是说在我们思考别的东西的时候有另一个我思在思考——性或同性恋——而是因为与他者的这种关系是关乎感知自我的，即他者形成了一个关联的系统，一个星云，每个人只是作为与其他所有人的差异而在此现身。接下来几节课讨论《多拉》。

九、《多拉》的案例

232 IV.《多拉》[1][188](51)

对病人的观察——我们不解释症状。

第一、第二、第三层的含义——参见笔记，第 1-6 页与第 7 页[2]。

[编者注：我们将用小字（译按：中文用仿宋体）将梅洛-庞蒂的《多拉》笔记（他所提到的九页）录在下面。]

多拉 [252](1)

父亲总是生病：肺结核、视网膜脱落、精神错乱与心理障碍（S）。[3]

8 岁：呼吸困难

12 岁：偏头痛，之后神经性咳嗽——持续了 3-5 周——在发作的前半期出现失音症。

---

① S. Freud, *Cinq psychanalyses*, “Dora” , trad. fr. M. Bonaparte et R. M. Lœwenstein, Paris, PUF, 1954. ——法文编者注

② 梅洛-庞蒂回到了他关于《多拉》的读书笔记。——法文编者注

③ “我们不考察歇斯底里的问题，也不考察对于无意识的意义的两个梦做的解释。”——页边注

与其父亲关系尤其密切。

生病并发高烧（阑尾炎？）

抑郁症和性格上的错乱。

留下信件宣称要自杀。

在与父亲讨论过后晕倒→失忆——弗洛伊德在她16岁时见到她。

在外省，在父亲养病的B地，与K夫妇的亲密友谊……K夫人曾经护理过父亲→认识。

K……和多拉一起散步，送她礼物。多拉照顾着K的两个孩子……父亲与多拉一起去看K一家……当他准备返回维也纳的时候，多拉坚持不要留下，要跟他走。告诉她妈妈，K……在散步的时候想向她求婚。在父亲的诘问下，K……回答说没有，并且K夫人……说多拉脑袋里尽想着性的事情：她曾经读过马提加拉（Mantegazza）的《爱的生理学》（*Psychologie de l'amour*）。

父亲说，多拉要求他中断与K先生来往……特别是K夫人，她以前对她很有好感的。父亲不想这样：K先生的冒犯……是臆想的，而他也与K夫人有着友情……

14岁的时候（多拉）在［？］被K先生忽然拥抱了一下。强 233
烈的厌恶感（→神经症、恶心）——（她）说她依然能感受到这种搂抱。不愿意走近温柔谈话的男女身边（竖立的肢体与移置）。

第一层含义：她的父亲及其与K夫人间的性的关系……

让她谈论K并不容易……（她的）意识完全围绕着她的父亲。她不能忍受他继续与K夫人有关系……（2）在这一点上，她的记忆没有任何空缺。父亲曾经对多拉说：我不理解你对K夫人的敌意……他曾想自杀，是她阻止了他，他认为多拉应该感谢她。多拉并不这样认为，她觉得他们曾经约会，并在森林里被看见，他们编造了这个借口（从而设计了自杀的喜剧）[①]。K先生……向多拉的母亲抱怨。

K夫人……过去是病弱的，且有神经症，现在是健康的、有活力的。

父亲时常以休息为借口回B地。

随后，多拉的父母→维也纳——K一家也如此。

多拉说她觉得自己被交给了K先生……这是忍受其妻子与多拉父亲间关系的代价。的确，K先生送花送礼物给多拉，多拉的父亲和K夫人都没有说什么。

说完这些，多拉说：这些都是真的，你想改变什么呢？

第二层含义：她爱K……

但分析师认为这样责备某人掩盖了懊悔。

对父亲的指责是其它指责的“两倍”：

（a）她对父亲与K夫人的关系也是睁一只眼闭一只眼，……为了在与K先生的关系上不尴尬，……她对待父亲的清醒状态可以追溯到湖边的故事。

尽管有家庭教师的警告，多拉还是继续爱K夫人……当多拉发现家庭女教师这样做只是为了接近父亲，而对她则是冷漠的，

① “这意味着爱情。”——页边注

[253](3)只有当父亲在的时候她才会照顾多拉，多拉便执意解聘她。

这让多拉明白了自己对K夫人的孩子们的行为……在他们的母亲和她的父亲在的时候照看他们。但K先生是一个温柔的父亲——结论：这些年来，多拉一直爱着K先生。

(b)另一指责是：她的父亲以生病为借口，像掩饰她的故事一样地在掩饰。[概念的关系：无意识、投射、真实的各个层次——无意识的层次是包含着所有感情的层次，每一种感情都由它构成，没有它我们就不会有这样或那样的感情，它同时促成了感情、剧情、演变间的辩证法。] 234

胃痛，这是"复制"她的堂姐，她说她的堂姐为了吸引注意而有病。复制K夫人的爱……因为她丈夫来的时候她正在生病。多拉则刚好相反：K不在的时候，她的病症一直持续着……（失语症）。

歇斯底里的"身体的放纵"——身体的症状"表达了"内容(28)。

多拉生病的目的→让父亲远离K夫人。

症状的"第二功能"，将她固定在心灵上(30)。这就像一个人凭借着他的虚弱而生活。

当父亲说起臆想的与K对峙的场景时，她对父亲表现出特别强烈的愤怒。为什么？还能怪什么？无理的指责并不那么伤害人[①]。

"一种想法，一个无意识的幻想几乎完全不能引起一种症状"(33)(症状、情结=无意识=旋涡)。

---

① "在第7页（译按：此页码为本书页边码）做出解释。"——页边注

（4）“正是为了让症状能够显现，她才不应该对现实有清晰的认识”（33）。

这种症状具有同时的和延续的含义。症状持续存在，并具有另一种意义（比如社会性），摇摆不定——装满新酒的酒囊（的形象）（38）。

对父亲的不满是一种“超有力的想法”，因而它并非基于自身之上，而是基于某种无意识的东西：“因为想成为所有正常思想的主人，无论这种思想多么激烈”（39）——一定与矛盾的思想有关：它们是成对出现的，前者的力量掩盖了后者。

多拉对父亲与K夫人关系的关注……→她像母亲一样行事，代替母亲，嫉妒——另外，她将自己等同于K夫人［阳具器官幻想：她的父亲是（性）无能］，将自己等同于父亲的两个女人——爱她的父亲。

但她对父亲的爱在很长一段时间里并不妨碍她与K夫人的友谊……如果现在不再如此，那是因为这种爱被重新激活了，它是在对与其它被压抑的东西的关联的反应中形成的。

235 从湖边的事件起，她对父亲的爱被重新激活，掩盖了她对K的爱。她从对父亲的爱中获救，这让人明白，这是与K一起完成的……多重决定论是其规则（43）。

根据弗洛伊德，把身体和“放纵”描述为珍宝、圣礼。

［254］（5）第三层含义——K夫人

当她发现家庭女教师对她并没有友情，只是想要接近她的父亲时，就与之分手了。

她经常令人迷惑地提到另一次争吵：与她的第二个堂姐（后来订婚的那个）——这发生在堂姐答应陪多拉的父亲去B地的时候，多拉拒绝。

弗洛伊德问多拉，她与K夫人在湖边事件之前的关系是怎样的：最亲密的关系。多拉曾住在K家，与K夫人同住一个房间——知己与顾问。对（K夫人）身体的白皙赞叹不已。从没说过K夫人坏话。只是有些忧郁地说，父亲给她的礼物一定是K夫人选的……这造成了复杂的情况：多拉似乎明白，K夫人已经背叛了她。当她抱怨K先生时，K先生最初以尊重的方式回应。后来见到多拉的父亲后，他相反曾说，他无法尊重一个有过这般阅读的女孩……总之，K夫人出卖了她与多拉的亲密关系，比如阅读的秘密等，而多拉像在家庭女教师的情况中一样，意识到自己没有得到过爱，K夫人只是为了接近父亲而照顾她。

这种伤害也许是根本的；她的父亲牺牲她以成全他与K夫人的爱带来的伤害也许只是在掩饰K夫人背叛她带来的伤害。线索：她固执地对性知识的来源保持沉默，对她对K夫人的依恋也是如此。

［掩饰的历史问题：掩饰不会在某一个（6）点上变成真相吗？］

对父亲的不满居多。［这是］1）压抑对K先生的爱的手段；2）是对K夫人的无意识的爱的掩饰……说她嫉妒这个女人占有父亲——（其实是）认为她嫉妒父亲占有了这个女人。

揭示性的话："人们可能会想在夜里出去"（第47页）；这些话就像铁路的"道岔"：只要把它放在梦的轮廓里，人们就会走上无意识思维的轨道［比方说，假如一个人为了送煤而需要打开 236

门……[1]］”

梦（凭借）“两条腿站立”[2]：一条是最近发生的事情，另一条是童年的记忆。

“当我要求自己不利用催眠术的强制作用，而只通过［存在者］说出的和让我们看到的东西，将人们所隐藏起来的东西揭示出来时，我认为这个任务比实际情况要困难得多。那长着眼睛可以看、长着耳朵可以听的人，看到可朽之人并不能隐藏任何秘密。他的喋喋不休、指指点点，他的每一个毛孔都出卖着他。”（57）

多拉的第一个梦的核心：“诱惑是如此强大。亲爱的爸爸，像我小时候那样保护我吧，让我的床不被弄湿”（53）。［这不是真实的版本，其余的都是掩饰——身体是共鸣器，无意识是乐器，或者说：接下来要经历的不是单纯的表象。］

［255］（7）希望不被打扰、洗手等，都是自慰的迹象。

咳嗽症状的各层含义（第61页）：“牡蛎是裹着沙粒而形成珍珠的。”

---

① 在《多拉》（前引书，第47页。中译本见《多拉：歇斯底里案例分析的片段》，刘慧卿译，北京：社会科学文献出版社，2015年，第119页）中，人们可以在弗洛伊德的脚注中读到：“我强调这些字词，因为它们吓了我一跳。它们似乎被一团模糊所包围。莫非是同样相关的特定的生理需要？现在，模糊的字词在联想的道路上就像那些道岔。如果从它在梦的内容中似乎存在的位置上扳了道岔，人们就会置身于另一条轨道，在那里我们所研究的观念运动着，并再度隐匿在梦的背后。”——法文编者注

② 同上，第52页（中译本第126页）：“一般而言，一个梦，如前所述，用两条腿站立，其一凭借的主要是最近的事实，其二凭借的主要是童年的重要事件。”——法文编者注

“此处涉及的是无意识的思想，它缠绕在预兆的各种器官的关联上，就像花环上的花是缠绕在一根铁丝上”（62）[例如，厌恶男人的拥抱←她的父亲有性病，她把这种病与她的白带相比较，这使女性器官变得可憎，伤害了她的自尊心。]

与K决裂的原因：

[移置是回音，是一般性，是感知的生活]

多拉讲述了湖边的情景。K曾经说：“你知道我的妻子对我而言毫无意义”——

在最后一次会面时，多拉对弗洛伊德说：K家有一位女家庭教 237
师，在湖边那一幕发生之前的两天，女家庭教师告诉她：K曾经试图引诱她，并曾说：你知道我的妻子对我而言毫无意义。她顺从了，没过多久，K就对她不再感兴趣了。就是因为这些重复的话，多拉打了K耳光（此外，父亲也是这样谈论自己的妻子的）。

多拉对这位女家庭教师的认同：她把事情的经过告诉了父母，正如家庭教师写信告诉自己的父母一样。像女家庭教师那样，告诉弗洛伊德15天后要离开，并在15天之后，将这一幕告诉父母。

实际上，在湖边那一幕之后，她同那位女家庭教师一样，都在等待着新的温柔的表现。

失望，所以她指责他，以便报复和引起他的来访。他以否认和伤害来回应。她之所以对人们说她所说的都是想象的感到特别恼火，是因为这让她想起她曾经以为K先生的表白会是认真的。

弗洛伊德把这些告诉她——她似乎感动了——没有再回来。（报复弗洛伊德——为了顺从她自己或顺从他：我本应以更主动的态度阻止她。然而我尊重自由，而对她而言，我们永远不会知道她的阻抗本质上是怎样的）。

［多拉似乎被感动了，她因此认识到弗洛伊德所说的是真的——但这是对她对K的爱的真相的揭示吗？不。弗洛伊德向她揭示的，并不是真正的版本，而是一个相互联系而又矛盾的系统中的一个元素（一切都在无意识与意识生活中共存，哪怕是通过矛盾共存），多拉总是陷入其中，但这也是她赖以通过她将要做出的决定来最终决定真相的东西。她的动向表明弗洛伊德所说的东西**触及真相了**；但在与K先生决裂的过程中，她用另一种真相代替了这一种。萨特的看法是对的：我们的真相是延迟的。但错误的地方在于：（他）认为这是无条件的——因为多拉的决定仍然在弗洛伊德所揭示的系统的框架内，服从先前的辩证法，如果她陷入神经症，这一点就会再次体现出来。——弗洛伊德：K也许……继续爱他，这会克服她的压抑，——她也许会由此发现更多的报复方式。神经症患者无法将自己对爱情的幻想与爱情联系起来，当现实中的爱情被给予他们的时候，他们就会拒绝自己梦到的爱情。神经症可以由现实克服，但医生是不能预见的。所以：神经症与爱情都不是注定不可改变的，但导致前者或后者的决定取决于交互主体性，［256］（9）取决于能够成功说服同伴的东西。对我们
238 的生活具有塑造力的，不是决定，而是越出或不越出辩证的处境的塑造（Gestaltung）。塑造［并不是］第三人称下的进程，而是别的东西，但不是意义赋予（Sinngebung）。弗洛伊德式的**决定**是多拉身处其中的情感丛中的运动，是感知的决定，即不是由处境的各种所予所规定的，而是唯有当她不是把这些所予看作和重新整合为对象的系统，而是当作依附于存在-事物上的张力的系统时

才是有效的。

要说明“正常人”那里这种无意识的生活与有意识的生活间的关系。所有症状的性驱动力［不＝身体性］。“病态的表现因此可以说也是病人的性活动。”①

“很多先前的精神状态复现，不是作为过去的状态，而是作为病人与医生间现实的关系”（87）。

多拉对弗洛伊德、她的父亲以及K先生的移情。

几个月后多拉的来访——通过让K先生坦白湖边发生的事情、让K夫人承认她的事情来报复K一家人——致力于学习，而不想结婚。

多年以后，她结婚了。第一个时刻宣告逃离了病人的生活。第二个时刻，离开她的父亲，被生活重新征服。

---

① ［MP［244］注］：“弗洛伊德，多拉＝‘病态的表现是……病人的性的活动 ’”［Cinq psychanalyses, Dora, trad. Fr. M. Bonaparte, et R. M. Lœwenstein, Paris, PUF, 1954, p.86］。

“应该谈论性的活动吗？仿佛‘正常的’性活动被压抑和转变为一种疾病？这种‘因果关系’实际上是通过概率推理实现的：如果病人有‘正常的’性活动那么又将怎样呢？他就不曾生病（马克斯·韦伯）。但这个推理也许是错误的，因为恰恰是他的性活动在先已经不‘正常’了，并且为了让他以后（变得）正常，他才必须不是病人。确切地说的因果关系只有在不典型的性活动的领域才能起作用，才完全解释了整个生活，即陷入生命的僵局。

因果关系是人们在升华绝对缺失、辩证法缩减为‘辩证的机械论’时才获得的一种极端的情况，同一问题不断地重现，无力生活。

然而弗洛伊德所说的‘性活动’指的是疾病，与自己以及与他人的关系都毫无疑问地被‘情欲化’了。人们在他们身上（在‘正常人’身上感觉到的程度会轻一些）生命的辩证法是沉重的，它引起了过去的和身体性的阻碍——生命并不是内在的或纯粹的”［转引自《知觉现象学》（*Phénoménologie de la perception*, «Le corps comme être sexué », Paris, Gallimard, 1945, rééd. «Tel» ），第180–202页］。——法文编者注

239　（51续）

研究：1）与他人的“无意识的”关系的模式；2）进而研究无意识、象征与“性”——童年与现在，肉体的与“心灵的”；3）“选择”的非决定论：选择不是已经被决定好的，而是一经做出，它就被包含在其中，因此它从来不是来自虚无——我们与他人间关系的系统［提供了？］这些可能性。

1）由浅入深——意识只是为了掩盖无意识才是“有意识的”。普遍的观念从其所掩饰的观念中获取力量。

但这并不表示从表象走向实在，从假面走向真相——因为我们还知道压抑的要求给被压抑的东西带来了力量：多拉正是因为想要坚持对父亲的爱才将对K夫人的爱保存起来，使之不可被触及。

因此，各个层次的证明都有其真实性，尽管“深度”有别：“……在无意识中，各种观念以一种独特的便利共同存在着［……］对立的事物相互支持而不矛盾［……］这种状态甚至在意识中也往往长久地存在”（44）。弗洛伊德多次说：“各种动机的交杂、各种精神倾向的积聚和交杂是规则，简言之，多重决定是规则”（43）。

不仅有各种并列的决定的多元性，而且这种多元性是原则上的：因为多拉的爸爸、K先生和K夫人相互采取的立场并不是各自独立的。对一个人的立场导致对另一个人的立场，有时，如果后一立场是不能容忍的，那么相对地，前一立场也［被］放弃了——在歇斯底里中，爱与认同是混合在一起的。因此，爱她的父亲［意味着］爱父亲所爱的，与父亲成为围绕着K夫人的竞争对手，爱K夫人。这样，对K夫人的爱……应当说归结为对她父亲的某种爱。也可以说，爱她的父亲［就是］认同K夫人……［就是］像她那样被父亲爱。“在多拉的部分的力比多重新转向［189］（52）父亲之后，症状［咳嗽］或许获得了后面这种意义，并通过对K夫人的认同表达出与父亲之间的性的联系”（61）。在此，围 240
绕着父亲和K夫人有一种竞争关系。两种路径，一个将父亲看作是绝对的，另一个将K夫人看作是绝对的，二者并不互相排斥。甚至在一个人身上总是有某些来自另一个人的东西：因为给予与接受，男性和女性从来就没有截然的分别。同样，对K先生的爱也与对K夫人的认同相关，也导致了多拉对K夫人的爱与对父亲的爱之间的［一种］共谋。对K先生的爱……对她父亲的爱及对K夫人的爱间的因果关系。

这是说，不存在我-他人的关系，多拉-父亲，多拉-K先生，多拉-K夫人的关系，而是存在相互作用的系统的关系。比如说在知觉中：有突出的方面，也有隐蔽的方面，而这并不等于说二者将对方当作对立面来排斥。那么怎么看其中的一方？他是他所做的一切，俄罗斯套娃——问题不在我与他人之间，而在我与他者的系统之间，因此这不是两个自为面对面的问题：他者并非他（一个自为的存在）所依附的一个不为-他的第三者，并且在这些自为的存在中也并非没有为-他。因此，一般性不是两种绝对的流的压缩——一般性——与其说是他者，不如说是他们之间的联系与差别。由此之故，在这一链条中还插入了我自己，我并不比他者更绝对，我是他们之间所有痛苦中的一部分，我通过认同而在那里承受痛苦。我就是他们。所以对父亲的责备不仅隐藏起来，而且是对我的责备。掩饰和幻觉［是］建立在混杂的基础上，因此并不完全是掩饰和幻觉。替代：与其说是替代，不如说是重复，与其说是银幕人物，不如说是重影和模糊的封面。

解释的多元性的弱点掩盖了这样一个简单的事实：这既是他者的系统也是我的系统（参考：西诺雷利→土耳其人的故事，主人，当一个人不再拥有这个，他最好死去→曾经听说雅典一个（性）无能的病患自杀的事情——除了那些研究压抑的要求，不应该预设这种压抑。但对一切有“主人”的东西的局部的压抑[①]，以及对语言的调节作用的压抑，勾勒出这个词［的含义］。）

241 K 夫人与 K 先生在梦中代表了父亲和母亲。这不是掩饰，也不是异化，而是父母与 K 夫妇对多拉而言的同样的功能：多拉［准备］把母亲拒绝的东西给父亲、把 K 夫人拒绝的东西给 K 先生：父母之间的关系就是 K 先生与 K 夫人间的关系，对于多拉而言，这是所付出的爱。由此，关键在于，火一般的爱情，父亲对 K 夫人的爱，以及多拉对［190］（53）这一独特情况的模仿，她害怕和呼唤着这同样的火，并从母亲、K 夫人或父亲的替代者那里寻找映像——从各个角度接近爱情：其它可替代者，因为自我是反常的、多变的，想象的。

因此，1）没有绝对地深刻与绝对地肤浅——没有绝对地有意识和绝对地无意识——因为同一个物体有很多面——物体的背面对意识而言并不等于零。

另一个原因在于：如果这些各种不同的介入相交流，成为一

---

① “并不微妙，而是在非逻辑本质下的一般性与局部的参与。”——页边注

个唯一的系统，那么人们就总是可以考察这个或那个。譬如，总是有可能在父爱中找到一切：第一个梦——保护我拒绝K的爱，只是因为你忽略了我他才对我构成危险。相反，在其它计划中找到父爱的可能性[①]（工程师——第二个梦）——他们交流是因为他们是对手，他们在其它方面是一样的：过去的父亲，不可能的K夫人，可能的K先生。对多拉向着过去与将来的定向而言，这些投注是非常重要的。然而任何人都不是虚假的或表面的：将来的现实性并不比现在或过去的现实性更值得怀疑。在现实的与想象的爱之间没有绝对的分别，但这不是因为一切都是想象的，而是因为一切都是真实的，亦即，投注。

人们从何种意义上谈论深刻与肤浅：有些东西隐藏得很深（对K夫人一句责备都没有，对［她们的］性读物只字不提；而对K先生的爱则没有隐藏得那么深。她花了很长时间才承认，她在等着他进一步的行为，她一度震惊于他像对女佣那样对她说话 242
实），藏得越浅，越在现前，也越在过去。隐藏：强的或弱的主要形式（不稳定，即僵硬且脆弱）——但这种区别并不是绝对的：对父亲的爱本质上正在变成对K夫人的爱，这种变成并不是由不计回报的选择造成的，可以流回到自己身上，甚至可以超出一切被带走（在最终的解决方案中，对父亲的爱连同对K夫人的爱都被拔除了）。

2）象征、能指与所指——不可能绝对划分各种角色，不可能说这些关系中的一个只意指另一个。这是与有着好几对手臂与

① “自行‘转移’，因为父亲的爱已经是其自身之外的别的东西了。”——页边注

多张面孔的爱神的关系。尤其是，不可能建立与过去（父亲）的排他性的关系，以及在这种关系之外，建立身体的性的关系。透过童年的记忆，当下的戏剧唤起了儿时戏剧的回声（梦见“两条腿”），并触碰到锚定在身体中的最秘密的肉身的性的联系。但这既不是因，也不是果，它在飞扬，是一粒沙子，随着时间的迁移，牡蛎将这粒沙子变成了珍珠。性只有在被意识到的时候，亦即人通过身体过早地去爱的时候，才被普遍地意指。——最一般的表述：身体性，即自由的具体化。[①]

例如：钥匙，房间（K先生试图进入，多拉关上了门）。我们是否应该说无意识的思考将这些象征与［191］（54）性器官关联起来？因而有另一种我思？不。这些性的图像以客观的语言传达出来，即对身体与外部世界间一般联系的过度感知（sur-perceptif）：空间性从一开始就是我的身体的延伸，是对我的空间的侵犯、僭越[②]——因此，这并不涉及作为空间功能的性和对此进行掩饰的象征，而是涉及知觉的整个组织中的性和身体性。人们由于忽略身体

243 与空间的肉身化联系而需要第二个我思，身体乃是存在的媒介。

3）真相与选择

多拉的真相因而由这个系统的所有方面组成。系统的形成：朝向诸重心这一的摇摆；多拉全神贯注于这里或那里。因而真相

① “在歇斯底里的情况下，人们的确会有特别的肉体上的纵容，即由特别强有力的身体来表达。”——页边注

② “这一辩证法不仅仅有肉体的性（存在）这一唯一的意义，其证据在于后者的客观上的完成并不必然使生命的性化停止：它必须真正完成，必须具备有效的道德条件。所以，真正地说：既不是客观的身体是第一位，也不是意识是第一位，而是它们的联系——因此，不是用‘客观的’性来衡量意义。”——页边注

并不归结为终极的真理，亦即，归结于由选择造成的系统的最终状态。多拉的选择：选择K先生，然后由于被K先生和K夫人欺骗，她躲避到她的童年和神经症中。然后，面向未来（工程师）。最后，她了结了整个事情：报复K先生，让他承认他的表白，向K夫人坦白他们的关系，随后，开始观察，后来嫁给了工程师。

每一个选择都既不是被决定好的，也不是来自虚无。每一次，这些选择都带有某种东西[①]（对K先生的爱伴随着K夫人的存在，对父亲的爱，以及因而对K的爱）（一般以施虐狂和自虐狂来区分，而并不是无关紧要的）。

有人说，如果不是决定好的，那么就是来自虚无。即使随后带有某种东西，至少在当下是创生的。不，除非从不涉及转运、迁移或含混的推延，即使是在分手（虐恋）的时候。[②]选择一旦做出，即是确定的，而使选择得以做出的，不是那能一下子改变道德境况的所有标记的全部的能力（自由像一只鹰，改变着所有朝向世界中去的存在）。

首先是所有已做出的事情的逻辑迫使我们放弃其它的逻辑，以及那些介入的国家恩典，最终，是我们遗忘的能力。因此，大部分重要的选择并不宣明自身。[③]选择最常见的就是将自己置于［一种］处境，以至于人们不能再退回去，并且在这样做的时候，

① “准确地说，这些选择是由其它动机决定的。在存在含混性的地方，既不能有决定论，也不能有虚无主义和‘自由的’选择。”——页边注

② “多拉在分手后绝非麻木不仁：当K先生在她眼前被撞倒时，（出现了）新的危机。”——页边注

③ “‘选择’是外部的表象，是一种远比这种选择更丰富的形成过程的概要与缩写。”——页边注

244 总是依靠以前的处境，这种处境包含着所有这一切，因为它是含混的。并没有［192］(55) 这种意义上的真正的选择，必须造就真实，而无需决定性的理由，而这是由于它们都以某种方式是真实的，由于含混性，一切都已包含在先前的含混性之中。[①] 因此，即使不是真正的选择，也至少有一些虚假的选择或被选择的虚假：那些自认为绝对选择的，否认在他们所说的话中存在着含混性，并试图不谈论、压制这种含混性，而不是承认它们会成为真理，即消除不可能和虚假选择并非没有牺牲。

［编者注：我们下面将以小字（译按：中文用仿宋体）誊录一份（7 页）插在多拉案例分析后面的笔记。］

弗洛伊德:《多拉》，第 48 页［257］(1)

钥匙，房间，男性与女性器官的象征。

这是否意味着，当多拉关上门，当 K 先生拿着房间的钥匙时，钥匙与房间这些客体向多拉的无意识展示器官的“主动”表象？

不确定这是否意味着 K 先生拿着钥匙打开了通向多拉的路，是否意味着多拉把自己锁起来，关闭起来：不需要（视觉）图像无意识地重现[②]，因为整个人际间的知觉场域乃是身体性的各种关系的结构，因为整个外部的空间性预设了我的身体与世界间的关联，因此空间乃是身体性的我能的投射。

---

① “在所采纳的东西中包含着一切。”——页边注

② “象征——性。”——页边注

"无意识"的背景覆盖着钥匙与房间，这只是一切知觉的前对象的、梦的背景。

把梦中的图像看作结晶在多拉的历史核心的直接表现。譬如说，在第一个梦里，她看到父亲而不是K先生（在现实中，在L地，以同样态度看到的是K先生）。没有必要设想一种寻找记忆中的她父亲的形象，并使之在她面前鲜活起来的力量。作为她生命的符号矩阵，她的父亲总是可被她即刻想象的（萨特讨论的问题的真相恰在于此：图像是非视觉的，但这并非因为意识被完全赋予了意指的能力，而是因为多拉的父亲就处在她之中，像扎在她身体中的一根刺，像一个固定的位子，她在其上不断地升高）。

相应地，不要想象一种无意识的思想："这个男人在追我……如果发生什么不好的事，那就是父亲的错。"这种思想会以这样的形式伪装：我会梦到父亲把我从火海里救出来。[①] 不。在她内心深 245
处的父亲，既是恩人又是恶人，因为她爱他，所以梦见他救了她，对她来说，这与梦到他不救她且把她抛弃给K是一回事，因为他只是由于是会救她的人，才会以抛弃她的人的身份出现。说梦是愿望的实现，等于说梦用祈愿的时间代替了观察的清醒的时间，没有前者，各种观察不可能获得表达；也等于说用各种投注代替了我的投注的失误。[说] 梦是不可观察的，从某种意义上是说梦并不建基于实在的科学之上，而是建基于欲望的科学之上。萨特只达至了作为非存在的想象的概念，这是因为他是以沉思的意识的方式来考察的，并且发现想象并未参与其中，他只能将之界定

① "象征——有意识的与无意识的。"——页边注

为非存在或谵妄。但我们如果以实践意识的方式来考察梦，将之与身体、世界和他者关联在一起，所谓的意识的自由与自我迷恋就与各种可能概念发生联系。萨特只有现实与作为非存在的可能。梦是一个人对另一个人的压迫。

然而，为什么多拉愿意无视［258］(3）父亲抛弃她的事实，而宁愿梦到父亲救了她？为什么这里的一切……“都变成了它的反面”？（51）因为责备父亲会是责备自己，因为一个感知他人的人的位置正是他看自己、相信自己、知道自己的位置，试图从这种混乱中或逃到一个纯粹的他人中，或逃到一个纯粹的自我中，或者把所有的善都放在他人之中、所有的恶都放在自我之中，或者相反（第51页）。相反的意识，且在这种反转中认识其所掩盖的含混的现实。［我们将试图］避免实证中的含糊不清。用知觉的术语说，无意识不是思想的丰富性、隐蔽的机制，而是各种知觉关系的运行，这些知觉关系总是模糊的，提供单一的景象。

钥匙、房间象征着这个或那个［并不意味着］它会引发对这个或那个的无意识的思想；相反，钥匙与房间在知觉的场域中相当于这个或那个，是刺激，是替代物，是触动我们身体中朝向世界存在的器官，而这个器官与触动这个或那个的是同一个。[①]

我们收到的礼物是馈赠（第50页：K送给她一件礼物，他过去不曾赠送礼物作回报）。礼物对身体某个区域的刺激多过事件所带来的刺激。被动性-主动性——女性-男性——这里没有涉

① “人们要求第二个我思是因为人们忽略了与世界的历史性的-肉身性的联系。”——页边注

及掩盖和掩饰性的象征：性本身并不是最终的解释。有必要（建 246
立）一种性的形上学：有必要理解性为何以及如何依据其自身的构造而使一种关乎（4）个体生活之全部的成就（Leistung）得以可能。由于并非“自然的功能”，性本身是需要被解释的。它所提出的问题（关于它的解决）在于一个生命如何进入另一个生命，或后者如何接纳前者。肉体的爱只是由于更加象征着肉身化、身体性以及与他人的肉体联系，才是普遍的象征，才是与人的所有活动相关的，并带来它的贡献、它的重量、它的动向。精神分析最终来说的确是一种实存论的分析，不过不是萨特意义上的，即不是对“自由”所采取的立场的揭示，而是对交互身体性的揭示，对自我-他人间配合的揭示，正如其在每一个人那里所实现的那样，是对处在我们赖以生活的机体中的象征系统的揭示。

梦中多拉的父母掩饰着K先生和K夫人，这表明多拉准备同时将她母亲拒绝给予父亲的东西给予父亲，将K夫人拒绝给予K先生的东西给予K先生。象征的关联来自于充当着中心点（火）的关系的一般性。与其说是象征不如说是含糊不清。最终而言，这个中心点就是多拉的生活，因为它是通过与别人打交道来寻找其幸福和安顿之处的唯一的原则。她“唤起过去对父亲的爱，为的是对抗（她）对K先生的（爱）……”——使（我们得以）用父亲象征K先生、用母亲象征K夫人的，还在于父亲与K夫人的艳事，K先生和多拉的母亲处于同一处境中，以及他们四个人构成了同一个系统。无意识就是这种整体性。对这些无意识的关联的散漫描述［259］（5）无论在多拉那里还是在“理解她”的分析师那里都应归结为对一个单一的、整体的、一般的功能的直观。[1]

弗洛伊德作为父亲意象中的移情对象，介入这个情感世界，但并不是介入“现实的”生活背景——即不是作为一种谋杀及恩惠的力量，作为自我与他人间关系的障碍的诸多元素之一，而是作为一在场-缺席，作为这一障碍的揭示者。无意识、障碍（莫雷
247 诺[2]的“一成不变”）并不处在主体背后：它们是选择何者对他而言会是事物、何者会是背景、何者会存在下去的原则。视觉本质上是“无意识的”，其各种“意向”往往在其厚度之中包含着一道无意识的红线，因为它是视看，因为只有放弃看所有事物、让自我与他人的关系脱离其含混性[3]，它才能看到某物。

“常见的梦可以说用两条腿站立，一条基于最近的基本事实，另一条基于一个能够使过去重现的童年的重要事件”（52），过去不是“保存”，它超出保存，也超出不保存。记忆理论要像事物的理论与感知的概观的理论一样展开：如果我们将事物简化为公式、简化为各种事物（即被瞄向的那个东西）的法则，那么我们对事物与记忆就一无所知了。“那个”仅仅由于包围着实存才能在此出现。对过去的肯定，以其自身特有的方式与对世界的记忆的肯定、与对一个地方的记忆的肯定融为一体，在这个地方所有曾存在的东西都不能不曾存在。

---

[1] “一般性”（参考 Signoreli）。——页边注

[2] J. Moreno, *Psychodrama, I,* New York, Beacon House, 1932. 参考 *Merleau-Ponty à la Sorbonne*, Grenoble, Cynara, 1988, pp. 155sq. ——法文编者注

[3] “无意识：知觉的超出了观念的。”——页边注

儿时的记忆:(6)父亲叫醒她以避免失禁。儿时事件的链条，在那里，闪电在生命的每一冲动处亮起。我们最高的思想默默地伴有不值一提的忧心，寻找的焦虑让我们胃痛，我们从我们的身体中发现一种持续不断的仪式：有什么关系？这一般性的边缘恰恰是不可避免的，因为我们已经出生。

研究一个症状需要一种历史的重建。而在他身上积淀的历史是一种现在的建制，而不是重叠的记忆。

有一种谵妄的真实：真实有这样一面，即对于病人而言的真实，相比于这种真实"客观的"、平实的解释并不占优势，后者只有在弗洛伊德意义上凭借移情转变为的行动与决定这种解释被真地接受的时候，才等同于生活的与积淀的真实。

"各个意义的层级"，咳嗽症状最表面的"层"(61)，与K夫人有关的症状并非与开始的症状无关，即父亲的爱:"通过认同K夫人，表达与父亲间的性的联系"(61)。"意义的转变"(61)。[1]

[260](7)有动机的实存论决定的例子：湖边事件刚发生的那几天我为什么没有自杀？

我为什么会突然把这件事告诉父母呢（70）？ 248

实存的调节：生活中说的"盒子在哪里？"在梦中变成"车站在哪里？"二者的共通之处：性的-实存论的寻找。二者可相互替代，因为它们在这个图式中是等价的。盒子与车站指向同一个寻找（71）。[2] 同样，梦的轮廓与两个作为现实爱情之复

① "系统"。——页边注

② "重复，模糊以及不掩饰。"——页边注

本[①]的人物所经历的现实的情境都有相似之处："在博物馆的两个小时"，[她]拒绝陪伴，等待着一个熟人，她必须带她游览维也纳。

梦承受着生命的压力，包含着生命的碎片，因为生命是知觉的，它结晶并投射到所看到的事物上（72）（73）。

① "我宁愿称其为复本而不是替代物。"——页边注

十、记忆的问题

记忆的问题 [192](55 续) 249

在我思背后有另一个我思的观念:[它] 来自于这样一种假设:一定有一种综合的活动,把各种一致的意义关联在一起,无论是现在的还是儿时的记忆,编织各种象征的网络,用不是性的东西掩盖性的东西,简言之,[即一定有一种综合的取向],它将做分析不能做的事情。

对我们而言,分析不会重走已走过的路上,不隐含在被分析的主体中,因为他已经历了这段过往而没有思考它,因为这种分析将他带入客观真理的模式。在这一点上,这种分析是表达,不是(一个独立的无意识的)复本,也不是纯粹的创造(未来压碎过去),而是真理的制造(真正的溢出),是从直觉层面通向相对"客观的"层面。

我们会说,尤为重要的障碍构成对这种无意识的反抗。要么,我的内心深处没有个体的记忆,在我混乱的生活下面有第二个真正的生命,它被另一个"我思"关切和唤起。在整个这段历史中,只有积淀下来的实践图式——然而,在分析的过程中,存在着揭示、重现的回忆以及材料的涌现。因此,在此 [一定] 存在一种记忆,一种包含着回忆的无意识,它把记忆组织起来,并在某个时刻把它带来。

如果想要避免这些，我们就必须创立一种构建的记忆的理论，即，由其内在的充盈所保证的意义的赋予。

如果［我们接受］无意识［的图像］为记忆的容器，那么这就恢复了第二种“我思”。

如果记忆是一种构建，那么就不再有感知的无意识了[1]。

［194］（55）（最后一讲）被动性不是正面的，围绕着另一个
250 我，而是先天内在于我的。只要有什么事情在其上发生，即引起他的景观、各种投注以及其在世存在的维度的重新分布，即进入到某个层面，并据此受到某些价值和意义的影响，它就会使这个层面发生震荡（韦特海默的实验[2]）并对之进行重组。被动性或在同化或在恢复或在后续的行动（Nachvollzug）中进行。根据什么？并没有事件给予的意义：我们可以欺骗、让之前的实践图式继续生效，压制［它］。但如果没有给予的意义，那么有些事件我们只能以拒绝看到它的方式来阻止其（留下）历史印记，这些事件的我们的系统不能同化的，它们拒绝我们的意义赋予（Sinngebung）。那么选择维持它会是不正常的。因此，意义从来不是被简单给予我们的，但它也不总是被构造出来的。如果意义不允许自己在脱离自身的情况下被构建，我们的真理便不再仅仅在我们之

① 第［193］（56）页被划掉了。——法文编者注

② M. Wertheimer, *Experimentelle Studien über das Sehen von Bewegung*, Ztschr. F. Ps. 1912; 参见 *Phénoménologie de la perception,* Paris, Gallimard, 1945, rééd. “Tel”, 1976, p.287：“如果我们安排一个被试只通过一面镜子看到这个房间，这面镜子以与垂直方向成 45 度角的角度反射它，那么，受试首先看到的是‘斜的’房间。……几分钟后，突然发生了变化：［垂直方向被重建了］。”——法文编者注

中了。逆境不一定总是同样的，在相对充实时与只有空洞的决定时，它是不一样的。选择并不总是让自己从头开始，即把自己置于一个没有退路的处境中，把自己当作这个或那个。没有主动性与被动性、选择与不选择（逆境）的相互对峙，只有，比如说，从难以接受的明证那里得出的选择（这并不意味着它接受了另一个选项，并在拒绝的基础上树立起一种确认）。——甚至存在着主动性之中的被动性：这是因为在前面的层面上，这样的方向已经被赋予了"斜"的含义，我在它的基础上将自己当作"正"的来设立，就修改了其它所有方向的意义，并建立起一个新的层面。如果没有之前的一切，没有我的历史，新的层面就什么都不是。而且甚至存在着被动性之中的主动性：除了事件不能同化于其中的一些有限的情况，我总是能够通过退行来维持之前的层面。

但是，这种被动性在诘问或考验我的在世存在的事件面前足 251
以说明（56）我过去重量吗？

在我选择尝试遗忘、尝试压抑的情况下，压抑的要求无论多么活跃，都是我自己的另一部分在一定距离的回声，它继续以另一种方式聚集在某处。它没有主动性，它是在防守。

那么在遗忘的记忆重现的情况中，在退行或压抑之外是否还存在着同样的被动性，只是此刻它不再能得到来自我的活动的支撑？过去不是应该有另一种现实，有不同于建基于我们的拒绝之上的力量的另一种力量吗？

记忆［与］保存——不复存在的东西应该能起作用——过去的不存在及其回归的可能性，［这导致］：在别处存在，无意识。

困难：如果过去的回归是从较弱的存在走向存在，那么通过再次成为存在，它又重新成为现在而不再能宣告过去。过去的“意义”只能由不复存在的东西、由超时间性的意识带来。唯有意识能让虚无来到这个世界。由此：记忆的超越论理论——记忆是过去的意识，我们既不能从现在也不能从“之前的现在”（各种无意识的记忆）得到它，因此原则上说它应该属于意识。它构建或展开过去。

［这种回应的］困难：［意识］在这种展开过程中如何遇到障碍？如果存在着障碍，那是因为存在着过去的质料，因而是因为过去不仅仅是我构造的东西。整个构成性的器官是重构的，并且一定存在着另一种过去对我的呈现，这种构建正是在此基础上获得度量的。构建正是如果没有它就没有我的过去的东西，而不是我的过去凭借着它成为过去的东西。

过去不是有待加入现在的“现实”的碎片——“此刻的依次连接”（Nacheinander der Jetzpunkt）[①]。但［195］（57）它也不再是
252 任何非存在（任何“含义”），并以此之故在作为非存在之处所的意识的一般能力中被关涉到。

过去的示现必须是不在场的，过去必须是某种不在场。如果它是一般意义上的含义，即虚无，或者，如果它是被保存下来的图像，即存在，那么其结果并没有多么不同：在这两种情况下，它都不再是过去的存在，存在的某种模式，曾存在且不复存在的存在，为了成为存在或非存在。它不再为了与现在融为一体或绝

---

① “现在的连续”，借用海德格尔的表述来描述普通意义上的观点。参见《知觉现象学》（*Phénoménologie de la perception*），op. Cit., p. 471. ——法文编者注

对地反抗现在而作为现在的裂口存在。

这些都是关于过去的理论所要满足的条件。简言之，它既不能是自在的，也不能只是自为的，也不能是表象（Vorstellung）[①]。

［1］应当重新分析现在：因为过去是曾经的现在，如果不能很好地理解现在，我们就不能理解“曾是”的模式，不能理解过去的标志。［然而，我们不应该］把现在看作（印在我们心里或被概括地把握到）的画面——尤其是就将要来临的东西而言，现在不是画面：它是我的获取的变体，是我的锚定的偏离。当它成为画面，它就已经不复存在了。对一个事件的知觉：战争、所爱的人。可以说，它远非在我眼前的景象——它是我的社会的身体与我的为他存在的某种姿态，在它处身其中的东西中获取位置，可以说，空间对我而言是我的身体图式的某种趋向，在我看来，它恢复了一部分的外部空间。在具有其内在意义的两个动作中（58），在其性质上、其意图上，都存在着对清楚的处境的概观。概观而不是综合，因为意义只有在关联于先前的层次时才是有差别的，并且总是退回到一劳永逸的综合，这种综合就是我的身体性，它是一个场域的敞开。

特别是，为了消除画面的观念，要将我们的可感的概念修改为不通透性，它阻止了注视的目光，且因此唯有成为弱化的画面或等价的意义才能“通过”。可感物不是这样的，至少是我们拥有 253
可感物的经验中的可感物不是这样的——其中没有任何是反映的

① “représentation”.——法文编者注

性质，而不是事物的性质。颜色的色调已经是某种允诺其它意义的性质的方式，是我们的整个肉身与这种颜色（Flächengarbe）的载体的某种关联，而且即使是表面的颜色也指向底层，亦即指向多个深度，从而也指向我们的身体与它之间的交流。只有触及到一个局部的点，我们才能触及性质。既［不存在］印在我心里的作为物的画（objet-tableau），也不存在综合或构设，而是有一种目光对可见物的把握，以及相应地，可见物对目光的捕捉（柔软、光滑、［粗糙？］、粉彩等）。

因此，1）不要把事件感知（它是我们朝向他人的振动）还原为对可感图像的感知；2）不要将可感的部分还原为图像。

现在正是这样一个标示出在世存在的独特的位置。

2. 然而，当现在被这样重新定义，其通向过去境况的通道既不能“被抹除”也不能“被弱化”，其通向较弱存在的通道——既不是通向纯粹的意义，也不是通向本质，也不是通向非-存在。

［196］（59）对画面的弱化或抹杀首先不会不包含对感知者的弱化和抹除。记住一些东西就是记住你是如何达到这个东西的。现在我们已经看到，是通过身体，是通过某种成为身体的方式记住的。

但我们如何记住一种先前的身体性呢？我们将它当作原则上不会在现在出现的现实身体的可能（有别于将来的可能），这是一种明显的可能，因为它曾经是实际存在过的。

如果说现在是我对世界的思考，那么说它在我面前成为画面就不成问题，说它由“重新认出”或离心的回忆所“保存”或重新把握，就不成问题。我对世界的思考只能作为在我的现实思想背后先行存在的东西自行提供给我，它窃取这种现实思想的能量，并使自己被认作这种现实思想的历史。

我的身体的过去对它而言是作为它的未来存在的，即通过其 254
力量朝向一个极点的凝聚（希尔德的实验），或通过这种可能与现实之间的某种缺失或不可逾越的距离。这是一种我的身体已经在运用的力量。

希尔德的实验不仅要改变我们的空间的现在（présence）的观念，而且要改变我们对时间的现在的观念。时间的现在与空间的现在一样是肉身化的：它们总是成对出现的，不过在这里是一种超升的力量而不是捕捉的力量。“不要碰我”（Noli me tangere）乃是复活之语——

过去就这样被封闭在以无法触知的力量模态化了的我的身体的**我能**之中。为什么我谈论身体而不谈论意识？因为我们不能谈论意识，假如它真的是虚无的，我们就无从谈论它。我们只能描述意识在其中（60）充当动机、不可见的衬里的现象，以及意识只有通过与之紧密地结合才能激活的现象：我的身体、语言。萨特把他的虚无变成了另一种存在，一种生产力。

参考普鲁斯特[①]谈论身体的周遭（它们处在身体这里），谈论从过去的身体到现在的身体的文本：过去的身体与现在的身体是彼此的变体，而周遭是对它们各自的解释。不过，身体在此当然只是代替意识成为了我们朝向世界的爆裂发生的地方。作为经验

① “读书笔记，第2页”［第271页（译按：此页码为本书页边码）附录］。——页边注

的身体，它是被决定者的成分不亚于是决定者的成分（它在研究的过程中“转变着”）。我们把它当作时间与空间距离的纽带，当作从空间到时间的变形：回忆（Erinnerung）[①]。

对［普鲁斯特］文本的评论：“环绕着他……”[②]——即他用他的身体占据着（时间），身体提供了标准。证明：其身体与标准间的任何偏离都会引发这种差异特别地关联着的周遭。身体的记忆建基于典型的东西上。它不是把过去当作年代的更迭，而是通过
255 质的区域来看待过去：其态度是实存论的（“它的疲乏的形式”），即这种态度寻求通过一个充分的世界来完成自己——这种态度有一种普遍性的气氛。如果说味道、气味、触感、水流的声音、树木的运动、靴子的动作、玛德莱娜小蛋糕、鹅卵石和冰激凌都是真实记忆的中介，那是因为边缘的、前对象的、并不遥远的知觉覆盖了意识，而不是成了意识的对象，它们表达了身体与世界间肉身化的联系。就其本身而言，举例来说，味道或气味唤起一种实存的模式，有待实际地存在，使我们既在彼时又在此时实际存在：与过去的联系凭借着结构性的一般性或肉身性感知的非逻辑本质而达成。联想的问题：人们有理地表明联想从不是从图像到图像的自在的、客观的联系［197］（61），图像是被建构的，而联

---

① “souvenir”.——法文编者注

② 马塞尔·普鲁斯特，七星文库版，第一卷，第 5-9 页：“一个人睡着时，周围萦绕着时间的游丝，岁岁年年，日月星辰，有序地排列在他的身边。醒来时他本能地从中询问，须臾间便能得知他在地球上占据了什么地点，醒来前流逝过多长的时间；但是时空的序列也可能发生混乱，甚至断裂……”（中译文参见《追忆似水年华》，第一卷，李恒基、徐继增译，南京：译林出版社，2012 年，第 5 页）。参见读书笔记，第 271 页（译按：此页码为本书页边码）附录。——法文编者注

想被一种范畴所消除。但这种范畴不是本义上的范畴：一种确认和归属的模式。这种范畴是透过这种处境去实存或在世存在的方式。联想的基础是肉身性，更普遍地说，是实践。

“只要他举起手臂，就能让太阳停下来，甚至让它后退”——身体不仅是感知空间的器官，也是感知时间的器官。他的一个姿势意味着某种逝去的时间的厚度：“虽然睡觉时我的眼睛没有看时间，但我的身体知道如何计算它，它不是根据上面有刻度的钟表的表面测量时间，而是通过逐步称量我的力气恢复了多少。像一个大钟一样，我的身体让力气从头脑向身体的其余部分一级一级走下去，现在这力气已经将其积蓄的充足数量实实在在地堆积到了膝盖以上”(《在少女身旁》，III，第 79 页)。[①] 时间在身体图式中被读取，转化为多种力量的重新分配。有人会说：这只是相关于意识时间，相关于绝对心理的个体的流的时间，这只是时间的记号，意义在别处。不是如此：如果没有处在这个身体里的意识确实不会产生时间，然而并不是意识从没有空间的纯粹时间出发，通过意义赋予，产生了时间的尺度。身体不是工具而是器 256
官，也就是说，时间被纳入其中、在其中积淀，[②] 而且凭借着其一般性，这使得它不仅仅是一团被一次性给予的物质，而且是一种时空结构。

“由于不知道我在哪里，我在第一时间甚至也不知道我是谁，在最初的简单性中我只有关于实存的感觉，因为它在一只动物深

① 马塞尔·普鲁斯特，七星文库版，第一卷，第 221 页。参见读书笔记(242)(5)，第 276 页(译按：此页码为本书页边码)附录。——法文编者注

② “身体不是时钟，不计算客观的同时性，它计算共存。”——页边注

处颤动。”——参考“我们看不到决定着我们的选择的东西，也不知道为什么在千百万人中，我们会仅仅把手放在我们之前之所是的那个人身上”（*G* I，第79页[①]）。——身体：回应了这样的问题：“什么时间了？”或“我在哪里？”（克洛岱尔）[②]凭借着覆盖自身的意义的“材料”，凭借着重现的“记忆”的材料，它当然会有所回应，不过这种揭示是整体的，许多细节只是诉诸对整体的重组才能发挥作用，事物和任务只有在一种暗示下才要求重现，身体则充当了世界与作为这些暗示的“理解”者的过去之间的纽带。

3. 既然这种肉身中介已被接受，我们又该如何理解它导致了明确的记忆，如何理解它“启动”了记忆的“车轮”，在“保存”或“绝对俯瞰”的问题上，我们最终会得到什么？

问题翻转过来：不再是对图像的保存或关联于意识的基本回溯能力使我们拥有一段过去。当一段记忆从遗忘中走了出来，我们就有了过去的自身被给予性（Selbstgegebenheit）。因此，记忆必须从遗忘走出来，但它也必须保持在遗忘中。这是进行保存的遗忘，不是绝对的遗忘，仿佛这一切从未被经历过，而是仍然归属于意识的遗忘，就像一个士兵归属于连队那样：遗忘被揭示为
257 遗忘，并由此甚至被揭示为秘密的记忆。参考弗洛伊德：正是通过将过去推到遗忘中，人们才使过去成为无法触及的，但也使之成为持久不变的。弗洛伊德本人指出，并非所有遗忘都是压抑。因此这种推开的姿态不仅是道德上的压抑，而且是一种更普遍的

---

① 七星文库版，第二卷，第88页。——法文编者注

② P. Claudel, *Art poétique*, Paris, Mercure de France, p.9, cf. .Le visible et l’invisible, pp. 140–161.——法文编者注

姿态。［因此］普鲁斯特："由于［习惯］削弱了一切，最能让我们想起一个存在者的，恰恰是我们已经遗忘的东西（因为它曾经是微不足道的，因为我们已经因此离开了它的全部力量）。这就是缘何我们记忆中最好的部分总是在我们之外，在雨天的气息里，在一个房间的霉味里，或在第一次迸发的气味里，无论我们在哪里从我们自己身上重新发现我们的智慧［……］曾经不屑一顾的东西……唯有凭借着这种遗忘，我们才能不时重新发现我们曾经的存在，让我们像这个存在所曾是的那样面对事物，重新去经受，因为我们不再是我们，而是他，他爱那些我们现在觉得无关紧要的东西"（《在少女身旁》,II，第60页[①]）。"如果不是有几个字（如邮政局长）被小心翼翼地封存在遗忘中，我们就不会再找回［过去］，就像一本书的范本被存放在国家图书馆里，否则它或许会再也找不到了"（《在少女身旁》，II，第61页）。存在着占据自己和自己的意义的意识，因为它想要恢复自身，它贪婪地［199］（63）争斗着，以保持自身的一致性与普遍性。但在这样做的过程中，它创造了另一个自己，一种外部的压力，并准备让自己有一天通过它自身不愿认知的，或更确切地说，它声称完全认知的被压抑的时间被解除和重塑。实际上，意识并不完全是其自身；它所构织的遗忘将自己置于与遗忘隐秘的联系中。遗忘并不是保持的对立面，因为是它在真正地保存着。由此，问题就倒过来了：问题不在于知道表面的遗忘如何被保存下来，也不在于知道我们的俯

---

① 七星文库版，第一卷，第643页。参考读书笔记［238］（1），第271页（译按：此页码为本书页边码）附录。——法文编者注

视能力如何能够在不变成现实的情况下超越其所唤起的回忆：任何唤起从原则上说都是一种提取；作为一切之基础的过去意识的源始形式不是一系列时间性的位置，而是一个界域中的局部的突起，它只能从近到远地、在转化中被看到。

258 是的，问题反转过来了：不能说**现在**是**现实**的；如何给这种现实附加一个过去的区域（要么通过对一个被抹去的现实的真实的保存，要么通过关乎一切的当代意识的普遍存在）？或许应该说："现实只在记忆中形成"（*S* I，第 265 页[①]）。我们来看一下：景象的实在。现在：我们并没有充分地看到是什么阻塞了生活的机器。这是一个有待"发展"的场域的创制（就像一个底片）——正是在实存的序列上（知识是这个序列的发展）原初经验（Urerlebnis）、现在的位置不能是不曾存在。仍然需要发展这个胚胎。人们可以在回忆中反思。回忆就像一个被一下子永远树立在这儿的一个界碑。记忆总是积极的，因为它必须去反思。然而这种反思不过是一度从宝藏中取出来的一个硬币。记忆的双重流动：从我们到过去，不过这个过去最初是由其先前的呈现建制的。为了拥有，必须失去，不过这种对发展了的过去的占据从不能对不曾预见到失去的时刻（这件事）构成宽慰，它所寻求的正是这种现在。

认为过去不复存在的（实在论）观点的真理：过去是超越的，人们在真正的记忆中看到这一点。认为过去完全在此的观点的真

---

① 七星文库版，第一卷，第 184 页。参考读书笔记［238］（1），第 271 页（译按：此页码为本书页边码）附录。——法文编者注

理：没有什么我曾经触及过的东西是没有敞开其回忆领域并保持在附近的。

遗忘即记忆，过去的超越性像一道伤痕植入我的身体，那些造成分裂的东西也是造成统一的东西：辩证的哲学。不过，辩证法 1）并不是最终的超克［200］（64）（与黑格尔是辩证法不同）；2）并不是纯粹的和简单的交替，因为我体验到了我与这些矛盾的亲熟。举例，在实存的记忆中，透过心碎（的例子）。因此，不是一种二元的辩证法。含混的哲学或知觉的哲学史是辩证法的第三种概念，这有待在明年的课程中阐明，不再凭借直观的例子，而是在哲学的阐述中让辩证法和知觉相互联系起来。

补编：关于弗洛伊德无意识概念的三条笔记

259 ［247］前对象的无意识，表象的组织原则（此原则能够与自身分离，与“恶魔”斗争）仍然是真正的建制，有它的防御：使之成为无意识的东西恰恰正是这种积淀——或者无意识［将自己定义为］第二个我思，它躲避着第一个（我思）？

第二个“我思”的理论似乎是在其显现中由无意识的极端变形所强加的（例如，signorelli 被 signor 压抑，这让人想起一个土耳其病患性的秘密，而这个秘密又让人想起一个性障碍患者的自杀）[①]，无意识的显现具有“荒谬”的特征：它似乎是两种盲目的力量在争斗，或者甚至是从属的一方想要插话。弗洛伊德解释的复杂性与一种盲目的操作相对应。但这种复杂性只是表象：这是将无意识的操作转化为清醒的思想的语言。这种转化覆盖了简单的直觉（只有“理解”梦的思想才能达至这种直觉），而它所象征的

---

① S. Freud, *La Psychopathologie de la vie quotidienne*, trad. fr. D. Messier, Paris, Gallimard, 1997, chapitre 1. ——法文编者注

“Signorelli”为弗洛伊德在《日常生活心理病理学》中“专有名词的遗忘”一节讨论的一个画家的名字。下文中关于土耳其风俗的联想也出于这个案例的讨论。——中译者注

无意识本身也必须是简单的。

关键要留意：Signorelli 的遗忘或压抑必须与全部范畴中的局部压抑关联起来——这种局部的特征是梦本来就有的。压抑是一个简单的行为，它压抑这个区域。事件在我身上安置一个范畴或一个实存的同时也构成了创伤。当我们说我们经历过某事的时候，我们所传达的正是这种信息，正是作为结果、作为一个积淀着的在世存在的事件。被压抑的东西的普遍性，我们知觉少有的精微，其与一系列被给予者的亲密联系。事实上这并不微小，而是巨大的。比方说，我们身体的普遍性，我们的手并非一个具体个体的片段，而是一个动作系统的力量，是由教育的事件（习惯的获得）建立起来的等价物整体所处之处。我们与他人的关系［包含着］
这样的装置。正是这些装置在压抑中发挥着作用，且无任何精微 260
可言：我在 Signorelli 中（或在 Signorelli 语音的力量中）预感到对被诅咒的 Signor 类别的归属。这种一般性是梦幻。我们没有必要设想关于 Signorelli-Signor 的关系及其它情况的无意识的思考。创伤性事件不是通过思考而是通过建立区域性的权威造成了这种关系。专属于梦和“无意识”的，正是整个 Signor 家族的这种意义，是 Signor 整体的建构，或者不如说是整体的失败（因为后天获得的东西反而是习惯及其一般性）。[①] 无意识：是以没拥有的方式拥有（一个人拥有，因为他在“真正的”语词重新出现的时候立即认出它，因为他拒绝别的东西），——这种自主性带来了一

① “比方说，截肢者的幻觉问题，反之，癔症的麻木问题——这不仅仅关乎一个分离的意识，或相反，关乎整体意识的持存，尽管减去了‘内容’。”——页边注

些问题：一个人如何拥有他所没有的东西？一个人所没有的，是对作为事件的创伤的记忆，如解释（Deutung）将要揭示的（也没有对 Signorelli 的表象的记忆），而且二者间并不存在通过“无意识”（形成的）推论的关系。一个人所拥有的，是被记录下来的、被纳入我们的复杂性中的事件，即由其一般含义现实地表现出来的事件。这种记录是怎样的？它与人类事件的联系就像身体与自然事件的联系一样：即，1）一套发送-接收系统；2）一套内在的平衡系统，在其中每个小的事实都根据其在整体中的意义而起作用。这一切造成了一种积淀着的、厚重的形状。无意识的本质正是［248］我们生活的本质，因为它不是无关紧要的平衡中的另一个人的意识，而是各种事件之印迹的各种意义的扭结，[①] 它包含着各种寄生物、各种裂隙，形成一个巴洛克式的系统。正如一个成年人或老人的身体有他的动力、他的优先位置、他活动的风格、他的体系，一个复合体也有它的纹路、它的平衡过程，而无意识是我们的实践图式，在那里一切都被镌刻在先令与便士上。——这种实践图式的普遍性使其总括的经验的历史被隐藏起来，而不是被揭示出来（从事件到其个人意义的通道无非就是实践对系统的影响），它并不比曾经一度有着清楚的相互区别的我的脸和语言更是幻觉或抽象。

261　将这种图式运用于那些现前的个体的处境［并不预设］分类归纳或知识，而是预设各种联系。在承认了意识活动与意识对象之间的这一前客观的层次之后，还需理解：1）这一中心是什么类

[①] “并标画出一个历史-实存论的位置。”——页边注

型的，这一切是对谁发生的；2）这种自由和“选择”是什么类型的，与其时间的组织间有何联系——设想在它与时间组织间有一种压力的联系：存在着（神经症或治愈的）选择、是或不是，但这并不会取消某种源自“神经症”的特征并能够重新引发“神经症”的压力。（比如，弗洛伊德说，多拉自己选择了K先生……可能已经超越了神经症，但也可能重新陷入神经症）。——人们总是能说，假如选择真正是一个选择，而不是半-选择，那么就不会重新引发神经症，做（le faire）就是发生（se faire）。但是对一个处身于各种障碍和各种进程的景观中的存在者来说，没有真正的选择。——一切于之被悬置的那个地方，不确定性的中心，直接的自由永远不会刺破历史。

另一个问题是实践图式与清楚的记忆间、积淀与激活间的关系。实践图式的有效性是否足以说明谵妄了呢？是否在此不存在作为过去的、不可毁坏的、保存在自身之中的过去的压力？形成一种保存的理论，作为感知的概要。说过去是对无意识图像的总体的保存，这是错误的。说过去是从现在存在的位置出发构建的是错误的。这是实在论和观念论的交替。被感知的世界恰恰告诉我们一种概观（Überschau），一种不需要综合和建构的概观，因为它是透过身体（实现的）概观，是我的身体仅只完成这个动作且仅只行使它的我能时在对我的身体的呈现中照面的。同样地，有一种对过去的概观，这种过去是不可摧毁的，不需要综合，因而也不需要被完整地认知，因为这样的记忆让我现实的在世存在与过去的一个“别处”相遇，只要连结（implexe）依从于此。这不是一个简单的比较：连结和身体并不仅仅是相似的，身体是我们源始的连结，也是我们第二身体的连结。记住就是记住先前的身体性，拥有身体是拥有一个身体性的过去，存在着身体的时间，存在着身体性的时间结构。身体与连结的交织——普鲁斯特正是由此谈论了身体的回忆。

“无意识”的产生，金丝雀叫声里的情感和诗意[1]，一种未来的
262 庄严，这种未来同时是过去，它诞生于过去的深处，一旦存在的东西（如经由感知建立［Gestiftet］的东西）的不可磨灭，无意识为我们不知不觉间（形成的）现前的感知赋予的另一种意义，它藉以领会［249］所发生之事的（无意识的）活动及其方法，它组织我们生活的能力，谵妄的突然的加剧、增多，就像一个蘑菇在几个小时中长出大的、未分化的结构并膨大起来，这些都是身体性的特例。从外在的命运的意义上说，从另一个思想者，以及派生于自我的意义上说，这种组织并不是无意识的：就像灯光改变了我的知觉场，在四处点亮了各种并非由我造成的反射那样，我现在的实存位置让生活回到我的过去的某个时刻，正是这一时刻生活在我之中点亮并重新流动起来。这个位置是缄默无声的、是可感知的，因此缄默无声也是它投向过去的各个面向的光：我们看到风景中的这般元素在晨曦中亮了起来，仿佛是它“回来”了。这不是它做的，当然它总是存在着，不过一切总是存在着。如果说它成了我现实生活的替代品，那是因为它只是在等待一个姿势，这个姿势仅仅由我转向他（的动作）构成，这不是一种意义赋予，而是对复杂情结（implexe）的调节，是在它之上形成的一道裂隙，

---

① 见《格拉迪沃》（*Gradiva*），第 228 页。——法文编者注

通过这道裂隙过去的呈现才得以可能。比如，我们到的波浪的形成（例如，在夜里）：那里有一个泡沫的波峰，它旁边的另一个波峰形成并膨大起来，它们相互接近，即将形成同一个波浪，它们都不知道这一点，但相互间的接近使它们对此做好了准备，彼此确认，并以动态的方式相互认识。因此，复杂情结动力学的当下状态从过去的深处召唤着，或确认着那仅仅要求诉诸话语的东西。各种不同的“选择”：要么过去占主导地位，并取代现在（神经症，回到源头处，演绎人们现在重演着的那些谎言）；要么现在占主导地位，并成功地将过去排除在自身之外；要么现在试图与过去决裂，不过这是一种新的压抑，萨特是这样认为的。大海的声音，这种它自己的状态活动，这种经由所有失败的不知疲倦的冲动，这难以平息的喧嚣，是我们的各种选择的分布的象征，是我们或远或近的生活浪潮中的自由的分布的象征，是我们时间的普遍存在的象征——实存上的永恒——这样的寂静之中的喧嚣。

弗洛伊德的错误只在于把这种无意识的冲动、把我们分布在过去与现在、远处与近处的所有领域的、不可分割的、连贯的生活，看作是一种说谎的思想：B夫人想到了K1先生，希望像以前那样找到他，并把这种想法、这种欲望、这种预感掩藏在这样的主题下：我梦到我遇见了K2先生，她在遇到K2的时候想到了这个梦。当然，这个梦是一个臆想——但它不是一个谎言：一个近 263
似物——这表示与K2先生的相遇看起来有一个与先存的光晕，预感是回顾性的意识，即这段现在已在过去被准备了，“梦”表达了从过去到未来、从内部到外部的跨越，在现实中这被称作愿望。同时，这也是从一个个体到另一个个体的跨越。当然，对欲望和混杂的这种呈现歪曲了它们，但并没有实际地设定它们存在于无意识中：它们是 B 夫人的复杂情结（implexe）中的沉淀物。正是这个复杂情结赋予了 K2 先生的感知感人事件的价值，并使他成了 K1 先生的庄严象征。——弗洛伊德说，没有人“发现”——这并不完全正确：K1 有别于 K2，他们在她内心相互交流。没有显象与真相：它们之间的关系是部分与整体的关系。[①] 在分析之前，整体已经作为混杂物在我之中存在。

参考《多拉》：说 K 夫人的爱是真的，其余的只是表面的，这是不正确的。

正是压抑和生活的普遍性解释了伪装的微妙。

［250］弗洛伊德报告了两个（没有实现的）预言，在这些预言中，似乎被预言者事后在预言的项中加入了无意识的内容——（比如说一个女人说给占卜者的预言是在 32 岁的时候有 2 个孩子——这恰恰是她妈妈的际遇）——从别人那里听到我们的无意识的看法——对他人的感知与内在感知→心灵感应。

“我很遗憾地承认，我属于那种不值得一提的人，在他们面前，灵魂停止了活动，超自然的东西消失了。（53）”[②]

被任命为教授的弗洛伊德想要报复那些在不久前拒绝他的治疗的人——并立即在街上遇到了他们。在现实中，他曾经见到过他们，“但是透过消极幻觉的模式，这种感知被某些情绪化的动机所搁置，然后自发地将自己断定为正在出现的幻想。”

---

① “描述引发格拉迪沃的谵妄的感知的活动。”——页边注

② G. Devereux, *op. cit.*, p.53. ——法文编者注

丈夫与妻子在餐厅吃饭的时候惊讶地发现他们在没有任何东西让他们想的情况下想到了同一个人。事实上，他们都看到过一个长得像这个人的人经过，但没有“有意识地”注意他，而且这种视觉图像引发了“双重的”联想。

［如果无意识不是一个在我们内心的全知全能的思想者，不是 264
我们的“符号矩阵”的事件性的起源——那么我们就不能把它还原为那些作为沉默和作为“普遍”形式的符号矩阵，因为分析解放了那些已经看起来完全被遗忘了的具体的回忆。因此有必要研究符号矩阵与具体事件间的关系。然而不应高估那些被遗忘的回忆的重现：它首先是一个扭结点、一个意义核心的重现。很多时候，通过一个例子说清楚这是什么、记得什么，并不是一种直觉。知觉在自己的当口上不是一种直觉，而是一个场的震颤。——记忆如何能是区别、差距和……的缺失之外的另一个东西呢？］

［251］无意识＝弗洛伊德的诗，现在对未来的预感，过去对现在的预构：他人在我身上的回声，欲望在现实中的回声。

1. 餐厅的例子等：所谓的幻觉（无对象的知觉，心灵感应的知觉，远距的知觉）。未被认知但有效的知觉（消极的幻觉）。相比于他人和未来：（幻觉是）内心的[①]并建基于现在之上——即它有一种效用，但这种效用并不取决于我们赋予它的意义。在与我们被悬置的欲望一致时，幻觉接受到一种沉默的（效用）。效用：被感知者让自身被我们秘密地认出来，并依据这种意义产生

① “当我对他人有内在的知觉时，这是我对自己的过去、对我自己和可作为我的见证的人有了内在的知觉。”——页边注

效果。——有一种与被感知者的接触，它是“无意识的”，而不是“正式的”意识。这样感知意识就属于这种类型＝证据：有一种对缺失或空隙的感知，没有它人们什么都不会知道。对缺失的感知并不是感知的简单缺失→概括而言：对某物的感知并不是具体感知行为的简单呈现。这里和那里：区域性的意识，即消极的感知总是伴随着正面的整体性，在任何情况下，相关于对其风格的所有了解，它都是一种空缺或偏离。——消极的幻觉：在其之内的幻觉与被给予物不一致，这是不认识。——积极的幻觉是如下这一事实的特殊的情况：它在现实中是一种感知，但没有被如其所是地认识到。消极的幻觉总是伴随着对真正意义的感知，其动人的、诗意的特征及有效性来自于刚刚触动我的东西而不是我
265 正式知道的东西，它使一种超出意义（sursignification）的东西震荡起来：要么是我们的过去，要么是他人，它唤醒了我与我的过去的联系，与其他人的联系，或他者之间以及他者与我之间的联系。——最后，积极的感知是对某种缺失的充实，是一个视域的充实（Erfüllung）。——感知生活沉默的、寂静的特征在于它没有与一种意义和一个个体正面相遇，因为为了认识它们需要有一个中介之类的东西，——在于所有的认识都首先与事物有一种非论题的接触，有知觉视域的规范，且这个世界的论题以及它的所有潜在性的论题是一切局部的感知和行动的意向性的秘密。这个在一切积极的或消极的感知之先已经存在、这个积极的与消极的感知凭借着与它的联系才获得了形式、才得以偏离的论题，使感知从原则上不能拥有自己：它是绽出的，或是对这种绽出的这样或那样的确定的阻碍。因此，感知从根本上说不是意义赋予，也不

是共情（Zusammenstimung），不是一种意义，也不是一种外在的东西，[①]而是一种风格的示范，是进入到一个场域中，不是包容，而是对一种共同作用的体验，在这种共同作用中，人们不知道是谁在给予谁在接受，整个身体在对所提供的东西做出“回应”。这样，感知为一种内在的运动所激发：它总是在此处、在此刻，是局部的，是当下的事件——然而这掩盖并凝结了一种超越的意义，它吸引着我们超越事物本身。认识并不是观念的联想，不是构建，而是对其所要求的和所重新提出的所予的整个世界的重建。

知觉捕获了意义的两种语境：从定义上说，它比说出的意义包含了更多的意义。知觉的辩证法：黑格尔——当我指出这一点时，被给予者改变了，而动作的意义获得了普遍化。——知觉的混杂：视域的结构仅仅表明了一旦人们明确地说出一种知觉，他就被其它的知觉反照。

① “最终是一种创造或建构。”——页边注

周一的课程

（提要）

被动性的问题：睡眠、无意识与记忆

267 如何设想主体从不遇到障碍呢？如果这些障碍是他自己设定的，就不是障碍了。如果这些障碍真的阻碍了他，我们就会被带到一种哲学的一些困难中，这种哲学将主体纳入到宇宙秩序中，并使精神的运行成为自然的目的的一个特例。

这正是所有知觉理论都会遇到的问题，反过来对感知经验的解释必定让我们认识一类存在，主体不处在这种存在中，也不能支配它。

这门课试图在可感的自然之外扩展被感知世界的存在论。它涉及理解意识如何能够沉睡，如何能够被表面看来离开它的过去所激发，最终如何重新打开通向这段过去的通道，被动性是可能的，条件是“有意识”不是“为”人们所持有的以一种难以捉摸的方式所了解的东西“赋予一种意义”，而是在已经建制的实存场域中认识到某种差距、某种变化，这个场域总是在我们身后，而

其重量，如同一个方向盘的重量一样，甚至影响了我们藉以改造它的那些行动。对一个人来说，活着不仅仅是不断地强加意义，而且是让经验的旋涡延续下去，这种旋涡伴随着我们的出生，在“外部”那被指定去生存的人的接触处形成。

尽管这么说，睡眠并不是一种行为、一种活动，不是思想或睡的意识，而是感知路径的一种模式——更确切地说，它是感知
的临时的退化、去分化，是回到未经表达的东西，退回到与世界 268
的整全的、前人称的联系中，这个世界并不是真的缺席的，只是有距离的，身体在其中标画出我们的位置，与它保持着最低限度的关系，这种关系使醒来成为可能。意识哲学通过假设睡眠是在真实世界中缺席或在一个不连贯的想象世界在场来传达、歪曲这种关系，这就把消极的东西当作缺失一切标记与控制情况下的积极的东西。在睡眠中对世界的否定也是保持世界的一种方式，因而睡眠中的意识不是纯粹虚无的隐匿之所，它被各种过去的和现在的碎片塞得满满的，并与这些碎片一起游戏。

梦不简单地是清醒状态下的想象意识的变体，一种凭借任何记号指向任何东西的纯粹能力。如果梦是这样毫无规限的任意的东西，如果它让意识回到根本的疯癫，这种疯癫就在于它没有本质属性，而是即刻成为它想着自己是的或认为自己是的东西，那么人们看不出沉睡的意识如何能够醒来，如何能够认真对待清醒的意识在现实中肯定的条件，我们的梦如何能够对我们来说有着它们与我们的过去所应有的联系的那种分量。现实与梦境之间的区别不可能只是一种被感觉填满的意识与还原为其本身的虚空的意识间的简单区别。这两种模式是相互重叠的。我们与事物间的，

特别是与他者间的清醒的联系原则上应具有梦的特质：他者作为梦、作为神话向我们呈现，而这足以对现实与想象之分构成质疑。

梦已经提出了无意识的问题，它是正在做梦的主体的庇护所，是那在我们身上做梦的东西的庇护所，我们的梦正是从这取之不尽、用之不竭的资源中取出的。人们有理由指责弗洛伊德以无意识之名引入了第二个思想的主体，只不过其产物被第一个主体接收了，而他自己也承认这种"魔鬼学"（démonologie）只是一种"粗糙的心理学概念"。但对弗洛伊德无意识的讨论通常会回到意识的垄断上：人们将之还原到我们决定不承担的东西上去，并且由于这种决定预设了我们是与被压抑的东西联系在一起的，无意识就不过是"自欺"的一个特例，是想象构造的自由的迟疑。因此人们忽略了弗洛伊德带来的最有趣的东西——不是第二个"我思"的观念，这第二个"我思"知道我们自己所忽略的东西——
269 而是原初的、始源的象征的观念，而是"非约定的思想"的观念（波利策），它被封闭在一个"为我们的世界"里，对梦境负责，更广泛地说，对我们生活的活动负责。做梦不是以显内容的清楚的但欺骗性的语言转译对自身（或对第二个思想的主体）是清楚的隐内容，而是通过显内容体验潜内容，从清醒的思想的角度看，显内容不是隐内容的"充分的"表达，然而也不是故意的伪装，因为它根据原初的象征与梦意识的结构所要求的各种投射的模式、一致来表示潜内容。弗洛伊德的《释梦》对梦的意识做了整体的描述——这种意识不知道"不"、仅仅以沉默的方式说"是"，给分析师带来了他所期待的答案，它没有能力说话、计算和做现实的思考，还原为主体早先的活动，因而我们的梦并没有被限定在我们做梦的时刻，并在我们的现在中整体引入我们先前时段的所有片段——这些描述意味着无意识是一种感知的意识，它像感知的意识那样凭借着一种隐含的或含混的逻辑运行着，一步一步地发展出一条它自己并没有完整记录下来的道路，它通过对物体或存在所持有的否定指向它们，这足以将这些步骤有序地安排好，而无需使之“按照它们的名称”而被安置到命名的位置上。谵妄像梦一样充满了迫近的真理，它从一个等价物的关系走到它不拥有但却关注的真实的关系中。弗洛伊德主义的关键之处不在于表明在表象之下有一种完全不同的现实，而在于对一个行为的分析总是能在其中找到多重的意义，这些意义都有其真实性，可能解释的多元性是对一种复杂生活的话语表达，在那里，每一种选择通常都有多重意义，而不能说其中一种是唯一真实的。

只要人们在作为保存的记忆与作为构建的记忆间犹疑不定，记忆的问题就不会得到解决。人们总是指出，意识在其“表象”中只找到它放在那里的东西，因此记忆乃是一种建构——而且在这个记忆后面还应该有另一个记忆，它衡量第一个记忆的产物的价值，还应该有一个被无偿给予的、并非出于我们有意愿的记忆的过去。只有当人们放弃根据表象提出问题，过去的内在性与超越性、记忆的主动性与被动性才有可能获得调和。首先，如果现在不是“表象”，而是朝向世界存在的标示的确定的位置，如果现 270
在在滑向过去的时候，我们与现在的关系就像我们与周遭空间的关系那样，被归结为一种动作的图式，这种图式维持着并标示出一系列位置和时间上的可能性，如果是身体在每次回答这样的问题：“我在哪里？几点了？”，那么就不存在在保存与构建之间的选择，记忆不应该是遗忘的反面，人们将会看到真正的记忆处于二者之间，处于被遗忘的、并被遗忘保存的东西被回想起来的时刻，会看到清楚的回忆与遗忘是我们与过去间的间接联系的两种模态，过去只有凭借它留给我们的明确的空洞才向我们呈现。

这些描述、这种现象学总是存在着某些令人失望之处，因为它们受限于在正面中发现负面、在负面中发现正面。唯有当人们追问这种要求自身的基础，当人们从原则上说明如此呈现的负面与正面间的各种关系时，这种描述才具有充分的哲学意义，这就是为辩证法的哲学奠定基础。

附录

[读书笔记][1]

[普鲁斯特:《追忆》]

普鲁斯特:《追忆逝水年华》[237] 271

《在斯万家那边》(2),第 300 页[2]

在现实中寻找相当于记忆的东西是没有意义的[3]——(记忆既不是再现的或保存的过去,也不是伪造的过去)——记忆使现实变形[4],而现实也只有在记忆中才成其为现实。然而有一种记忆为过去赋予了“它自身”:比如说,被暂时遗忘的记忆[5][6]。

[……………]

---

① 正文中的方括号是作者自己加的,通常包括的是他的评论。——法文编者注

② 梅洛-庞蒂标记的普鲁斯特《追忆逝水年华》的页码是(伽里玛出版社)NRF “collection blanche”(白色系列)版的。——法文编者注

③ 《在斯万家那边》(2),第 215 页。——页边注

④ 《在斯万家那边》(1),第 265 页。——页边注

⑤ 《在少女身旁》,II,第 60 页。——页边注

⑥ 下面紧接着是《追忆》中的几段。——法文编者注

普鲁斯特：《追忆》[238](1)

“[……]这有助于我明白在现实之中寻找记忆中的图景是何等的矛盾，后者的魅力得之于回忆，得之于没有通过感官的感受。[……]我们曾经认识的地方只属于这样一个空间世界，我们只是为了方便起见，才标出这些地方的位置。[……]”(《在斯万家那边》，II，第300页)[①]

“我应该首先将梅塞格利丝那边和盖尔芒特那边看作我的精神领域的深层沉淀，看作我至今仍赖以存身的坚实的地方。这是因为我经过那两处地方的时候，我对物对人都深信不疑，这是因为我经过那些地方时认识的物和人至今仍是我仅看重的，仍使我感到愉快。也许因为创作的信心已在我的心中枯萎，也许因为现实
272 只在我的回忆中成形，今天人们指给我看我以前未曾见过的花朵，我只觉得不是真花。”(《在斯万家那边》，I，第265页)[②]

[只有对过去的信念——无可置疑而又不可触及的现实——距离与现实是一体的——调解。]

“习以为常能使一切都变得淡漠，所以最能唤起我们对一个人记忆的，正是我们早已遗忘的事情(因为那是无足轻重的事，我们这样反而使它保留了自己的全部力量)。所以我们记忆最美好的部分乃在我们身外，处在带雨点的一丝微风吹拂之中，处在一间

---

① 七星文库版，第一卷，第427页。——法文编者注

中译文参见《追忆逝水年华》，第一卷，《在斯万家那边》，李恒基、徐继曾译，南京：译林出版社，2012年，第416-417页。——中译者注

② 七星文库版，第一卷，第184页。——法文编者注

中译文参见《追忆逝水年华》，第一卷，第183页。——中译者注

卧房发霉的味道之中，或处在第一个火苗的气味之中，处在我们的头脑［……］不屑于（加以记忆）［……］的所有地方。”（《在少女身旁》，II，第 61 页）[①]

“唯有借着这种遗忘，我们才能不时寻找到我们的故我，置身于某些事情面前，就像那个人过去面对这些事情一样，再度感到痛苦，因为这时我们不再是我们自己，而是那个人，那个人还爱着我们今天已经无所谓的一切。”（《在少女身旁》，II，第 61 页）[②]

［通过调节场域引入一个自我：比如说，那些要求被言说的树木，它们掏空自己为话语留出位置。同样，在这里，一种气味要求它所象征的自我重新完成它。又如，过去挂在树丛上，就像那些浓密的细毛——被动性的问题——人们总是可以说：这些事实之所以有这种意义，是因为我赋予了它们这种意义——事实是，如果没有我，没有我原则上拥有全部过去，它们就不会有这种意义。但它们不是通过我而有这种意义，而且这种拥有是我和气味的共同行为。单独的我，我只有记忆的普遍可能性。］

“……我们再不会寻找过去了。或者更确切地说，如果不是有几个字（如邮政局长）被小心翼翼地封存在遗忘中，我们就不会再找回［过去］，就像一本书的范本被存放在国家图书馆里，否则

---

① 七星文库版，第一卷，第 643 页。——法文编者注

中译文参见《追忆逝水年华》，第二卷，《在少女们身旁》，桂裕芳、袁树仁译，第 184 页。——中译者注

② 七星文库版，第一卷，第 643 页。——法文编者注

中译文参见《追忆逝水年华》，第二卷，《在少女们身旁》，桂裕芳、袁树仁译，第 184 页。——中译者注

它或许会再也找不到了”（《在少女身旁》，II，第 61 页）。[①]

［239］（2）［遗忘：记忆之所以被保存下来，正是因为它是不可达至的。参考弗洛伊德：认为记忆的存留是“保存”的想法是非常错误的。过去以遗忘的模式存在。］

［悖论的是，恰恰是对他人而言才有各种“决定”、“选择”、“介入”，才有由投射的意义构成的历史；对我而言，坦率地说，
273 我什么都不是：我很清楚，在我说话之前或者不再说话之后，我已经开始或停止想这或想那，我所说的从来都不是我想的全部，至少当这一切是确定的，当我有一个“立场”的时候，如果对这一切闭上眼睛，在沉默中让一切过去，就是在原则上采用一种主体的理论，它从外在的视角看主体；这就是放弃一个人们在写作中所能设定的唯一可敬的目标：在别人面前与在自己面前，都是一样一心一意地生活。］

身体的记忆：

“一个人睡着时，周围萦绕着时间的游丝，岁岁年年，日月星辰，有序地排列在他的身边。醒来时他本能地寻问它们，须臾间便能得知他在地球上占在什么地点，醒来前流逝过多长时间；但是时空的序列也可能发生混乱，甚至断裂。倘若他失眠之后天亮前忽然睡意袭来，偏偏那时他正在看书，身体的姿势同平日的睡态大相径庭，他一抬手便能让太阳停下来，甚至让它后退，那

---

① 七星文库版，第一卷，第 643 页。——法文编者注

中译文参见《追忆逝水年华》，第二卷，《在少女们身旁》，桂裕芳、袁树仁译，第 184 页。——中译者注

么，待他再醒时，他就会不知道什么钟点，只以为自己刚躺下不久。倘若他打瞌睡，例如饭后靠在扶手椅上打盹儿，那姿势同睡眠时的姿势相去更远，日月星辰的序列便完全乱了套，那把椅子就成了魔椅，带他在时空中飞速地遨游，待他睁开眼睛，会以为自己躺在别处，躺在他几个月前去过的地方。但是，我只要躺在自己的床上，又睡得很踏实，精神处于完全松弛的状态，我就会忘记自己身在何处，等我半夜梦回，我不仅忘记是在哪里睡着的，甚至在乍醒过来的那一瞬间，连自己是谁都弄不清了；当时只有最原始的一种存在感，可能一切生灵在冥冥中都萌动着这种感觉；我比穴居时代的人类更无牵挂。可是，随后，记忆像从天而降的救星，把我从虚无中解救出来：起先我仍没有想起自己身在何处，只忆及我以前住过的地方，或是我可能在什么地方；如没有记忆助我一臂之力，我独自万万不能从冥冥中脱身；在一秒钟之间，我飞越过人类文明的多个世纪，首先是煤油灯的模糊形象，然后是翻领衬衫的隐约的轮廓，它们逐渐一点一画地重新勾绘出我的原先特征。

也许，我们周围事物的静止状态，是我们的信念强加给它们的，因为我们相信这些事物就是甲乙丙丁这几样东西，而不是别的玩意儿；也许，由于我们的思想面对着事物，本身静止不动，才强行把事物也看作静止不动。然而，当我醒来的时候，我的思想拼命地寻找，（3）徒劳地想弄清楚我睡在什么地方，那时沉沉的黑暗中，岁月、地域，以及一切、一切，都会在我的周围旋转起来。我的身子麻木得无法动弹，只能根据疲劳的情状来确定四 274
肢的位置，从而推算出墙的方位，家具的地点，从而重建和说出身体的处所。躯壳的记忆、两肋、膝盖和肩膀的记忆，走马灯似的在我的眼前呈现出一连串我曾经居住过的房间。肉眼看不见的四壁，随着想象中不同房间的形状，在我的周围变换着位置，像漩涡一样在黑暗中转动不止。我的思想往往在时间和形式的门槛前犹豫，还没有来得及根据各种情况核实某间房的特征，我的身体却抢先回忆起每间房里的床是什么式样的，门是在哪个方向，窗户的采光情况如何，门外有没有楼道，以及我入睡时和醒来时都在想些什么。我的压麻了的半边身子，想知道自己面对什么方向，譬如说，设想自己躺在一张有顶的大床上，面向墙壁侧卧着。这时我马上就会想到：'唷！我总算睡着了，尽管妈妈没有来同我道晚安。'我是睡在已经死去多年的外祖父的乡间住宅里；我的身体，以及我赖以侧卧的那半边身子，忠实地保存了我的思想所不应忘怀的那一段往事，并让我重又回想起那盏用链子悬在天花板上的照明灯——一盏用波西米亚出产的玻璃制成的瓮形吊灯，以及那座用西埃纳的大理石砌成的壁炉。那是在贡布雷，在我外祖父母的家里，在我居住过的那个房间；那离现在已经很久很久了，如今我却犹如身临其境，虽然我的睡意朦胧，不能把故物的情境想得清清楚楚；待我完全清醒之后，我能回忆得更清楚些。

后来，新的姿势又产生新的回忆；墙壁转向另一边：我睡在德·圣卢夫人家的乡间住宅里。天哪！至少十点钟了吧。他们一定都吃过晚饭了！我这个盹儿打得也太久了。每天晚上，更衣用餐前，我总要陪德·圣卢夫人外出散步，回来后先上楼打个盹儿。离开贡布雷好多年了。在贡布雷的日子里，当我散步回来得比较晚时，我总能在我住的那间房间的窗户玻璃上，看到落日的艳红的反照。如今在唐松维尔，在德·圣卢夫人的家里，过的却是另一种生活。我只在晚间出去，沿着我从前在阳光下玩耍过的小路，踏着婆娑的月影散步，我感受到另一种愉快。归来时，远望我住的那个房间，只见里面灯火明亮，简直像黑夜中有的一座灯塔。回去后我并不急于更衣用餐，而是先睡上一觉。

这些旋转不已、模糊一片的回忆，向来都转瞬即逝；不知身在何处的短促的回忆，掠过种种不同的假设，而往往又分辨不清假设与假设［241］（4）之间的界限，正等于我们在电影镜中看到一匹奔驰的马，我们无法把奔马的连续动作一个个单独分开。但
是我毕竟时而看到这一间、时而又看到另一间我所住过的房间，275
而且待我清醒之后，在联翩的遐想中，我终于把每一个房间全都想遍［……］

当然，我现在很清醒，刚才还又翻了一回身，信念的天使已经停止了我周围一切的转动，让我安心地躺进被窝，安睡在自己的房内，而且使得我的柜子、书桌、壁炉、临街的窗户和两边的房门，大致不差地在黑暗中各就其位。但［……］我的记忆被唤醒了［……］一夜之中大部分时间我都用来追忆往昔的生活［……］”（《斯万家那边》，I，第 15-19 页）①。

［一个睡着的人不在任何地方，不在任何时候，也可能在任何地方、任何时候。他醒来的时候，必须找到一个指示他所在地方和时间的标记。人们会说：他还记得。不，问题不在于一部分记

---

① 七星文库版，第一卷，第 5-9 页。——法文编者注
中译文参见《追忆逝水年华》，第一卷，第 5-9 页。——中译者注

忆——或者说，记忆本身受制于其它东西：一种整体的观点，一个它们处于其中的系统。

这个系统就是身体——证明：如果身体在夜间一直保持着不是睡眠的姿势（失眠、抬起手臂），在醒来时，这个姿势的后果是：低估了已经过去的时间——这个姿势通过其与一个标准姿势的差距与偏离来运作——如果它离得更远（在扶手椅上），领域就更开阔了：一个神奇的扶手椅，它使在非常遥远的时间和空间点上的多次插入成为可能——根据其姿势的样态，身体对绝对空间和时间点的把握就这种姿势而言是可替代的。

不过，即使在标准的姿势下，如果睡眠足够深，我也会"放弃处所的曾层面"——在浅睡中，身体持有处所。——持有处所，也是持有个人的身份：不再知道我在哪里，我不再知道我是谁，我无可救药地存在于虚无中。如果我从虚无中走出来，那是因为有什么东西通过身体把我带了出来：我就像在快速闪回中看到了一整个系列的文明，知道这一切正接近我的时间并停了下来。身体：在此指的是像皮带上的点和皮带扣的倒钩一样啮合在一起的一种可能。

我们所发现的身体并不是一个关联得很清楚的整体：它是只有一种形式的疲劳，至少在它麻痹不动的时候是这样的。只要它准备移动了，就有一个地方，某物以其态度的形式宣明了一个时间、一个地点（身体：在不同处境中居住的一般能力）、一个房子，在睡着之前各种思想就在这个房子里。——身体向着各种整体
276 的境况敞开，向着各种类型的境况敞开（比如说，对它而言，透过时空的多重性，这些境况既是可比较的，也是相等同的），比如

说，在这些类型中，在这些整体中，各种细节既不服从于一种法则，也不被一个意义的共同体组配在一起：它们被一个共同的风格集合在一起，而这个风格最终只是一个时代的风格。身体的一种态度从实存论上标示出它所包含的一切，甚至带着［242］(5)补充性的知觉（从外面看到的房间的光），这些知觉在当时并没有被给予睡眠中的人。事件层面的综合，而不是智性的综合。人们只能通过假设过去的这些部分都呈现（而不是被表象）在沉睡的主体中来理解它，这样他就可以通过短暂的透射光来使这样的细节显示出来，正是在这些细节中整体的呈现被捕捉到。在此，身体是让过去的一个面向整体得以当下化的工具，而这种过去的面向我只有在清醒的时候才能够发展出来。

当身体“最后一次转动”，事物在自己的位置上安定下来时，就达到了确定性。这表明，身体首先不是被感知为在空间中有一个绝对的位置，不只是事物围绕着它（墙或在我前面或在我后面）。不，它同事物一样是无定的。唯一固定的一点就是它与事物间的牵涉，这由这个或那个信息所确定，这些信息在我第一次尝试运动时传达至我的身体状态。

重要的是：身体不仅是插入在物理空间中，而且是插入在时空中，即插入在人类学空间的各个地方，这些地方依其所关联的时间节点的不同而处于不同的位置。重要的是，所有这一切不是凭着理智，而是凭着一种可能的分量、凭着形上学的机制得出的。——参考莱布尼茨。]

“我们看不到决定着我们的选择的东西，也不知道为什么在千百万人中，我们会仅仅把手放在我们之前之所是的那个人身上”

（《盖尔芒特家那边》，I，第 79 页）。醒来时的复活，不比从遗忘中回归更难理解。

［身体及其作为“场”的处境，参考几何学的“场”。］

“固定的地方经历过不同的岁月，最好还是到我们身上去找它们”（《盖尔芒特家那边》，I，第 82 页）。[①]

例如，一种极度的疲劳及其“器官上的错位”会将我们重置于儿时的那种疲劳的层次上，让我们回到童年。

“一种回忆在我的手臂上迸发出来……”让他以为自己是在巴黎，与阿尔贝蒂娜在一起，而他实际上是在吉尔伯特家，在睡觉（《重现的时光》，I，第 9 页）。

277 梦中的记忆，只有在中午时分才会出现，“当一个相似观念的光投到它们之上时”（《盖尔芒特家那边》，I，第 78 页）。[②]

“虽然睡觉时我的眼睛没有看时间，但我的身体知道如何计算它，它不是根据上面有刻度的钟表的表面测量时间，而是通过逐步称量我的力气恢复了多少。像一个大钟一样，我的身体让力气从头脑向身体的其余部分一级一级走下去，现在这力气已经将其积蓄的充足数量实实在在地堆积到了膝盖以上”（《在少女身旁》，III，第 79 页[③]）。

---

① 七星文库版，第一卷，第 91 页。——法文编者注

中译文参见《追忆逝水年华》，第三卷，潘丽珍、许渊冲译，第 82 页。——中译者注

② 中译文参见《追忆逝水年华》，第三卷，潘丽珍、许渊冲译，第 78 页。——中译者注

③ 七星文库版，第一卷，第 821 页。——法文编者注

中译文参见《追忆逝水年华》，第二卷，《在少女们身旁》，桂裕芳、袁树仁译，第 372 页。——中译者注

[身体图式与时间：存在着对空间的把握，它建立起客观的或思想的空间，同样应该有对时间的把握，它赋予所量度的时间以时间的意义。这种把握，这种在我们面前呈现的时间[243](6)都是被计算过的，就像在计价器中被转化为先令与便士那样，这种在客观化之前的主体性仍然是感知的身体。①]

回忆，“生存与虚无的综合”(《在少女身旁》,II,1，第183页)在睡眠的世界里是可能的，因为最轻微的痛苦在留给它生活和思考的机器里比在这个向世界开放的机器里更能引起回响。在清醒的世界里，在理智工作的地方，只有存在，而对消失的人的回忆被还原为对他带给我们的平缓的判断的回忆。真正的回忆只关乎我们给他人造成的痛苦，从而也是给自己造成的痛苦，也正是在回忆和残酷的事情中，死亡像闪电一样在我们身上划出的双重沟壑真正延续着。

气味和味道“等待着”、“希望着”我们认出它们，并通过它们进入过去(《在斯万家那边》，I，第73页)。

即使不谈论表达的多重性(“人的面容实际上是……一系列并列出现在不同平面上的面容，我们并不是一下子就能看到的。”《在少女身旁》，III，第208页)，我们再次看到某人时，也会有一种惊讶，这是因为，我们一看到她，就把她变形了，而且会发现她并没有对我们隐藏起这一面，我们惊讶的同时也记住了这些。——最后，有一种惊喜来自于先前的相遇让我们看到的和期

---

① “有人(皮亚杰)认为在被测量之前，时间是非常不完整的——然而如果没有首先对时间的感知的直觉，能有测量吗，会有这种时间吗？”——页边注

待的东西，只是因为它是局部的，而且总是与新的相遇给我们展示出来的东西形成对照。(《在少女身旁》，II，第 209 页）

［*某个人*就是这种记忆的永恒，然而，这种记忆并没有被摧毁，它将使我们在以后的另一次相遇中说：我不记得他是那样的人，但确实是他，我现在想起来了，他确实是那样的人。］

278 有些回忆像各种事件一样组成：从另一个角度看，它们让我们嫉妒一个不再（反映在回忆中）的女主人（《女囚》，I，第 116 页）。

“回忆”与想象一样是随性的，都在一定的距离之外，关乎我们不知道的东西。没有任何理由可以让现实的人像回忆多过像想象。回忆并不是刻意的。“如果说多亏了遗忘，使回忆没能够在它和现时之间建立任何联系，设置任何环节，如果它依然停留在它的位置、它的日期上，如果它在谷底峰巅保持它的距离、它的孤独，那么，它会使我们突然呼吸到一种新鲜空气，因为这正是我们从前曾经呼吸的空气……”(《重现的时光》，II，第 12 页）[①]

---

① 七星文库版，第三卷，第 870 页。——法文编者注

中译文参见《追忆逝水年华》，第七卷，《重现的时光》，徐和瑾、周国强译，第 175 页。——中译者注

附录

[读书笔记]

[弗洛伊德:《释梦》[①]]

[1](1)梦中那些无关的元素往往代表着最近生活中重要的事件或重要的内在生活的事件。 279

印象的鲜活似乎为之提供了“某种精神价值，多少类似于带有强烈情绪的记忆或一连串思绪的价值”(138)(参见“传会”)。

无关的东西并不是因为它是最近(见过的)而出现在梦中。过去的无关的东西唯有在它已经通过移置获得了价值的时候才会出现。因此，它并不是毫不相关的。

因此，没有毫无关联的梦的来源，没有无意义的梦。“看似单纯的梦在解释时充满了‘恶意’，它们暗地里有[……]很多想法”(139)。

第140-141页，关于肉贩子和女菜贩的梦：

---

① S. Freud, *La science des rêves*, trad. Fr. I. Meyerson, Alcan, 1926, rééd. Paris, PUF, 1950. ——页边注

这是当天的活动（肉店关门了）。

然而肉店还开着＝这是一句形容男人衣冠不整的粗话。

那种东西已经没有了：弗洛伊德在分析中指出，这句话表达了人们不能再直接发现幼年时期的事件。她拒绝了传会。

“我不知道这是什么，我不能买。”我不知道这是什么，是她对厨娘说的话，在梦中被替换为她补充的话：“请你守规矩些”（这适用于那些粗疏的人）。

女菜贩拿出芦笋和黑萝卜［2］，性的主题。

分析表明，女菜贩讲了一个“连续的故事”：在我看来是挑衅的行为，对她而言却是防御。这种指责在曾经遭受侵犯的歇斯底里症患者中经常出现。这实际上是最初的创伤。

280 听到的谈话（从肉贩子那里、从分析家那里、从厨娘那里）是处在某个特定场域中的小插曲。做梦［不是］思考或知道这一切，［也不是］制造一个在萨特看来带有一种意义的“故事”。做梦［是］让所有这些情感领域、亲属关系、暗示、挑衅-防御关系所带来的各种对应关系起作用。做梦［不是］“我认为”，而是根据并非像对象那样当下呈现的意义内核来思想。侵犯-防御关系是当下呈现的，不过只是作为某些案例的投射呈现。对它而言，关键在于不以主体的组织模式出现，而只在与他者的关系中出现。

被动性：只能从事件性的思维出发才能被理解。对（被动性）起建构作用的是，意义在此不是意义赋予（既不是在分析师那里，也不在病人那里），而是对一个在其处境中的事件的接受，事件与处境并不是被认识到的，而是通过参与、感知，作为结构、现实性的验证、在……上凸显出的东西，亦即通过实存之物而非范畴，被领会的。基本的事实是，有些结构**并不是分析出来的**，而我们正是借助着这样的结构“理解”了其它一切。这是因为知觉可以有意义，而无需其要素组合为一种相即的思想。[3](2) 这是因为一个句子可以是清晰的，而无需构成它的语言工具的意义是清晰的。看看在什么意义上分析会指出梵高画作（昆虫视角）中的各种元素是被给予或没有被给予的。基本事实是，清晰、意义和真理是在我们面前的，而不是在我们后面的。我们可以在经验中根据某些风格、某些确定的关系来引导自己，而不是让组织起来的意义被占有。而这最终是因为意识的生命不是构建者意义上的意义赋予，而是事件的发生将某些东西带给了某个人。

来自童年的各种材料：

一个人在阔别 20 年后重返故乡。他在前一晚梦到自己与陌生人一起在一个陌生的地方。回到故乡后才发现他梦到的地方就在家乡附近，而陌生人则是他父亲的一个朋友。

一位 30 岁的医生曾梦见一个黄色的狮子，后来他发现了梦中的这个狮子：那是一个被搁置了很久的瓷器摆件，他的母亲告诉他那是他小时候喜欢的玩具。[①]

梦中不仅有关于童年的回忆，还有儿童的重现： 281

弗洛伊德梦到他在诽谤两个犹太同事——他实际上非常喜欢这两个同事。野心：被任命为教授，而不是像他们那样失败。但他并不知道自己有这样大的野心。至少不知道想成为一位卓越非

① S. Freud, *La science des rêves*, trad. Fr. I. Meyerson, Alcan, 1926, rééd. Paris, PUF, 1950，第 144 页。——法文编者注

凡的教授。在小时候，当有人告诉他，有一位［4］老妇人曾向他的母亲预言，他将成为一个伟人时，或在布拉特（Prater）[①] 咖啡馆（146），当一个乞丐预言他将成为一个部长（146）时→他学他的法律与医学，他有的就是这种雄心。

［梦中这个童年的我的呈现是什么？它不是事件性记忆的呈现，事件恰恰只保留了它的痕迹与沟壑（普鲁斯特）。事件的意识和意义的意识是对象意识的两种形式，而构成梦的丰富性的既不是关于一种原则的意识，也不是被视作唯一的事件的意识，而是一个象征，即一个事件-框架。］

一系列的梦表达了去罗马的愿望。（这是）弗洛伊德出于健康等原因推迟了很长时间没有实现的愿望。“我后来了解到，实现这些愿望只需要一点勇气，而这些愿望起初被认为是无法实现的”（第 147 页注释 1）。——第 147-150 页对罗马美好的描述——显示出实存的作用：

“乐土”——幻想中的罗马由借自另一个“首都”（拉韦纳）的元素和借自卡尔斯巴德（Karlsbad）的元素组成。卡尔斯巴德——受迫害的犹太人远离首都的历史。向朱克尔（Zucker）先生（→糖，糖尿病，卡斯巴尔德）问路——在布拉格与一个朋友谈到糖尿病。梦中的罗马有一块德文的牌匾。弗洛伊德不想去布拉格（希望那里更多的人懂德语——很早就懂捷克语），而是想去罗马——理解他想去罗马是通过认同汉尼拔（Annibal）→他的父亲被一个“基督徒”羞辱，哈米尔卡（Hamicar）-汉尼拔间的对立

---

① 咖啡馆名。——法文编者注

→拿破仑——总之，权力与迫害的基本关系中集合了多层的含义。卡尔斯巴德，罗马，[5](3）与他人关系的结晶，这些关系是通过他的父亲觉察到的。

[这并不（是）围绕儿童剧的生产，而只是一个特例：这些梦也表达了现实的剧，对当下的反应。所以它们看起来不是那么断断续续。我们必须明白，存在着一种梦中的谵妄（一种倒退），它让过去的存在发挥作用，但也存在着一种在新的存在上添油加醋的梦中的谵妄。两者的共同特征是，它们依据前一天所创造的事 282
件而活着，那是*真实的*事件，同时它们也促成了这种事件，因为我们针对他人的即兴行为显然使用了这种梦中的谵妄——萨特的“我已经决定和解”=拒绝让自己被梦中的谵妄带走，但也拒绝真正的、不情愿的友谊。]

[有必要研究一种行动，这种行动不是妄想，也不是被压抑的（欲望的）回归，并同时展示出这种行动与梦中的谵妄间的亲缘关系，甚至以论证的方式。]

“通常，这个梦看起来有几层意思，它不仅仅可以满足好多个愿望，而且，一种意义，对一个愿望的满足，能够掩盖其它的那些，直到人们一步步发现了童年早期的那个愿望的满足。”（166）

在梦中对所爱的人的死不敏感。这是因为梦的意义不是它的表面的意义：不是因为人们希望[6]梦见人的死亡，而是因为人们希望在此见到这样或那样的人：“梦的印象不取决于它的显内容，而取决于它的潜内容[……]，它的情感内容没有经受我们在展示

其表象内容时的那种转译”（187）。

如果在梦中对所爱之人表示哀悼，这并不意味着人们实际地希望他/她死去，而是意味着人们曾在过去的某个时刻希望他/她死去。必须明白，死亡和死亡的愿望对儿童的意义与对我们的意义是不一样的：一个8岁的孩子在自然历史博物馆对他的母亲说：“妈妈，我非常爱你，如果你死了，我就把你做成标本放在我的房间里，这样我就可以一直看到你。”一个10岁的孩子说：“我明白我爸爸死了，但我不明白他为什么不能回来吃饭”（192）。

“性的欲望［……］如果在这个阶段可以被这样称呼的话”（194）。

过度担心母亲：在敌意的背景下形成的反动。“我们现在可以理解为什么歇斯底里的女孩对母亲会那么温柔”（196）。

哈姆雷特：无法杀死杀父仇人，他在仇人身上看到了自己的影子：他没有更好的办法。

283　麦克白：主题是孩子的缺失（201）。

［7］（4）“梦是一个画谜，我们的前辈曾经犯过一个错误，就是想把它解释为一幅画。这就是为什么他们觉得梦很荒谬、没有价值的原因”（208）。

“假设我们看到了一幅猜字的画谜，画的是一个屋顶上有一个独木舟的房子，然后是单独一个字母，一个没有头的人在跑，等等。我可能会说，这整幅画以及它的各个部分都没有意义。独木舟不应该在房顶上，没有头的人是不能跑的；此外，人比房子大了很多，而且，当我们认为这幅画整体表现了一片风景，就不应该有一个单独的字母在里面，在自然中不会是这样的。唯有当我不再就整体也不再就其各个部分发表评论，而是用一个音节或一个词代替每一个画面，它们出于某种原因可以用这种画面来表示，我才能对这个画谜做出正确的判断。这样一来，这些词就不再是毫无意义的，而是可以构成一些美好且意味深长的话了”（207-208）。

“梦的思想和梦的内容在我们看来是用两种不同的语言对同一事实做的两种陈述；更确切说，梦的内容在我们看来是对梦的思想的翻译，而这是凭借着另一种表达方式，我们只有在比较了译本与原文后才能了解这另一种表达方式的符号与规则。[……]象形文字的符号必须陆续以梦的思想的语言来翻译”（207）。

[8][弗洛伊德的独创性不在于设定了一种审查制度，而在于将象征从审查中解救了出来。审查本身只是一个不-相合的特例，弗洛伊德的象征不应该被视作双重文本，而应该被视为欲望与恐惧，即超越、投射的象征、自恋的象征或视觉的象征，它通过取消投资和退转而获得，不是为了服务于掩盖的认识，而是为了服务于：欲望。]

凝缩：

（显）梦简短、贫乏、内容精炼，而对它的（隐意的）分析则可以达到6、8、12倍以上。

“实际上一个人绝不能确定地说他已彻底地解释了梦。解释即使似乎令人满意且无懈可击，这个梦仍可能包含着另一种意义”（208）。[①]

一些用于解释的联想是在分析过程中才产生的，但它们如果
284 不是因梦的思想而成为可能的，就不会发生。“这些迂回的推论是回环的、短路的，唯有诉诸其它更深层的联想的通路的存在才成为可能。”[②]

“梦的内容的每一个元素都由多重原因决定，它表现了梦的思想的多重元素。”（212）

“梦中的语词经常被当作事物，它们与物体的图像都受构造［9］（5）、移置、替代与凝缩的支配”（222）。

一位同事给弗洛伊德送来一篇他的文章，在其中他过高地评价了生理学的发现。弗洛伊德梦到这样一句话：“这真是一种NOREKDAL 风格”——由 Nora+Ekdal（易卜生的两个名剧中主角的名字）构成。不久前弗洛伊德刚刚读过同一作者讨论易卜生的文章。[③]

“当在梦中出现被认出是这样的且明显不同于思想的话时，它们总是被看作是对真实的话的记忆。”（227）

在显内容中起关键作用的元素在隐内容或梦的思想中往往只是附带的。“相反，对于梦的思想来说明显是关键的东西有时在梦中根本就没有体现。梦在其它地方是‘中心化的’，其内容围绕着

---

① 中译文参见《释梦》，孙名之译，北京：商务印书馆，2018 年，第 276 页。——中译者注

② S. Freud, *La science des rêves*, trad. Fr. I. Meyerson, Alcan, 1926, rééd. Paris, PUF, 1950，第 209 页。——页边注

③ 同上，第 222 页。——页边注

梦的思想之外的其它元素来安排。”（228）

“我们处理的通常是从多个中心发出的思想，不过这些思想有着相交点”，“每一个有确定方向的思想附近几乎总有一个相反方向的思想［……］”。（232）

在这个结构中有最多样化的逻辑关系：前景、背景、离题、说明、条件、例证、反驳。

“当这些思想在梦的工作的压力下，其片段像浮冰那样被扭曲、打碎、被重组在一起的时候”，最初形成整个构造的各种**逻辑关系**又会发生［10］什么变化？（232）

（对于）**如果**、**因为**、**正如**、**虽然**、**要么-要么**（这些逻辑关系），“梦无法表现构成梦的各种思想间的逻辑关系。它不理会所有这些连接词，只作用于梦的思想的实际内容。要靠（梦的）解释来重新建立这些被（梦的）工作破坏的联系。”（232）

“梦之所以不能表达这些关系，其原因在于构成梦的精神材料 285
的性质。与能够利用言语的诗歌相比较，绘画和雕塑确实具有类似的局限性。由于同样的理由，它们在努力表达某种作品上同样受到材料性质的限制。绘画艺术在创立其表达法则以前，也曾企图弥补这种缺陷。在古典绘画中，代表人物嘴上都有一段小小的说明，写上艺术家难以用图画表达的话”（232）。[①]

梦中没有智性的工作：智性的操作、意见、争论等，在解释中是作为“梦的材料而不是作为梦中的智性工作的表现”呈现的，

① 中译文参见《释梦》，孙名之译，第309页。——中译者注

"在梦中好像思想的东西重现的只是梦的思想的题材而不是题材间的相互关系，而只有后者才构成思维。[……] 梦中出现的而且特别加以描述的所有说出的语句，都是出现在记忆中的那些未经更改的话语的再现 [11](6)。这些话语往往不过是暗指包括在梦的思想中的某个事件，至于梦的意义则可以与此完全不同"(233)。①

当梦的显内容中出现矛盾时，它并不直接对应于梦的思想间的矛盾。

"但是，正如绘画艺术终于发现了一种方式，不同于口中有小小说明的方法，来表达画中人物想用文字来表示的意图——柔情、恐吓、警告等等——同样，梦也发现了一种手段，通过以适当方式修改它们的形象来表达梦的思想间的逻辑关系"(233)。②

同时在一个梦中连接在一起的两个元素所转译的逻辑关系总是具有密切的关系。

因果关系：序梦和主梦（如第234页的例子）(参考第259页)。

梦中没有非此即彼的表达……我们这样说只是因为梦被混淆了。

没有对立或矛盾的表达：梦与原始语言一样，只用一个术语来表达一系列品质或行为的两个对立面。梦不知道"不"。例如，花既是无罪的象征，也是有罪的象征（237-238）。

另一方面，梦中充斥着"恰似"、"模拟作用"和"合成"。执行行动的"掩护者"，也是他或她所"掩护"的人。

① 中译文参见《释梦》，孙名之译，第310页。——中译者注

② 同上。

［12］有时这种合成会失败：有一个人在行动，而“另一个通常更为重要的人与之一起出现，似乎没有参与其中”。“我的母亲也在场（斯特克尔）。这种元素可比于象形文字中的决定因素：它 286
的作用不在于发音，而只在于解释其它符号”（239）。

有时，梦指示两个人共同的特征，由此表达另一个已经被稽查。

“梦绝对是自我主义的”（240），物体的构成：百合花是山茶花，山茶花是看起来有异国情调的樱花（242）。

在梦中，“反向，相反”[①] 的关系是通过在梦的内容中颠倒时间顺序或（优势、劣势等）关系来表现的。

梦中的元素越凝缩就越强烈。

有时候，“梦中表现出的清晰的和模糊的印象与梦的构造无关，而是来自于梦的各种元素，并且就是对梦起建构作用的一个部分”（246）。在醒来后的检查中，这个梦“与任何其它梦一样，包含着裂隙和不一致的地方”。（247）

在受到逮捕的威胁的梦中，［能够］离开是一种赦免的标志。但他不能离开，他找不到他的帽子。“在梦中不能做自己想做的事是矛盾的表现，是‘不’的表现”（251）。

两个形象的传染，正如第二行诗句通过相互的感应而规定第一行诗句，同时它自身又受第一行诗句的规定，它以某种人们觉察不到的方式寻求与第一行诗句押韵。

［13］（7）［“我的一个女性朋友的梦”[②]：］

---

① S. Freud, *La science des rêves*, trad. Fr. I. Meyerson, Alcan, 1926, rééd. Paris, PUF, 1950，第 243 页。——页边注

② 同上，第 255 页。——页边注

在歌剧院中，她的妹妹想递给做梦者一大块煤（当时很冷），因为，她说："我不知道会持续这么久。""梦并没有说出是什么持续了这么久，如果是在一个故事中，我们就会补充说，是演出（那么久）。然而在梦中，你必须看句子本身，重新认识到它是模棱两可的，并加上'直到她结婚'的字眼"（256）。

形象化的能力是在梦中采用一种表达方式的重要动机。

精神的特征，暗示，神经症患者利用这些手段在物体中发现身体的各种元素的形象：身体的建筑学象征（支柱与圆柱体＝大腿——门＝身体上的开口处）。植物生命与烹饪起到了提供象征符号的作用。"如果忘记了性的象征首先隐藏在习惯性的和不会特别引人注意的事物背后，我们就不能理解歇斯底里了"（259）。梦使用了这些"在无意识中已经准备好的"象征。

287 梦的象征"往往有几层意思，有时有更多含义，因而就像中国文字一样，只有上下文才能给出准确的理解。正是由于这一点，梦允许有几个层次的解释，它可以通过一个单一的内容代表多种不同的思想和欲望，而且这些思想和欲望的性质往往非常不同"（262-263）。

［14］梦中的文字游戏：紫罗兰（violet）运用了对英语的 to violate 的联想，表示 viol（强奸）。

"对许多梦来说，仔细的解释可以表明它们都是双性恋的；它们适合于一种人们无法否认的多重的解释，它们实现了与做梦者正常的性活动相反的同性恋倾向"（295）。但弗洛伊德反对任何梦的一元论："有一些关于饥饿、口渴与方便的梦。""所有的梦都必须以性的方式来解释这种做法一直受到无休止的抨击，而这与我的《释梦》格格不入”（295）。

俄狄浦斯传说中的失明 = 阉割。①

古人认为，梦到与母亲的关系是成功和拥有土地的标志。

“我发现那些知道自己受到母亲宠爱的人在他们生活中往往表现出一种特殊的自信和不可战胜的乐观主义，这往往显得很有英雄气概，并取得成功”（296）。

对子宫内生活的无意识的想法的重要性：对被活埋的痛苦的焦虑。

---

［15］（8）“一个人梦见有人问他一个他不记得的名字。他自己解释说，这意味着‘他本不该梦到这件事’。”（303）

在火车站，月台靠向了火车：在梦的内容中有对事物颠倒的表达（303）。

数字之梦（307）及其巧妙的解释（308）。

“梦的工作不是正确或错误的计算；它只是使用了在梦的思想中出现的数字，这些数字能用来暗示非表象性的元素；它以计算的形式使用这些数字”（309）。

“就梦中出现的谈话和回应而言，无论它们是合理的还是不合理的，对梦的分析总是表明，梦只是重现了实际讲过的或听到的话中的一些片段，并按自己的意愿使用它们。梦不仅把这些片段
从它们的上下文中抽出来，把它们打散，提取其中的一个片段， 288

---

① S. Freud, *La science des rêves*, trad. Fr. I. Meyerson, Alcan, 1926, rééd. Paris, PUF, 1950，第 296 页，注释。——页边注

拒绝另一个片段，而且对之进行新的综合，因此，起初看起来连贯的梦境的叙述，在分析时就被分成了三四个片段”（310）。

“梦中的话被构建为像砾岩一样的东西，在其中各种来源不同的大块岩石被一种粘合剂凝固在一起”（311）。

[16]“死者在梦中出现，与我们一起活动并发生关联，这并不奇怪。我们经常发现自己这样说：‘如果我的父亲还活着，他对这件事会怎么说呢？’‘梦只能通过现在在一种确定的处境中来表现“如果”’”（318）。

“因此，当在（梦的）思想中出现诸如‘这是荒谬的’的判断时，当做梦者的一连串想法以一种更加普遍的方式为批评或讥讽所驱动的时候，梦就[因此]变得荒谬了。因此，荒谬性乃是梦的工作表现互相矛盾的一种方法[……]”[①]“因此，梦的工作通过创造与被认为是荒谬的思想相关的荒谬的东西来模仿荒谬的思想”（321，注）。

关于死去的父亲的梦是荒谬的：她是在表达对父亲权威的批评的指责，父亲权威的批评在童年是持续存在的。

在一个梦里，1851 年被认为与 1856 年无甚区别。然而 5 年是弗洛伊德推迟结婚的时间，是让他的未婚妻等待的时间，也是他在病人最信任的时候分给分析的时间。由此，他得出结论，这种区别意味着“5 年不算什么”。[实际上，这不是一个判断：它是感知世界的一种剪辑手段（蒙太奇），在其中 5 的作用是无。]这

① S. Freud, *La science des rêves*, trad. Fr. I. Meyerson, Alcan, 1926, rééd. Paris, PUF, 1950，第 321 页。——页边注

种蒙太奇在于 5 被取消了，而不是说 5 是不值一提的。

[17]“表象的内容经过了移置与替代，而情感的状态却没有改变”(342)。

“即使是在无意识中，每个思想也都与其反面联系在一起”(348)。

由于存在着受虐狂，“欲望满足”的理论并不是排除“惩罚的梦”。

“能够引起相同感受的情感来源会在梦的工作中通过共鸣来产生这种感受”(357)。

弗洛伊德所有的朋友都或多或少地重演了他与比他大一岁的侄子间儿时的关系。“他们都是归魂”(359)。①

“‘没有人是不可替代的。看，他们都是归魂，我们丧失的一 289
切都回来了。’[……] 这个细节让我想到了我给孩子起名字的方式。我一直坚持不要跟着时尚风气取名字，而是要用来纪念亲人。他们的名字让孩子们成为归魂”(362)。

弗洛伊德：有一种第二次的制作，它倾向于把梦转变为某种幻想的东西。

[18] 甚至还有一些无意识的幻想：“储存了很多年，在惊醒的时候被唤起”(莫里的梦)。由此，一个产生了整体的统觉，它使一个非常简短的梦可以特别丰富 (富含意义)。

“如果我们想要找出一种东西，与经过正常思考的梦的最后的制作相比较，《活页》(*Fliegende Blätter*) 中一直以来吸引着读者

① 中译文参见《释梦》，孙名之译，第 480 页。——中译者注

的谜一般的‘铭言’是再好不过的了”（373）。他们总是试图通过适当的调整，让一句粗俗的土话看起来好像拉丁铭言一样。

梦总是表象状态而不是表示对象。比如说，西尔别勒试图比较康德和叔本华的时间概念，梦 =［梦中所见之景？］：“我在向一个闷闷不乐的秘书询问情况，他伏在桌子上，不理会我的问询。他半站起来，用一种拒绝的姿态瞪了我一眼”（375）。梦的工作“不做判断，只做转化。”

它应当 1）服从审查制度；2）通过视觉与听觉来表现。

［19］利希滕伯格：“［……］我们既在梦中，也在清醒状态中生活与感受，二者都是我们存在的组成部分［……］梦是一种与我们的生活融合在一起、成为我们所说的人的生活的一种生活。梦逐渐融入我们的清醒状态，我们无法说清楚一个从哪里开始，另一个从哪里结束”（380）。

黑贝尔：“愚蠢的、疯狂的梦，在我们做梦的时候却看起来是合理的：灵魂用一个它自己尚还不了解的字母表组成了各种形象，就像一个孩子用 24 个字母组成各种形象，但这并不是说字母表自身没有意义”（386）。

“因此，人们可以用社会心理学解释大量表面看来纯粹个人的象征性的梦，另一方面，借助梦所提供的信息来理解各种神话的传统。”（407）

当弗洛伊德不理解病人所叙述的梦时，他让病人重新叙述一遍：病人从不用同样的话叙述。那些用不同的话叙述的段落正可能泄露了梦。

290 ［20］梦惊人的稳固性：弗洛伊德在一到两年后重新拿起以前

记录下来并做了一半解释的梦的笔记。他发现原来那些最初的解释——与他在当时克服了很多阻力去完成的事情有关。然而同样的解释依然存在（430）。此外，病人经常向他讲述童年时的梦，就像前一天刚刚梦到一样。

即使人们给出了连贯的和完整的解释："仍可能有另一种解释，对同一个梦有多重的解释"。多重解释："奥义解说式的解释。"对弗洛伊德而言，强行要这样做的情况其实是比较少见的。

"当两个梦相继出现时，经常可以看到，在一个梦中成为中心的东西在另一个梦中只是表面提及的东西，反之亦然，因此二者为了解释彼此做了补充。我已经借几个例子证明过，同一个晚上的梦应当始终作为一个整体来解释。

解释得最好的梦常常保留一个模糊的点；人们在那里注意到一个无法解开的思想的结，但这不会给梦的内容增加任何东西。这是梦的'脐带'，是它与未知世界的连接点。在解释过程中遇到的梦的思想一般是没有尽头的，它们向各个方向分叉。梦的［21］欲望出现在这个组织最密集的点上，就像蘑菇出现在它的菌丝体上"（433）。

"大家知道，我们以这样的方式来进行：我们把所有关于目标的想法放在一边，把我们的注意力引向梦中的一个孤立的因素，并注意到我们脑海中出现的关于它的不由自主的想法［……］"（434）［梦是一种欲望的实现——但这种欲望与清醒时的活动的目标毫无关系——梦中的欲望与清醒时的欲望之间形成了鲜明的对比，（这就是）弗洛伊德关于一种深层的意愿的看法，它完全不同于我们表现出来的意愿。］

“在解释的工作中，当我们在思考的时候，让不由自主的图像出现在我们身上的时候，声称是我们让我们的表象随意漂流是完全不正确的。可以指出，我们只是放弃了我们所知道的目标的表象，而一旦这些表象停止了，其它未知的——或用不太精确的说法来说：无意识的——就会展示出它们的力量，并决定我们不由自主的图像的进程。我们对我们精神生活的个人影响不允许我们想象一个没有目的的思想；我不知道心理的解体状态是可以允许这种没有目的的思想的。[……]每当一种精神元素通过一种[22]令人震惊的或浅表的联想与另一种元素联系在一起，二者间
291 就存在着一种自然而深刻的联系，这种联系被审查的阻抗所掩藏”（435-436）。[观众的微笑，弗洛伊德解释的艰难，只是因为读者没能把自己放在梦的意向性中，放在抉择的关口处；一旦到了那里，这些错综复杂的关系就显得非常简单了。但也不能把这种微妙的东西归结为梦的思想。]

“当我要求病人不要思考，告诉我脑子里浮现出的所有东西时，我假定他在精神中保留了治疗目标的表象。[……]另有一个病人没有怀疑的目标的表象：那就是他的医生”（437-438）。

“我们追溯了将这些梦的元素带回到梦的思想中去的路径。梦的工作是从相反方向来做的，而且这条路径根本不可能在两个方向上都得到依循。相反，似乎在白天，我们通过我们的新联想实际探测各种观念，这种探测有时在这里，有时在那里触及中间产物的思想和梦的思想。我们看到白天的新的元素是如何加入得到解释之中，也可能是白天阻抗的增强迫使它走向新的更加复杂的迂回。我们在白天以这种方式组织起来的接近的思想的数量和

[23] 种类从心理学层面来说并不重要，重要的是它们把我们引向我们所寻求的梦的思想”(438)。

“梦中移动的场景可能与清醒时生活表象的场景完全不同；没有其它的假设可以让我们理解梦的特殊性。以这种方式[由费希纳]提供给我们的观念是一个精神处所的观念。”(440-441)

重建“精神装置”——这种大胆的尝试没有风险，“只要[……]我们不把脚手架当成建筑本身”(441)。“实例”或“系统”。

如果在梦中只是减少了将前意识封闭在无意识中的阻抗，我们就会有由我们清醒时的图像组成的梦，而不是由幻觉组成的梦。幻觉的梦只能用这样一句话来解释：“循着一条后退的路来激发”[1]，它从运动机能开始走向知觉。梦的幻觉特征是我们称为凝缩的强度的传会的有限的案例。

“梦的思想的组合在退转过程中被分解，并返回到它的原材料”(447)。

在清醒的时候，有一种从知觉到运动机能的连续流动。这种流动在夜间停止，没有任何东西可以防止这种倒退的流动。

[24] 只有那些与被压抑的或无意识的记忆密切相关的想法才 292
会成为幻觉(447)。这些记忆“拖着”思想“走向退转”(449)。

“思想转化为视觉图像可能是视觉记忆的结果，视觉记忆寻求复活，对被挤出意识并渴望表达自己的思想产生了吸引力[……]梦将相当于通过转移到一个最近领域而修改过儿时的场景。”(449)

---

① S. Freud, *La science des rêves*, trad. Fr. I. Meyerson, Alcan, 1926, rééd. Paris, PUF, 1950，第 445 页。——页边注

被压抑的思想在被意识压抑的同时也被吸引到无意识中。

三种退转：拓扑学的、时间的和形式的（表达的几种主要模式）。

这三者是一体的：因为“在心理的地形中”越是在前面的（那种）“离知觉的一端越近”（451）。

真正无意识的心理行为是“不可摧毁的”（454）。只有它们能引发一个梦：“我们说（它是）被抑制的，但也总是活跃的，可以说是不朽的”（455），参考“泰坦”（455）。

儿童“还不知道前意识与无意识间的分离与审查”（455）。

无意识：如，阴间的影子，只要你给它们血，它们就会复活。[①]

白天的思想可以成为梦的企业家。但只有无意识才能带来资本。[②]

［25］知觉的回归在于重建“最初平静的境况”（463）。（知觉与欲望）幻觉 = 欲望。

歇斯底里的症状：两种来自不同心理系统的对立的欲望[③]实现在同一种表达中（466）。“对于梦来说，多重决定是没有界限的。”“在整个睡眠过程中，我们知道自己在做梦，也知道自己在睡觉”（468）。（参考，对清醒状态的自我设定。保姆的睡眠。）

记忆由“视觉占据者”的剩余物构成（469）。

---

① S. Freud, *La science des rêves*, trad. Fr. I. Meyerson, Alcan, 1926, rééd. Paris, PUF, 1950，第 455 页，注释。——页边注

② 同上，第 460 页。——页边注

③ “比如说，呕吐既是对怀孕的渴望，也是一种自我惩罚，因为它可能使病人失去身体的美丽。”——页边注

“第一阶段的制作是在前意识的控制下在白天开始的。第二阶段：通过审查制度做的改变，在无意识的梦境的吸引下，向知觉迈进，这可以持续一整个晚上；因此，如果有做了一整夜的梦的 293
印象，即使说不出梦到了什么，这种印象也是存在的。没有必要承认在达到意识之前，梦的过程确实是按照我们所描述的时间进行的：欲望的传会、审查制度的转调、退转方向的改变等等。描述的需要把这种秩序强加给我们；实际上，并不存在这种连续性，而是同时沿着［26］这些各不相同的路径探索，是各种刺激的形成，直到一种合适的分配使这种组合成为最好的。个人的经验使我相信，梦的制作一般持续一天一夜以上，这使它失去了所有神秘的特征……它就像一个准备了几个小时的烟花，瞬间就燃完了。”（471）

“在无意识中，没有什么会结束，没有什么会过去，没有什么会被遗忘”（472）。“三十年前经历的震动，一旦进入无意识的情感源头，就会持续不断地发挥作用，仿佛它是当前的［……］这就是心理治疗必须采取行动的地方。它的任务是让无意识的现象得到释放并被遗忘”（473）。抹去记忆不是时间的工作。这是一种二次转化，它需要一种痛苦的工作。“这是前意识的工作，而心理治疗除了让无意识服从前意识之外，没有别的行动手段了。”（473）

梦“代表并中和了”无意识的兴奋。

在“暴力和好斗”的概念下，一个孩子列出了：1）听到父母性战斗的那个夜晚（和床上的血）的记忆；2）暴力地对待弟弟的记忆，他用鞋子打弟弟，母亲说：我怕他会杀了他；3）他用斧头砍伤自己的手的事故，及一个拿着斧头的人追赶叔叔（他后来的说法）的记忆。这一切导致了他梦到被一个拿斧头的人［27］追赶而无法逃脱。[①]

这个梦接管了前一天的“不相干的”元素，从而使之表示那些重要而令人震惊的元素。

坠落的感觉、盘旋的感觉、抑制的感觉将始终是可自由使用的身体元素，梦的思想有时会抓住这些元素，使之承载其欲望。[②]

294 “一连串思想的强度最终可以积聚在一个单一的表象元素上。这就是**压缩**或**凝缩**［……］，它是梦产生陌生印象的主要原因［……］”（486）。

凝缩：比如斜体字或加重字体；比如说原始画家把重要的人物画得更大一些。

“我们把这种心理装备从不愉快到愉快的趋向称作欲望”（488）。

“欲望起初一定是被安抚的记忆幻觉般的占据”（488）。

弗洛伊德的主体：分配“工作”的人“向各个方向分派又撤回各种工作”（489）（自己投资）。这些工作有时是由一种**吸引力**导致的。

快乐原则——趋向于对感知的认同。思想的原则则不同：［28］它是一种“过度-工作”，是意识的工作（491）——（是）二级系统。

弗洛伊德本人纠正了他的计划中可能存在的空间问题：与其

① S. Freud, *La science des rêves*, trad. Fr. I. Meyerson, Alcan, 1926, rééd. Paris, PUF, 1950，第 477-478 页。——页边注

② 弗洛伊德写道：“坠落、盘旋和抑制的感觉在我们眼中是永远可用的元素，只要有必要，关于它们的梦的解释就会表现出它们的思想。”同上，第 481 页。——页边注

说有“两个系统”，不如说有“两种刺激流”（496）。

“当我们说，一个无意识的思想经过转译后试图穿过前意识渗透到意识中去，我们并不是说有第二种想法形成，位于另一个地方，是一种类似转译的东西，原始文本还将继续保留在它旁边。我们也不是说进入意识意味着位置的改变。当我们说一个前意识的思想被抑制并在无意识中被接受时，我们也有被这个比喻带着走的危险，并想象某种已经从一个心理区域消失的秩序被另一个心理区域的新秩序所取代。让我们抛开这些图像，并且指出，这似乎更接近现实，一种能量的工作已经发生或被撤回。因此，心理的构成被一种机构所控制或已经被褫夺了其权力”（496-497）。

这就是“压抑”和“渗透”的意义，用动态的取代了空间的。

古人“很好地预感到了人类灵魂中未被驯服的和不可摧毁的东西的重要性，那是引发梦的恶魔的力量，是我们在我们的无意识中发现的”（499）。[29]“在任何情况下，知道我们的美德是从何种坑洼不平的土壤中傲然挺立而出的都是好事”（505）。

“梦把我们引向未来，因为它向我们展示了我们的欲望得到了满足；但这个未来对做梦者来说，是由不灭的欲望在过去的图像上塑造出来的”（505）。

术语对照表

absence 缺失
Abschattungen 映射
accouplement 结对
adéquation 相合性
adversité 逆境
aliénation 异化
alter ego 其他自我
ambiguë 含混
ambiguïté 含混性
amour 爱情
Auffassung 立义
l'autre, autres 他者
autrui 他人

cathexis 投注
censure 审查
champ 场
condensation 凝缩
conscience 意识
conscience captive 被俘获的意识
conscience creuse 空洞的意识
conscience illusoire 幻觉的意识
conscience imageante 想象的意识
conscience perceptive 感知的意识
conscience réflexive 反思的意识
constituent 建构性的
constitution［康德］构成；［胡塞尔］建构
corps 身体

décentration 去中心化
Deckung 相合
délire 谵妄
deformation 变形
déplacement 移置
désir 欲望
dialectique 辩证法
difference 差异
Ding 物
Dingwahrnemung 被感知物
dormir 睡觉 睡眠

écart 分离
écrivain 作家
empreinte 印记
engagement 介入
equivoque 模棱两可
Erfüllung 充实

Erlebnisse 经验
espace 空间
essence 本质
établissement 建立
événement 事件
évidence 明见性

finalisme 目的论
finalité 目的
folie 疯狂
fondation 奠基
forme 形式
Fundierung 建基
Füreinander 为了彼此

Gestalt 格式塔

hallucination 幻觉
hazard 偶然性
histoire 历史
historicité 历史性
horizon 场域

idéalisme 观念论
illusion 幻觉
impregnation 同化
inconscient 无意识
individualité 个体性
instituant 建制者
institué 被建制（者），被建立的
institution 建制
intention-Erfüllung 意向–充实
intersubjectivité 交互主体性
investissement 投资

lacune 间隙
langage 语言
Lebenswelt 生活世界
Leibhaftgegeben. 身体性地给予

matrice symbolique 符号矩阵
mauvaise foi 自欺
mémoire 记忆
métaphysique 形上学
Miteinander 相互一起
monadologie 一元论
monde perçu 感知世界

narcissisme 自我主义
négation 否定
négativité 否定性
noème 意向对象
noèse 意向活动

objet, ob-jet 对象，对–象
L'Œdipe, complexe de l'Œdipe 俄狄浦斯情结
oubli 遗忘

parenté 亲属关系
parole 话语
passivité 被动性
peintre 画家
peinture 绘画
percipere 知觉活动
perception 知觉

perceptum 被感知者
perspective 透视法
phénoménologie 现象学
présence 现在、现-在、示现
publique 公共的

réalité 现实性
refoulement（Verdrängung）抑制
régression 退转
répression（Unterdrückung）压抑
résidu 剩余物
résistance（Widerstand）抗拒
réveil 醒，清醒
révolution 革命
révolution permanente 不断革命

savoir 知识
sédimentation 积淀
Selbstgegebenheit 自身被给予
sens 意义
sens manifeste 显意
sens latent 隐意
signifiante 示意的
signification 含义
signifié 被示意的、意谓
Sinngebung 意义赋予
sommeil 睡眠
souvenir 回忆
Stiftung 创制
structure 结构
style 风格
subjectivité 主体性
symptôme 症状

transfert（Übertragung）传会
transcendental 超越论的

universalité 普遍性
Urempfindung 原初的感觉
Urgestiftet 原始的创建

veille 清醒
vérité 真理
vitalisme 生命主义

Zeitpunkt 时间点

人名对照表

Alain 阿兰
Alberti 阿尔伯蒂
Alquié, Ferdinand 费迪南·阿里奇

Babinski 巴宾斯基
Bergson, Henry 亨利·柏格森
Beauvoir, Simone de 西蒙娜·德·波伏瓦
Blanchot, Maurice 莫里斯·布朗肖
Brunschvicg, Léon 布伦施维奇

Caillois, R. R. 凯鲁瓦
Calvin 加尔文
Cassirer 卡西尔
Cézanne, Paul 塞尚
Chauvin 肖万

Desanti 德桑蒂
Déscartes 笛卡尔
Darmaillacq, Dominique 多米尼克·达玛雅克
Dürer 丢勒

Érasme 伊拉斯谟

Ey, H 亨利·艾伊

Farel, Guillaume 法雷尔
Febvre, Lucien 吕西安·费弗尔
Francastel 弗朗卡斯泰尔
Freud 弗洛伊德

Gesell 格塞尔
Geulincx, Arnold 阿诺德·格林克斯
Guérin, Daniel 丹尼尔·盖兰
Guéroult, Martial 马蒂亚尔·盖鲁特
Guerry, Liliane 莉莉安娜·葛瑞

Hegel 黑格尔
Heidegger 海德格尔
Husserl 胡塞尔

Kant 康德
Köhler 科勒

Lachièze-Rey, Pierre 皮埃尔·拉雪兹–雷
Lagache, P. P. 拉加什
Lefort, Claude 克劳德·勒福尔

Lefranc, Abel 阿贝尔・勒弗朗
Lévi-Strauss 列维–斯特劳斯
Lichtenberg 利希滕伯格
Lorenz 洛伦兹
Lukacs 卢卡奇

Malraux, André 马尔罗
Marx 马克思
Mead, Margaret 米德
Ménasé, Stéphanie 斯蒂凡尼・梅娜塞

d'Ors, Eugenio 尤金尼奥・德・奥尔斯

Panofsky, Erwin 埃尔文・潘诺夫斯基
Pascal 帕斯卡
Pavlov 巴甫洛夫
Piéron 皮埃隆
Politzer, Georges 乔治・波利策
Portman 波特曼
Proclus 普罗克洛斯
Proudhon 蒲鲁东
Proust 普鲁斯特

Rabelais 拉伯雷
Rivière, Jacques 雅克・里维埃
Ruyer, Raymond 雷蒙・鲁耶

Sartre, Jean-Paul 萨特
Seignobos 瑟诺博司
Servet 塞尔维
Spinoza 斯宾诺莎

Tralès 泰勒斯
Trotski 托洛茨基

Uexküll 于克斯屈尔

Viret, Pierre 维勒特

Weber, Max 马克斯・韦伯
Wertheimer 韦特海默

图书在版编目（CIP）数据

梅洛-庞蒂文集. 第16卷，建制 · 被动性 /（法）梅洛-庞蒂著；（法）多米尼克 · 达玛雅克，（法）斯蒂凡尼 · 梅娜塞编；宁晓萌译. --北京：商务印书馆，2025.
ISBN 978-7-100-25231-7

Ⅰ. B565.59-53

中国国家版本馆CIP数据核字第20253T7C77号

梅洛-庞蒂文集

第16卷

建制 · 被动性

——法兰西学院课程笔记（1954—1955）

〔法〕多米尼克 · 达玛雅克 斯蒂凡尼 · 梅娜塞 编

宁晓萌 译

商务印书馆出版
（北京王府井大街36号 邮政编码100710）
商务印书馆发行
北京通州皇家印刷厂印刷
ISBN 978-7-100-25231-7

2025年8月第1版 开本710×1000 1/16
2025年8月北京第1次印刷 印张24½
定价：90.00元